C·H·Beck
PAPERBACK

Armin Nassehi

Kritik der großen Geste

Anders über die gesellschaftliche Transformation nachdenken

C.H.BECK

1. Auflage. 2024
2. Auflage. 2024

3. Auflage. 2024

Originalausgabe

www.chbeck.de
Umschlaggestaltung: geviert.com, Andrea Wirl
Umschlagabbildung: Hans-Günther Kaufmann
Satz: C.H.Beck.Media.Solutions, Nördlingen
Druck und Bindung: Druckerei C.H.Beck, Nördlingen
Printed in Germany
ISBN 978 3 406 82322 0

verantwortungsbewusst produziert
www.chbeck.de/nachhaltig

Inhaltsverzeichnis

Vorwort

«Transformation» – das ist ein veritabler Stimmungskiller, eine Drohung, ein Menetekel, aber auch ein Programm, eine Verheißung, eine manchmal fast eschatologische Kategorie, die auf Rettung zielt, auf Erlösung, gar auf existentielle Herausforderungen. In der Forderung nach Transformation schwingt einerseits etwas von unvermeidlicher Veränderung mit, andererseits hört es sich an wie ein Programm. Es ist die Spannung zwischen passivischer und aktivischer Form: *Werden wir transformiert, oder transformieren wir?* Jedenfalls ist Transformation der Anlass für die große Geste und für die verpflichtende Rede, die gerne manchmal etwas Pastorales hat – und wie alles Pastorale auch Abwehr erzeugt, vor allem bei den Ungläubigen.

Dieses Buch misstraut der großen Geste und schickt sich deshalb an, wenn überhaupt, *anders über Transformation nachzudenken.* Anders heißt nicht: eine andere große Geste, sondern eher, über den Eigensinn jener Gesellschaft nachzudenken, *in der* etwas stattfinden soll, was Transformation genannt wird. Alles, was transformiert, gesteuert, verändert, verbessert werden soll, reagiert auf entsprechende Versuche und Eingriffe mit seinen eigenen Mitteln. Um diese Mittel soll es hier gehen. Das Buch bietet keine Lösungen für Krisen an und nimmt keine explizite politische Position dazu ein, sondern fragt danach, in was für einer Welt solches stattfindet.

Zu schreiben begonnen habe ich das Buch im Spätsommer 2023 in einem ehemaligen Klosterhof in der Nähe von Lucca in der Toscana, fertiggestellt wurde das Manuskript am Dreikönigstag des Jahres 2024. Die barrierefreie Form des Textes ohne wissenschaftlichen Apparat soll das Lesen erleichtern – und es sollte zugleich leichter zu schreiben sein. Im Idealfall sollte man das dem Text ansehen.

Viele Gedanken des Buches habe ich in Vorträgen vor sehr unterschiedlichen Publika entwickelt und an meiner eigenen Sprachperformance und an den Reaktionen des Publikums darauf getestet. Sehr früh war wie stets Irmhild Saake in die Konzeption des gesamten Projekts einbezogen, und sie hat unterschiedliche Versionen mitgelesen. Ich bin ihr sehr dankbar für diese Zusammenarbeit.

Den gesamten Text haben nach Fertigstellung des Manuskripts mehrere Personen gelesen. Ihnen verdanke ich wertvolle Hinweise, nicht nur inhaltlicher Natur, sondern auch im Hinblick auf die Nachvollziehbarkeit des Arguments. Im Einzelnen waren das Niklas Barth, Juliane Engel, Lena Göbl, Claudia Salowski und Peter Unfried. Ihnen sei herzlich gedankt.

Dem Verlag C.H.Beck danke ich für die erneut sehr gute Zusammenarbeit bei dem nunmehr vierten gemeinsamen Buchprojekt. Zu der guten Zusammenarbeit gehört auch das kompetente Lektorat von Matthias Hansl.

München, im Februar 2024

0

Incipit
Oder: Eine Verwunderung

Auch an multiple Krisen, an Transformationsaufforderungen und an Zeitenwenden kann man sich gewöhnen. Vielleicht steckt in diesem etwas lapidaren Satz fast alles, worum es in diesem Buch geht. Dass es Gewöhnungseffekte gibt, Trägheiten in gesellschaftlichen Veränderungsprozessen, Wiederholungen und Festhalten am Bewährten, kann einen Soziologen kaum erstaunen. Unser Gegenstand, die Gesellschaft, ist ohnehin von mehr Gewöhnung und Bewährung geprägt, als es das Gerede der Gesellschaft in der und über die Gesellschaft nahelegt. Sich darüber zu wundern, wäre also naiv – auch, sich über Veränderungsdruck und multiple Krisen zu wundern.

Aber vielleicht könnte es recht produktiv sein, sich doch darüber zu wundern. Jedenfalls soll das die Grundhaltung dieses Buches sein, denn der Gewöhnungseffekt, der mich interessiert, meint nicht in erster Linie die Gewöhnung an Krisen oder das, was wir Krisen nennen. Denn viele Parameter – vor allem in der Protestkultur, in einem Teil der Presse (nicht nur der üblichen verdächtigen Boulevardpresse), in der Form der politischen Auseinandersetzung, in der generalisierten Elitenkritik, in der Ausrufung von politischen Feinden innerhalb des demokratischen Spektrums – weisen darauf hin, dass Teile der Bevölkerung sich eher an einen Generalzweifel «der Gesellschaft» oder «dem System» gegenüber gewöhnt haben. Solche Formen erzeugen starke Bilder – und nicht zuletzt eine Normalisierung autoritärer Fantasien im politischen Raum. Anders ist der Höhenflug der AfD, einer offen rechtsextremen Partei, in Umfragen und womöglich später in Wahlen nicht zu erklären. Aber all das ist eher eine Reaktion auf merkwürdig gegenläufige Erfahrungen: Auf der einen Seite hält ein permanenter Transformations- und Nachhaltigkeitsdiskurs die öffentliche Kommunikation mit ihrem Versprechen in Atem, wie kurz wir vor der Lösung planetarer Probleme hin zu einem neugeordneten Zustand sind – auf der anderen Seite weist das Versprechen darauf hin, dass gewohnte Selbstverständlichkeiten, Sicherheiten und Routinen in Frage gestellt werden. Das kann man aus einer akademischen Perspektive schön als die Bedingung allen Wandels ansehen, aber von denjenigen, deren Geschäfts-, Lebens-, Glaubens- und Alltagsmodelle in einem fragilen Gleichgewicht von den bestehenden Bedingungen abhängig sind, wird das anders empfunden. Ein Großteil jener generalisierten Elitenkritik und der Lautstärke der extremen Seiten des politischen Spektrums, auch die antiszientistische Kritik wissenschaftlichen Wissens und nicht zuletzt die Kritik an vor allem urban-akademischen Lebensentwürfen ist sicher auch auf diese Spannung zurückzuführen.

Mich interessieren nicht die Krisen selbst, also nicht, welche CO_2-Bepreisung die angemessene ist, welche Anpassungsleistungen an den bereits stattfindenden Klimawandel vonnöten sind, welches Verhältnis von Geboten/Verboten und Anreizen und Selbststeuerung am wirkungsvollsten ist, wie man richtig mit der Bekämpfung von Seuchen umgeht, welche militärpolitischen Konsequenzen neue internationale Sicherheitslagen erfordern, welche Subventions- und Schuldenpolitik die richtige ist, um klimaneutrale Produktionsformen und Produkte zu ermöglichen, welche Produktgruppen und Konsumstile angemessen sind, mit welcher Steuerpolitik man den Ausgleich zwischen ökonomischer Dynamik und der Kontinuität von Lebensformen am besten managen kann, wie man migrationspolitisch mit den unterschiedlichen Wanderungsformen umgeht oder welche Art von individueller Moral in all den Krisensituationen angemessen ist.

Mich interessiert vielmehr, wie sehr sich gesellschaftliche Routinen an sich selbst gewöhnen, wie sehr sie sich in einer Praxis einrichten, die mögliche Verunsicherungen geradezu wegmoderieren und den Alltag stärker werden lassen als jede Einsicht – übrigens etwas, das die Soziologie ohnehin lehrt. Mich interessiert, wie unbeeindruckt das bisweilen geschieht. Gesellschaftliche Praxis ist vor allem von Selbstbestätigung, von Wiederholungen, von der Selbststabilisierung des Bewährten geprägt. Man muss freilich aufhören, das nur im Modus der Anklage zu registrieren, denn auch diese bewährt sich ziemlich gut als Geschäftsmodell, das nur ein Geschäftsmodell sein kann, wenn es sich wiederholt – mit diesem Wiederholungsaspekt wird übrigens geschäftsmäßiges Handeln definiert.

Produktives Nachdenken fängt erst dort an, wo nicht nur Lösungen dekretiert werden, sondern wo man sich *erstens* Gedanken darüber macht, ob und wie solche Lösungen in der bestehenden Gesellschaft andocken können, und wo man *zweitens* mit Gegenreaktionen dieser Gesellschaft rechnet – und zwar nicht einfach in dem Sinne, diese Gegenreaktionen mit der Verstocktheit, der mangelnden Bereitschaft oder dem falschen Glaubenssystem der Adressaten zu erklären. Es stimmt schon, man kann ernsthaft daran verzweifeln, wie stabil und erwartbar viele Verhaltensweisen und Sprechakte, Strategien und Beschwörungsformeln sind. Theoretisch ausgedrückt: Systeme sind stabiler, träger als ihre Umwelt. Diese Trägheit ist genau genommen die Ordnungsleistung von Systemen, die nur deshalb dauerhaft bestehen können, weil sie die internen Möglichkeiten nicht-zufällig einschränken. Das gilt für Systeme aller Art, auch für gesellschaftliche. Das gilt für biologische, organische Systeme, die einen Trägheitsmechanismus haben, nicht alle Umweltveränderungen eins zu eins umzusetzen; das gilt für die menschliche Psyche, die sich in Mustern einrichtet und sich nicht durch jede überraschende Information verunsichern lässt; das gilt für kulturelle Systeme, deren Bedeutungen und Symbole, Zeichen und Formen stabiler bleiben als ihre kulturellen Verarbeitungsformen – und das gilt eben auch für soziale Systeme, die Routinen, Praktiken, Rollen, Erwartbarkeiten usw. ausbilden. Das ist das Terrain, auf dem sich die Soziologie bewegt, wenn sie nicht einfach nur großsprecherische Programmanzeigen und Entlarvungsgesten hinbekommt oder als Reflexionstheorie privilegierter Milieus daherkommt, auch wenn sie sich als Anwältin der weniger Privilegierten geriert.

Trägheit ist nicht einfach ein Programm, eine Marotte oder ein abzulegender Charakterzug, auch keine Geschmacksfrage, sondern ein *struktureller Schutzmechanismus*, der freilich auch Kosten hat. Die Krisendiagnosen jedenfalls sagen, dass schnell etwas getan werden müsste, und zwar von «uns allen». Aber es bleibt aus, zumindest sieht es so aus. Klassisch lässt es sich am Dauerthema Klimawandel beobachten, dessen disruptive Dringlichkeits- und Katastrophensemantik sich selbst routinisiert hat. Um es klar zu sagen: *Die Dringlichkeit ist sehr hoch und wird immer höher, aber dringlich-schnelle Veränderungen erzeugt das nicht – eher langsame, in kleinen Schritten – und Abwehrreaktionen, die man moralisch kritisieren kann, aber wenigstens begreifen sollte.* Und eher kleine Schritte taugen nicht für große Beschreibungen, aber sind womöglich wirksamer als die Disruptionssemantiken des Typs «Alles könnte anders sein» und wir könnten «Unsere Welt neu denken» oder «Wir könnten es so schön haben». Das sind Formulierungen aus Buchtiteln, auf die ich nicht direkt eingehen möchte – es reicht der Diskurstypus, der die affirmative und kritische öffentliche Wahrnehmung etwa der Klimakrise durchaus abbildet und bei aller Expertise und hohen Informationsdichte, die hier auch vermittelt wird, mit geradezu unrealistischen Chiffren versieht. Solche Perspektiven werden von vielen zu Unrecht, aber nicht grundlos gehasst. Gibt es einen Ausweg aus diesem Dilemma?

Um es klar zu sagen: *Es könnte keineswegs alles anders sein.* Als Sozialwissenschaftler kann man, nein, muss man wissen, wie stabil, wie manchmal kaum auszuhalten stabil und erwartbar sich Praktiken und Routinen darstellen, wie widerständig vor allem die bewährten Alltagsroutinen, die kulturellen Chiffren und Überzeugungen, wie schwer aufklärbar Einstellungen sind und wie mächtig die Gewohnheit ist. Genau deswegen kann man sich auch daran gewöhnen, permanent damit beschallt zu werden, dass alles anders wird und nichts so bleibt, wie es ist. Dass keineswegs alles anders sein kann, bestätigt sich auch darin, dass man das Gegenteil immer wieder behaupten kann – nicht folgenlos, aber weit entfernt von der disruptiven Verve der Forderungen.

Am Anfang meiner Argumentation seien zwei auf den ersten Blick gegenläufige Beispiele genannt, die auf Trägheit und Persistenz verweisen. Vielleicht ist einer der sichtbarsten Hinweise auf die Macht der Trägheit und Persistenz von Formen der nach den barbarischen Angriffen der Hamas auf israelische Zivilisten im Oktober 2023 grassierende extreme Antisemitismus in unterschiedlichen Milieus der Gesellschaft. Es handelt sich um eine kulturelle Trägheit, die Persistenz eines Musters abrufbarer antisemitischer Reflexe, die je nach kulturellem Milieu eine je eigene Ausprägung erfahren: ein aus dem Anlass besonders sichtbarer muslimischer und islamistischer Antisemitismus, ein entsetzlicher linker Antisemitismus in universitären und künstlerischen Milieus, der dort keineswegs ein Fremdkörper ist, ein rechter und rechtsradikaler Antisemitismus, der sich angesichts des islamistischen Imports in eine merkwürdige Form des Philosemitischen camoufliert, ein bürgerlicher Antisemitismus, der ohnehin zur Grundausstattung gehört. Geradezu unbrauchbar sind Bekenntnisse, gar kein Antisemit zu sein, denn die genannten Muster sind stabiler als die Selbstbeschreibung jener, die dann doch wieder in die erwartbaren Routinen zurückfallen. Am deutlichsten werden sie in der Behauptung, man brandmarke jede Kritik an Israel als antisemitisch – das wäre in der Tat falsch. Es gibt an Israel genug zu kritisieren. Aber international eklatant unterschiedliche Maßstäbe anzuwenden, wenn es um Israel geht und nicht andere Länder, folgt dem Muster. Noch beliebter ist es, diese Israel-Kritik damit zu legitimieren, dass es auch Juden gebe, die so denken. Das ist nur die invertierte Form des bürgerlichen Antisemitismus, der gerne damit kaschiert wird, man habe einen Juden im Freundeskreis. Dieses Beispiel soll nur ein Hinweis auf die Trägheitserfahrung einer an Regelmäßigkeiten und Wiederholbarkeit orientierten Form von Ordnung sein. Ob kulturelle Bedeutungen oder soziale Formen – ihre Berechenbarkeit und Erwartbarkeit ist erstaunlich und tritt erstaunlicherweise auch (oder gerade) in plötzlichen, in disruptiven, in als krisenhaft erlebten Situationen zutage.

Das zweite Beispiel stammt aus neuen Forschungen über die sogenannte Polarisierung der Gesellschaft in Deutschland – eine der erfolgreichsten semantischen Formen zur Selbstbeschreibung der Gesellschaft. Da diese Selbstbeschreibung stärker in den Massenmedien der Gesellschaft als in der Soziologie stattfindet, ist die Rede von der in immer gegensätzlichere Lager gespaltenen Gesellschaft schon aus strukturellen Gründen plausibel, denn die interne Logik der Massenmedien kennt einerseits Neuigkeit und Aktualität als Grundcharakteristikum, daneben aber auch den Konflikt, der sich aufgrund seiner zweiseitigen Formen für mediale Darstellungen besonders eignet. Forschungen im Umfeld des Berliner Soziologen Steffen

Mau freilich geben eine solche Diagnose nicht her. Zwar gibt es Themen, «Triggerpunkte» genannt, die herausfordern und die sehr konfliktfähig sind, aber in der Grundstruktur repräsentativer Einstellungen hat sich nichts wirklich Grundlegendes geändert – trotz vielfältiger Krisenerfahrungen. Das Unbehagen ist gestiegen und die Sensibilität für bestimmte Themen und Erfahrungen, aber keineswegs die Bereitschaft zu einer scharfen und kompromisslosen Spaltung, obwohl diese immer wieder herbeigeschrieben wird. Die pluralistische Gesellschaft bleibt trotz dieser Erfahrungen erstaunlich stabil pluralistisch – und profitiert von einer Trägheit und Persistenz von Formen, die sich bewährt haben. Selbst für einen als ausgemacht geltenden Rechtsruck gibt es weniger wissenschaftliche Evidenz als erwartet – freilich auf einem nicht niedrigen Niveau rechter Einstellungen und trotz wachsender Zustimmungsraten für eine rechtsradikale Partei, die keinen Hehl aus ihrer Gesinnung macht. Eine inzwischen aus den Rudern laufende Protestkultur, man denke etwa an die Bauernproteste im Winter 2023/24, angesichts derer die «Letzte Generation» wie ein Kindergeburtstag wirkt, ist ebenfalls ein Hinweis darauf, dass sich an den «Triggerpunkten» viel kommunikative Aufregung anlagert, an die man sich gewöhnt. Der Protest hatte semantisch nicht nur die Dieselbesteuerung auf dem Schirm, sondern ein Muster an Vorwürfen gegenüber der Regierung, die viel mit Transformations- und Veränderungsdruck, aber auch mit der Sichtbarkeit von Krisenerfahrungen zu tun hatte. Man gewöhnt sich einfach auch an die eigenen Argumente und Bornierungen.

Mit der Trägheitsdiagnose ernte ich oft Widerstand und Unverständnis, sogar die Unterstellung, damit Nichtstun zu rechtfertigen oder gar «die Verantwortlichen» aus der Pflicht zu nehmen. Beliebt ist auch die oft mit entlarvender Geste formulierte Provokation, ich dächte wohl, dass Lösungen ganz ohne Zumutungen und Verzichte auskommen würden. Aber gerade das Gegenteil ist der Fall. Gerade *weil* Krisenbewältigung, Transformationserfordernisse, Veränderungsdruck, Anpassungsleistungen nicht ohne Zumutungen, nicht ohne Verzichte, nicht ohne Ungewohntes auskommen, wird die Trägheit der Systeme, wird die Trägheit des Verhaltens und wird die Trägheit des Denkens so sichtbar und wirksam. Außerdem beweist der Vorwurf nur reflexiv die These: Aus der Trägheit, einen Schuldmechanismus generieren zu müssen, um sich einen Reim auf die Welt zu machen, kommen solche Kritiken nicht heraus. Es reicht die Betonung der Drastik.

Es muss doch mehr möglich sein, oder? Ich habe in den letzten Jahren in meiner eigenen Arbeit immer wieder versucht, genau das zu kritisieren und mit einer methodisch kontrollierten Form der Gesellschaftsbeschreibung auf Komplexitätsprobleme, auf Differenzierungsfolgen, auf Perspektivendifferenzen aufmerksam zu machen. Das Motiv der Überforderung spielte dabei ebenso eine Rolle wie die Einsicht, dass sich die Lösungen nicht einfach dekretieren und politisch durchsetzen lassen – übrigens garniert mit dem genau genommen recht simplen Gedanken, dass das Politische nicht außerhalb der gesellschaftlichen Dynamik steht, sondern dazugehört. Politik ist Teil des Problems – so viel Reflexivität muss sein.

Diese Arbeiten waren alle durch eine engagierte Distanziertheit geprägt – sie kamen neutral oder besser abgeklärt daher, mit möglichst sparsamen Wertungen und in einem Duktus des erklärenden Angebots, dessen Gehalt zugleich mitliefert, warum man dieses Angebot nicht als Gesamtpaket annehmen kann – denn die Grundthese ist die, dass so etwas wie Gesamtpakete ausgeschlossen sind, auch wenn sie sich so schön formulieren lassen. Es ist also vielleicht an der Zeit, dass ich ansatzweise die Textsorte wechsele, aber nicht in einer Übersprungshandlung, nun auch endlich angemessene politische

Forderungen mit großer Verve und engagierter Betroffenheit zu stellen und das Ganze auf ein Erweckungserlebnis zurückzuführen, etwa im Stile der *confessiones*. Das sicher nicht, aber doch mit jenem Drive, der nötig ist, um diesen einen Gedanken stark zu machen: *dass man zwar perfekte Ziele imaginieren, große Dringlichkeiten postulieren, moralische Ansprüche begründen und gute Lösungen entwerfen kann, und all das mit großem Nachdruck, dass aber all das nichts wert ist, wenn nicht ins Kalkül gezogen wird, dass der Gegenstand, um den es geht, selbst und eigensinnig auf jeden Versuch der Intervention reagiert.* Der moderierende Faktor – das will der Soziologe zum Thema beitragen – ist die Gesellschaft selbst, ihre innere Dynamik, ihre Selbstlimitation – und die spezifische Form ihrer Möglichkeiten.

Dieser Perspektive liegt die Erkenntnis zugrunde, dass Expertise, zumal wissenschaftliche Expertise, ein merkwürdiges Kontrollproblem hat. Jeder Experte, jeder Wissenschaftler und auch jede Wissenschaftlerin muss selbstverständlich von der Illusion ausgehen, dass «Wissen» und «Expertise» das entscheidende oder wenigstens ein entscheidendes Medium der Veränderung, der Transformation und der Problemlösung ist. Man sollte diese Illusion nicht vollständig aufgeben, natürlich nicht.

Aber vielleicht fehlt einer solchen Perspektive ein genaueres Wissen und genauere Expertise über die Bedeutung und die Potenz dessen, was wir «Wissen» nennen. Denn suggeriert wird oft ein merkwürdiges Kontrollverhältnis, das fast als eine Art *déformation professionelle* von Akademikern mit Klientenkontakt gelten könnte: *Man muss es den Leuten nur sagen, wie es wirklich ist, dann werden sie sich schon entsprechend verhalten oder sich der Einsicht in jene Notwendigkeit fügen, die die Expertise so kunstvoll zu begründen sich anschickt.* Es reicht nicht, in milieubedingter Naivität zu behaupten, man müsse den Leuten nur «ehrlich» sagen, dass jetzige Transformationskosten später einen Ertrag für sie haben werden – daran haben sich schon frühere Revolutionäre die Zähne ausgebissen. Wenn man solche Sprecher manchmal reden hört, wie schön die zukünftige, die transformierte Welt sein wird, wenn man jetzt wie aus einem Guss an einem Strang zieht, sieht das manchmal aus, als sei das geradezu *designed* als Generator zur Erzeugung von Abwehr, von Unverständnis, sogar von Hass. Bisweilen hat solche Überzeugung aus einem Guss, die auf Transformation aus einem Guss zielt, auch etwas Autoritäres, was gerade diese beseelten Sprecher weit von sich weisen würden.

In vorgestellten Kontrollverhältnissen weiß man nie, wer Kontrolleur ist und wer kontrolliert wird. Das ist ein Gedanke aus der Kybernetik. Wer ist in einem Regelkreis der Kontrolleur? Kontrolliert nicht auch die kontrollierte Seite den Kontrolleur? Verwirrt nicht schon ein einfaches soziales Kontrollverhältnis den Beobachter, wenn er sich nicht einfach auf die «offizielle» Beschreibung verlässt? Wenn jemand qua Amt oder Position die Macht hat, dann kontrolliert er als Mächtiger sein Gegenüber – aber nur solange das Gegenüber durch sein subalternes Verhalten die Konstellation bestätigt. Der Mächtige ist vom Unterworfenen eindeutig abhängig – wenn man das mitsieht, weiß man nicht mehr so genau, wer eigentlich die Kontrolle hat. Das ist mannigfaltig diskutiert worden – etwa als die Dialektik von Herr und Knecht oder auch soziologisch als Beschreibung von Macht als einer prinzipiell instabilen Form.

Wer Kontrolle (also Einfluss, Macht, Wirkung usw.) ausüben will – und sei es nur durch ein gutes Argument oder durch Expertise –, muss immer mit dem Eigensinn des Gegenübers rechnen, das nach eigenen Kriterien auf die Einflussnahme reagiert. Damit beschäftigt sich dieses Buch: *wie die Gesellschaft und ihre Instanzen auf Veränderungsdruck, Verunsicherung, Lösungsperspektiven, Transformationsversuche und Einflussnahme reagieren und wie solche Formen auf ein Gegenüber treffen, das selbst permanent aktiv ist und nicht einfach reaktiv.* Überzeugen kann man nur die, die für Überzeugungen offen sind – und steuern kann man nur das, was sich als steuerbar erweist. Dass das nicht immer der Fall ist, und das nicht zufällig, ist Gegenstand der folgenden Erörterungen.

Dies ist kein Buch über konkrete Krisen, auch wenn das Beispiel der Klimafrage am häufigsten vorkommt – aber letztlich nur als Parabel dafür, wie eine Gesellschaft wie die moderne mit kollektiven Herausforderungen umgeht, wie sie dies als Krise rahmt und was man daraus lernen kann. Dieses Buch beteiligt sich nicht an der Diskussion, welche konkreten Programme, Mittel, Strategien und Entscheidungen es braucht, um sich in den vielfältigen Krisen zurechtzufinden und Gefahren abzuwenden. Der Autor will hier auch nicht über seine konkreten Kompetenzen hinaus dilettieren. Programmatische und strategische Vorschläge zur Bewältigung verschiedener Krisen gibt es viele, sie werden kontrovers diskutiert, und man darf im Sinne einer differenzierten Gesellschaft davon ausgehen, dass diese unterschiedlichen Konzepte aus je unterschiedlichen Perspektiven formuliert werden. Und im Sinne einer liberalen Demokratie darf man hoffen, dass es im politischen Raum einen Wettbewerb um die besten Konzepte gibt. Aber daran beteiligt sich dieses Buch kaum. Es geht hier eher um *Wie-* als um *Was*-Fragen. Wenn man es metaphorisch ausdrücken will: *nicht um einzelne Programme, sondern darum, wie das Betriebssystem funktioniert, auf dem die Programme laufen.*

Was ich herausarbeiten will, ist die Beantwortung der Frage, *wie* eine moderne Gesellschaft mit ihren Ressourcen und Limitationen auf kollektive Herausforderungen und Krisen reagiert. Genau genommen lautet die Frage nicht, *welche Sätze* es braucht, um all die Krisen zu lösen, sondern *wie* die Leute auf ihre Sätze kommen.

Meine Verwunderung darüber, wie unbeeindruckt gesellschaftliche Routinen, Praktiken und Lösungskonzepte von den Herausforderungen selbst sind, ist mir Anlass, nach den Bedingungen zu fragen, unter denen Lösungen als solche erscheinen. Dass dies mit der Struktur der Gesellschaft, der Trägheit ihrer Bedingungen und den eingespielten Formen ihrer Institutionen zu tun hat, ist gewissermaßen der Beitrag eines Soziologen, der kein Klimawissenschaftler ist, kein Ökonom, kein Ingenieur und auch nicht einfach ein engagierter Bürger. Dieses Buch soll insofern anders sein als diejenigen, die uns sagen, was nun zu tun ist. Man kann mit den lautersten Motiven eine Revolution der Demokratie ausrufen, ein Umdenken fordern, Menschen auf ihre globale Privilegierung hinweisen, auf falsch verstandene Freiheitsvorstellungen, auf die Nebenfolgen ihrer Lebensweise hinweisen. Der Hinweis auf eine «Revolution» löst letztlich nicht das Sachproblem, sondern ein Darstellungsproblem. Einer drastischen Sache muss mit drastischen Begriffen begegnet werden – und schon ist man mitten drin in jenem Spiel, dessen Folgen man beklagt: dass der Rechtspopulismus wächst, die Elitenkritik steigt und das Vertrauen in demokratische Verfahren schwindet. Mit all dem hätte man dann sogar recht, aber übersieht, dass all das in genau der Welt stattfindet, die da beklagt wird. Und mit dem Glauben, dass eine funktionierende Demokratie sich daran messen lässt, dass das wünschenswerte Ergebnis herauskommt, ist man seinen populistischen, antidemokratischen Antipoden näher, als man es sich in seinen schlimmsten Träumen vorstellen kann. Der semantische Ausweg einer «Revolution» ist eben nur ein semantischer Ausweg – und eben von der Grundidee beseelt, dass *alles anders sein* könnte. Denn diese Grundidee könnte konventioneller nicht sein. *Was freilich anders sein könnte, ist das Nachdenken über Transformationen und Veränderungen.* Dem, und nur dem, soll hier nachgegangen werden.

Schon deshalb ist es explizit kein klassisches politisches Buch – und will es auch nicht sein –, aber schon ein appellierendes: Es muss möglich sein, einen Stand sozialwissenschaftlicher Forschung und gesellschaftstheoretischer Einsichten zur Grundlage für einen wenigstens partiell anderen Blick jenseits der großen Gesten, der Verwechslung der Dringlichkeit mit der Möglichkeit und vor allem jenseits des allein moralischen Appells nutzbar zu machen. Die Illusion ist nicht, ein im engeren Sinne *umsetzbares* Kontroll-Wissen zu präsentieren, aber vielleicht einige Hinweise darauf, wie sich Perspektiven verschieben, wenn man die Lösung gesellschaftlicher Herausforderungen von einer anspruchsvolleren Denkungsart inspirieren lässt als den immergleichen Posen und Selbstverständlichkeiten. Vielleicht sind dann auch produktivere Konflikte möglich als jene Pro-Contra-Konstellation, die letztlich den Wettbewerb um handhabbare Lösungen behindert und beide Seiten von klarer Reflexion entlastet. Am Ende werde ich darauf kommen, dass sich in dieser Gesellschaft bereits Formen etablieren, die mit Krisenbewältigung durchaus umgehen können – und empirisch wird sich zeigen, dass es eher eine evolutionäre als eine disruptive Form ist, die gesellschaftliche Praktiken lernfähig macht. Diese lassen sich nicht so einfach erzählen wie die großen Geschichten und die posenhaften Formen, aber sie entsprechen der Praxisform dieser Gesellschaft. Oder anders gewendet: *Bei aller Dringlichkeit und allem Veränderungsdruck stehen nur die Mittel und Formen zur Verfügung, die auch wirklich zur Verfügung stehen. Vielleicht ist das ein wirklich revolutionärer Satz!*

Wer Revolutionen ausruft und mit starker Verve formulieren will, zitiert gerne diesen berühmten Satz von Karl Marx aus dem «18. Brumaire» von 1852: «Die Menschen machen ihre eigene Geschichte, aber sie machen sie nicht aus freien Stücken, nicht unter selbstgewählten, sondern unter unmittelbar vorgefundenen, gegebenen und überlieferten Umständen» – dabei spricht hier ein eher desillusionierter Marx nach dem Staatsstreich Napoléons III. Es geht weiter mit dem Alp der Geschichte, der auf dem Gehirn der Lebenden lastet. Gemeint ist es als Aufforderung, diesen Alp hinter sich zu lassen – beschrieben wird aber, dass auch den Revolutionären nur die Mittel zur Verfügung stehen, über die sie verfügen. Vielleicht ist das der wichtigste methodische Hinweis auf alle Krisenbewältigung und Transformation: dass stets nur in konkreten Gegenwarten mit begrenzten Mitteln gehandelt werden kann. Wie gesagt: Angesichts großer Transformationsideen ist das wirklich ein revolutionärer Satz.

Geprägt ist das Buch von einer Sorge: All die starken Transformationsnarrative und Geltungsansprüche auf Veränderung, all die Versprechen, dass nichts so bleibt, wie es ist, und alles Wissen darüber, wie notwendig manche Neuanpassungen auf unterschiedlichen Gebieten sind, brechen sich daran, dass sie auf eine Welt treffen, die schon da ist. Aber was bringt alles Wissen um die Dringlichkeit von Veränderungsbedarf, um existentielle Probleme zu lösen, wenn der ausgedachte Lösungsweg selbst existentielle Gefahren heraufbeschwört? Wie kann man mit demokratischen Mitteln Dinge politisch durchsetzen, die für Viele zunächst unplausibel erscheinen? Wie fängt man den Widerstand gegen die mindestens «große» Transformation wieder ein, ohne die rechtlichen, die kulturellen, die politischen Standards zu gefährden? Wie kann man ganze Ökonomien verändern, während sie ökonomisch überleben müssen? Und wie kann man Lebensformen ändern, deren Alltagssorge vor allem darin besteht, kontinuierlich zu bleiben? Wer diese Fragen unter dem Hinweis auf Transformationsnotwendigkeiten nicht ernst nimmt, wird jede Möglichkeit einer Veränderung *by design* unmöglich machen und Veränderung *by desaster* präferieren.

Die im Titel dieses Buches formulierte «Kritik der großen Geste» ist auch eine operative Kritik. Große Teile von Transformationsdiskursen sind oft ein Kampf um Gesten, also um die Formulierung starker Sätze, ihre Bestätigung und Wiederholung. So sind es oft Protestbewegungen und aktivistische Strategien, die von ihren Adressaten wie Politikern, Parteien, Unternehmen, Verbänden oder sonstigen Institutionen letztlich nur eine Wiederholung oder Bestätigung ihrer starken Sätze fordern. Man muss es deutlich sagen: Die Wiederholung solcher Sätze löst noch kein Problem – kein operatives Problem der Implementation und Umsetzung, kein Zustimmungs- und Gefolgschaftsproblem, keine Bearbeitung von Nebenfolgen. Und diejenigen, die vor allem orthodoxe Sätze fordern, sind zumeist diejenigen, deren berufliche Tätigkeit in der Formulierung von Beschreibungen liegt. Sie können konsistente Sätze in eine diskontinuierliche Welt bringen und von einer widerspruchsfreien Wirklichkeit träumen.

Die Funktion von Protestbewegungen, etwa der Klimabewegung, besteht sehr wohl darin, solche Gesten zu vermitteln und aufmerksamkeitsökonomische Geländegewinne zu machen. Aber diese Ebene der Beschreibung und der Forderung hat selbst noch keine Konsequenzen. Sie sind in evolutionstheoretischen Begriffen, auf die ich später noch kommen werde, allenfalls Variationen auf der Ebene des kommunikativen Haushalts und noch keine Selektionen oder gar Restabilisierungen von Lösungen. Insofern muss sich auch die Reflexion von Transformationsfragen stärker auf die Frage konzentrieren, wie Strategien in einer Welt, die schon da ist, Wirkungen über die bloße kommunikative Provokation hinaus erzielen können.

Ich beginne in den ersten beiden Kapiteln mit zwei Thesen. Die erste verlängert die hier schon explizierte Verwunderung: In den öffentlichen Debatten mit ihren konkurrierenden Handlungskonzepten spielen alle ihre ziemlich erwartbaren Rollen, und das nicht aus mangelnder Einsicht, sondern aus strukturellen Gründen. Die zweite zeigt auf, dass es kein Zufall ist, dass sich gerade derzeit die Selbsterfahrung des Krisenhaften so plausibel anhört – es hat ohne Zweifel etwas damit zu tun, dass zuvor latent gebliebene Selbstverständlichkeiten mit einem Mal sichtbar werden. Ich nenne das *eine große Visibilisierungserfahrung*, die mit der Häufung von als krisenhaft erlebten Ereignissen und Zuständen zu tun hat. Exakt damit beginnen die beiden ersten Kapitel, die dann auch das weitere Programm entfalten.

Daraus ergeben sich weitere Fragen, die alle an diese Grunddiagnose anschließen – und die sich sowohl an der Darstellbarkeit des Problems abarbeiten wie auch meine Verwunderung auf den Begriff bringen, wie wenig kontextsensibel die Diskurse auch derer laufen, die es besser wissen könnten. Am Ende steht nicht der große gestenreiche Appell für die eine konkrete Lösung – wofür auch immer. Am Ende wird es eine *Apologie kleiner Schritte* geben, die viel mit dem angedeuteten Kontrollproblem zu tun hat. Das hört sich wieder danach an, als solle gebremst werden – was bisweilen jeder Autofahrer weiß. Wer mit zu hoher Geschwindigkeit in eine Kurve fährt, fliegt eher aus der Kurve als derjenige, der zuvor die Geschwindigkeit gedrosselt hat. Im Scheitelpunkt der Kurve kann man dann wieder Gas geben, zugegebenermaßen für das Klimathema eine riskante Metapher. Aber es bleiben schon aufgrund der Struktur der modernen Gesellschaft fast nur evolutionäre, orts- und zeitgebundene, konkrete Schritte möglich. Und es könnte sein, dass diese Not den Schlüssel für eine Tugend enthält, die Lösungsperspektiven sichtbar macht, die in der gesellschaftlichen Praxis längst aufscheinen – nicht für die freilich, deren Geschäftsmodell die große Geste und die zitierbare Pose ist.

Kein politisches Buch zu sein, heißt auch, dass in diesem

Buch nicht der Aufmerksamkeitsökonomie der medialen Selbstbeschreibung gefolgt wird, sondern die Genese der Argumente als eine wissenschaftliche Genese deutlich werden sollte, auch wenn das Buch nicht den Formvorschriften eines wissenschaftlichen Textes folgt. Es macht einen Unterschied, ob man als Wissenschaftler nur einen weiteren Beitrag in weniger einfacher Sprache zu dem beifügt, was sich die Gesellschaft vor allem in Formen ihrer Massenmedien ohnehin erzählt – eine Gefahr, der insbesondere die Soziologie oft erliegt. Der Unterschied, der gemacht werden muss, ist auch der, ob die eigenen Fragestellungen schon da sind oder aber wissenschaftlich generierte Fragen sein können. Ich habe auf dem Buchrücken eines theoretischen soziologischen Buches über die Neukartierung der soziologischen Systematik gefragt, welche Probleme die Soziologie lösen könne, die wir ohne sie nicht hätten. Es hat gelegentlichen Spott über diese Frage gegeben, was ja nur ein Hinweis darauf ist, wie wenig Gesellschaftswissenschaftler bisweilen den Unterschied zwischen selbstgenerierten Fragen und der Selbstbefragung ihres Gegenstandes als Herausforderung sich zumuten. Die hier präsentierte Perspektive soll wenigstens ansatzweise vermitteln, was sich ändert, wenn etwas Distanz zu allzu erwartbaren Perspektiven gewahrt wird.

Wissenschaft soll sagen, was der Fall ist – und letztlich kann Wissenschaft das am allerwenigsten, denn Wissenschaft beginnt nicht bei konkreten Theorien und Methoden, nicht bei einer bestimmten Auffassung, und mit «Meinungen» hat sie am allerwenigsten zu tun. Wissenschaft beginnt mit einer gewissen Reflexivität der eigenen Voraussetzungen. Genau genommen ist alles, was man als Wissenschaft sagen kann, von den eigenen Prämissen abhängig, von Vorentscheidungen, von einem Immer-schon-Begonnenhaben, bevor man irgendeinen Gegenstand und irgendeinen Sachverhalt beschreibt. Das gilt nicht nur für die Wissenschaft – aber hier wird es reflexiv, hier muss man damit umgehen, es bisweilen auch sichtbar machen. Nur deshalb gibt es Theorien- und Methodenreflexion und nur deshalb gibt es zur selben Fragestellung bisweilen konkurrierende, unterschiedliche Antworten – auch in den sogenannten harten Wissenschaften.

Dies sei hier an den Anfang gestellt, denn dieses Buch ist ein Angebot – es bietet seinen Leserinnen und Lesern an, auszuprobieren, was dabei herauskommt, wenn man mit jenem Blick auf die Dinge schaut, der hier vorgeführt wird. Und zugegebenermaßen hält sich dieses Buch nicht an wissenschaftliche Gepflogenheiten im engeren Sinne – es ist aber schon das Buch eines Wissenschaftlers, der wenigstens teilweise zeigen will, *wie* er auf Sätze darüber kommt, *was* der Fall ist. Ich hoffe jedenfalls, dass diese Reflexivität deutlich durch den Text hindurchscheint.

Der Text verzichtet bewusst auf jeglichen wissenschaftlichen Apparat, auf Literaturangaben, Anmerkungen, Belege und Zitate. Er nennt selten Namen und ist darin an manchen Stellen auch ungerecht. Vereinzelt wird auf Literatur im Text hingewiesen. Manche Äußerung und Position wird nur sachlich angedeutet und nicht konkret angesprochen – auch deswegen, weil das Meiste dessen, was gezeigt wird, eher typisch als individuell zurechenbar ist. Wo eine solche Zurechnung sichtbar gemacht werden muss, geschieht das auch. Es ist ein Essay, der einen Gedanken entfaltet und der sich darin wenig stören lassen will. Es ist ein möglichst barrierefreier Essay. Die Absicht ist es, dabei zu helfen, klarer zu sehen, warum so Vieles unklar ist – eben: *anders über Transformation nachzudenken.*

1

Gegenwarten
Oder: Warum spielen alle ihre Rollen?

Vieles fügt sich einer stupenden Regelmäßigkeit. Was in konkreten Gegenwarten passiert, ist zwar nicht festgelegt, aber alles andere als beliebig. Soziale Ordnung ist wirklich eine *Ordnung*, also ein Raum, in dem bestimmte Dinge mit einer ziemlich hohen Wahrscheinlichkeit geschehen. Das vielleicht am einfachsten zu verstehende Beispiel sind Wahlprognosen. Mit der Befragung von etwa 2000 Menschen lassen sich – methodische Kompetenz vorausgesetzt – politische Wahlergebnisse statistisch hochrechnen. Das wäre in einem chaotischen, völlig unstrukturierten System gar nicht möglich. Es ist geradezu eine Demütigung, dass sich die konkreten Gegenwarten von Handlungssituationen, Einstellungen, Präferenzen genauer ausrechnen lassen, als es unser Selbstbild hergibt. Wir entscheiden selbst – aber wir entscheiden nicht ungebunden, sondern innerhalb ziemlich deutlicher Muster. Das weiß die Marktforschung ebenso wie unsere Typisierungen im Kopf, damit rechnen Versicherungen und Stadtplanung, das ist die Grundlage für politische Entscheidungen und die meisten digitalen Geschäftsmodelle. Ich habe deshalb Gesellschaft einmal als *Wahrscheinlichkeitsraum* bezeichnet, in dem die Dinge keineswegs festgelegt sind, aber doch in einer stochastisch messbaren Ordnung musterhafter als unser Selbstbild.

Der Einwand, dass es auch erhebliche Abweichungen und durchaus unerwartete Situationen und Ereignisse gibt, ist ja nur ein Hinweis darauf, wie stabil schon unsere Erwartungsstrukturen sind und wie träge und musterhaft das meiste Verhalten. *Daran beißen sich alle Transformationsforderungen, alle Appelle an Veränderung, alle Versuche der Verbesserung der Welt, alle Intentionen die Zähne aus: dass da ein Gegenüber ist, das sich den Eingriffen zwar nicht entzieht, aber irgendwie unbeeindruckter ist, als man es gerne hätte.*

Auch hier ist der Klimawandel wieder das treffendste Beispiel: Das Wissen um die Zusammenhänge ist bekannt, und das nicht nur für Experten, die sich den ganzen langen Tag mit diesen Dingen beschäftigen. Es ist auch kein abstraktes Wissen – weil sowohl konkrete Verhaltensforderungen sehr alltagsnah sind und auch weil die Auswirkungen des Klimawandels sehr sichtbar geworden sind. Die Reaktionen sind sehr typisch, eben musterhaft. Sie reichen von Normalisierung, Beschwichtigung, sogar Leugnung, vom Vorwurf der Panikmache und von der Unterstellung, dass mit «Maßnahmen» etwas ganz anderes inszeniert und erprobt werden solle, bis hin zu geradezu eschatologischen Überreaktionen und völligem Unverständnis dafür, dass nicht alles andere hintangestellt wird, um nun eine neue Ordnung herzustellen. Erwartbar ist auch, dass politische Entscheidungen all das moderieren, zwischen Skylla und Charybdis hindurchschiffen, ökonomische Umbauten bei laufendem Motor initiieren müssen, dabei wieder die Regelungsdichte erhöhen, obwohl ökonomische Akteure immer deutlicher darauf hinweisen, dass Innovationen, vor allem klimarelevante Innovationen, unter anderem an der Regelungsdichte scheitern, aber ohne eine bestimmte Form der Regulierung womöglich erst recht nicht entstehen.

Und das Stück wird mit ziemlich genau verteilten Rollen aufgeführt. Man kann bis fast in die Formulierungen hinein wissen, wer sich wie zu den Fragen einlassen wird – und darf sicher sein, dass die Leute all das aus freien Stücken, also selbst machen und trotzdem in jener Regelmäßigkeit. Das ist das Mysterium dessen, was wir soziale Ordnung oder «Gesellschaft» nennen. Und um jedes Missverständnis im Keim zu ersticken: Das gilt auch für diese Zeilen, in denen genau das thematisiert und beobachtet wird. Und auch wenn man an der Musterhaftigkeit des eigenen Faches verzweifeln könnte – und das tue ich regelmäßig, auch weil so erwartbar ist, wer was sagt –, gibt es daraus kein Entrinnen, allenfalls kleine Abweichungen und Überraschungen.

In den letzten Krisen – von Fluchtmigration über die Pandemie und die Kriege in der Ukraine und in der Levante bis zum Dauerthema Klimawandel – folgt die Dynamik des Geschehens ziemlich deutlich genau diesen Mustern. Gesprochen wird, wie gesagt, mit verteilten Rollen, zu denen auch die wechselseitigen Reaktionen gehören – und innerhalb der Restriktionen der je eigenen Perspektiven.

Und das Tragische ist: Gerade in Situationen, in denen man besonders deutlich auf kollektives Handeln, auf zielorientierte Strategien, auf die Bündelung von Kräften, auf Kooperation und auf konzertierte Aktionen setzen möchte, ist genau das am unwahrscheinlichsten. Man erkennt dann immer, wie eingeschränkt doch die eigenen Positionen je sind:

– Unternehmensleute reden eben wie Unternehmensleute und glauben, man könne einen Staat führen wie eine Unternehmensorganisation;
– Unternehmen handeln wie Unternehmen und können nur tun, was einen *return* ermöglicht und die eigene Marktposition verbessert;
– Ökonomen reden wie Ökonomen und weisen darauf hin, dass nur die Bepreisung von Unerwünschtem zu Erwünschtem führe;
– Politiker reden eben wie Politiker und müssen neben allen

Sachfragen die politischen Konsequenzen im Blick haben, die etwas mit der politischen Machtverteilung, mit Mehrheitsverhältnissen, Koalitionsmöglichkeiten, Loyalität und Wählbarkeit zu tun hat;

- die politische Kommunikation überhaupt verkleidet dann je nach politischer Selbstverortung Sachfragen in Lösungskonzepte unterschiedlicher Natur, enggeführt an Alternativen von mehr oder weniger Staatstätigkeit, von konservativer oder «progressiver» Gesellschaftspolitik oder von nachfrage- oder angebotsorientierter Beschreibung von Knappheitsproblemen und weist entsprechende Sprecherrollen zu;
- Naturwissenschaftler reden eben wie Naturwissenschaftler und sagen, dass am Ende doch alles klar sei;
- Privatleute reden eben wie Privatleute und versuchen, ihre Alltagsökonomie auf die Reihe zu kriegen (und zwar sowohl die ökonomischen Ökonomien als auch Zeit-, Komfort-, Gewohnheits- und Aufmerksamkeitsökonomien);
- Moral- und Meinungsunternehmer reden eben wie Moral- und Meinungsunternehmer und unternehmen Moralisches mit starker Meinung und schwacher Analysebereitschaft, meist garniert mit der sehr protestantischen Idee, dass eine wirkliche Umkehr den Verzicht und die Verluste auch als solche spüren muss, um sie dann als Gewinne umzudeuten;
- Medien reden eben wie Medien und setzen auf unterschiedliche Rezeptionstypen, die man entsprechend bedienen kann;
- Kirchenleute reden, wie Kirchenleute heute reden, nämlich entweder mit der Kollektivierung der Verantwortung für die Schöpfung oder wie Installateure für die Bestückung von Kirchendächern mit Kollektoren;

- Pädagogen reden wie Pädagogen und bringen ihren Schützlingen angemessenes Verhalten bei und müssen dann gewärtigen, wie unattraktiv gerade das Verhalten ist, das man in der Schule lernt, zumal in manchem Lehrplan steht, was für ein Störfall die einzelnen Schülerinnen und Schüler für die Zukunft des Planeten letztlich seien;
- Protestbewegungen machen das, was Protestbewegungen tun – sie erzeugen Aufmerksamkeit und stellen an sich selbst fest, dass Aufmerksamkeit schwer über die Zeit zu retten ist, und müssen Aufmerksamkeit deshalb potenzieren;
- Transformationsaktivisten machen das, was Transformationsaktivisten machen – sie pochen auf die Dringlichkeit von Veränderungsnotwendigkeiten und weisen allen Beteiligten, zur Not also allen, entsprechende Sprech- und Handlungsrollen zu und schließen von der Dringlichkeit des Problems auf seine Umsetzbarkeit;
- Intellektuelle operieren gerne an einer konsistenten Welt ohne Widersprüche und einer inneren Teleologie zur Lösung von Inkonsistenzen;
- und der hier schreibende Soziologie schreibt eben wie ein Soziologe, der das Privileg einer distanzierten Beobachtung in Anspruch nehmen kann und damit rechnen muss, dass die Analyse von komplexen Formen diese noch lange nicht handhabbarer macht.

Das mag sich anhören wie eine Karikatur, eine böse Karikatur, eine unterkomplexe Beschreibung von etwas viel Differenzierterem und Vielfältigerem. Das stimmt – und es stimmt doch auch nicht. Denn so ähnlich stellt es sich dar. Man muss vielleicht doch mit der sehr einfachen Denkungsart der Soziologie beginnen: *Wer etwas tut, tut das immer im Kontext sozialer Erwartungen und Bestätigungsmöglichkeiten, materieller und immaterieller Ressourcen, entgegenkommender Gelegenheiten, erwarteter Erfolgswahrscheinlichkeiten, in allererster Linie aber aufgrund von Gewohnheit, Bewährung und der Möglichkeit, dadurch Energie zu sparen – also Reflexions- und Begründungsenergie.* Am wenigsten muss das Verhalten begründet werden, das am ehesten an vorherige Zustände anschließt. Weniger am Einzelnen beschrieben: Systeme, die sich mit wenig Abweichung kontinuieren, brauchen weniger diffizile Formen der Selbstbeschreibung bzw. können auf bewährte Beschreibungsformen setzen. Genau das ist es, was die stupende Regelmäßigkeit der Handlungstypen ausmacht, die ich gerade beschrieben habe. Auch überrascht wird man zumeist auf eine sehr erwartbare Weise.

Die folgenden Ausführungen gehen von einer vergleichsweise einfachen, aber doch sehr voraussetzungsvollen Annahme aus: dass sich Gegenwarten unterscheiden, dass unterschiedliche Kontexte unterschiedliche Anforderungen stellen, dass fast alles, was geschieht, im Kontext bestimmter Erwartungen stattfindet. Daher dürfte kaum überraschen, wie wenig eine moderne Gesellschaft *aus einem Guss* operieren kann – und wie wenig sie auch Selbstbeschreibungen aus einem Guss kennt.

Was sich so abstrakt anhört, können wir in unserem Alltag stets erleben: Wir treffen auf Leute, die anderes tun als wir selbst, deren Erfolgsbedingungen andere sind, die andere Probleme lösen müssen als wir usw. All das macht die Vielfältigkeit, die innere Diversität, die Differenziertheit der Gesellschaft aus – die, wäre sie aus einem Guss, gar nicht mit so viel Unterschiedlichkeit umgehen könnte. Das meint, dass die Gesellschaft nicht aus einem Guss ist – aber unsere Redeweisen sind bisweilen aus einem Guss. Schon die Sprache erfordert es. Wer «Gesellschaft» sagt, hat schon zu viel Eindeutigkeit formuliert. Eine Transformation der Gesellschaft – und wie die Zumutungen alle heißen – überfordert schon begrifflich – und macht sich die Sache damit einfach.

Ich möchte zeigen, was passiert, wenn man es sich *nicht* einfach macht, wenn man wirklich ernst nimmt, dass gesellschaftliche Struktur und Dynamik etwas ist, das nicht einfach durch gemeinsame Werte und Normen zusammengehalten wird, das man irgendwie adressieren oder politisch vollständig integrieren kann. Doch letztere Sichtweise ist weit verbreitet – ein gesellschaftsvergessenes Denken, das sich nicht einmal die Mühe macht, neben allen wohlfeilen Forderungen und aufgesetzter Kritik genauer hinzusehen, mit was für einem Gegenstand man es zu tun hat, wenn man «die Gesellschaft» dazu bringen will, fundamentale Probleme zu lösen.

Das Ziel dieses Buches ist es, eine Sensibilität dafür zu schaffen, dass wir uns solche Gesellschaftsvergessenheit angesichts der gesellschaftlichen Herausforderungen schlicht nicht mehr leisten können. Mit «wir» ist hier kein gesamtgesellschaftliches Kollektiv gemeint, das es in dieser Form nicht gibt – die Gesellschaft ist keine Großgruppe, sondern eine Ordnung ganz anderer Art. Mit «wir» sind die gemeint, die Beschreibungen dafür anfertigen, wie Problem-Lösung-Konstellationen aussehen können und mit welcher Art von Ordnung man es zu tun hat. Und diese Ordnung selbst ist es, die das Problem der Veränderung von Verhaltensdispositionen so schwierig macht. Es ist deshalb nötig, die Frage sozialer Ordnung selbst in den Blick zu nehmen. Bevor das geschieht, komme ich aber zu meiner zweiten Ausgangsthese: einer expandierenden Sichtbarkeitserfahrung angesichts multipler Krisenerfahrungen.

2

Multiple Krisen
Oder: Drohende Visibilisierungserfahrungen

Wenn man sich auf eines einigen kann, ist es sicher, dass wir in einer Zeit multipler Krisen leben. Die Rede von der Krise erweckt den Anschein einer Ausnahmesituation, einer Lage, die nicht einem wie auch immer gearteten Normalmodus entspricht. Der Begriff der Krise stammt unter anderem aus der Medizin – es ist der Moment, in dem sich entscheidet, ob ein Organismus überlebt, das Fieber sinkt, sich stabile Vitalfunktionen wiederherstellen, oder ob er es nicht schafft und die Fieberkurve weiter steigt, bis zur Desintegration des Organismus. Der Begriff der Krise suggeriert eine Kombination aus Drastik und Vorübergehendem. Aber trifft es das?

Jedenfalls klingen Krisendiagnosen ziemlich plausibel. Man kann es ausprobieren: Es sieht zumindest in Deutschland im Moment danach aus, dass auf eine Phase relativer Erfolge und Prosperität das Gegenteil folgt. Aus dem Exportweltmeister ist ein Land geworden, in dem man um die Zukunft als Industriestandort bangt. Aus dem Land der technischen Innovationen wird ein Standortnachteil, weil die Zahl der Patente ebenso abnimmt wie der unternehmerische Optimismus, hier zukunftsfähige Investitionen zu tätigen. Aus einem Land mit funktionierender Infrastruktur wird ein Land, dessen High-Tech-Züge an der Schweizer Grenze gestoppt werden, weil deren Verspätungen den Schweizer Fahrplan durcheinanderbringen, und in dem Autobahnbrücken gesprengt werden müssen, bevor sie selbst implodieren. Die sprichwörtliche Selbstzurechnung als stabile Demokratie muss sich Verschwörungsfanatikern stellen, die noch mit jedem Blödsinn Aufmerksamkeit erregen. Das so beispielhaft stabile Parteiensystem wird von einer rechtsradikalen Partei durcheinandergewirbelt, die in allen Parlamenten sitzt und Landtagswahlen gewinnen könnte. Und das wunderbare Modell, sich mit billigem Gas eine Brückentechnologie bereitzuhalten, um die Zeit bis zum Ausbau einer CO_2-neutralen Energieversorgung zu überbrücken, wird durch geostrategische Entwicklungen von heute auf morgen Makulatur. Dabei geht es nicht nur um Energiemarktfragen, sondern auch um eine komplexe militärisch-politische Gemengelage zwischen historischen Großmachtideologien, geostrategischen Machtkalkulationen und nicht zuletzt dem Geschäftsmodell einer ehemaligen Weltmacht, deren Wirtschaft fast nur auf der Ausbeutung von Rohstoffen aufbaut, deren Zeit womöglich bald vorbei ist und zugleich durch andere Bezugsquellen – in Übersee wie in Europa – substituiert werden könnte. Abgewickelt wird gleich dazu der Glaube an eine Globalisierung, in der jeder ein potentieller Handelspartner sei und die Unterschiede von dazumal bedeutungslos geworden seien. Das Wirtschaftswachstum schrammt knapp an der Rezession vorbei, und die Energiepreise ließen Investoren zeitweise ernsthaft fragen, ob Deutschland ein Industrieland bleiben kann. Die sprichwörtlich hervorragende Verwaltung hat sich schon während der Pandemie mit seiner Fax- und Zettelwirtschaft zum internationalen Gespött gemacht und muss sich sagen lassen, dass die größten Verhinderer von Innovation inzwischen die Länge und Komplexität von Genehmigungsverfahren sind. Der jahrzehntelange Qualitätstreiber für Automobiltechnik, die Branche des Landes schlechthin, hat die Elektrifizierung des Automobils offensichtlich verschlafen, und die entscheidenden digitalen und KI-Wertschöpfungsrevolutionen finden derzeit auch nicht unbedingt hier statt. Und nun wird mit den Folgen des Angriffs der Hamas auf Israel und dessen Antwort auf diese Aggression eine weitere geostrategische Folge sichtbar, die jenen Konflikt noch verschärft, der mit dem russischen Überfall auf die Ukraine sich schon angedeutet hat: zwischen pluralistischen Sozialformen mit demokratischem politischen System und ihrem Gegenteil. Auch einem hiesigen Publikum wird sichtbar, dass internationale Politik auf eklatantere Weise Interessenpolitik ist als andere Politikformen. Zugleich triggert alles Geostrategische zusätzlich das einzige wirklich polarisierende Thema in Deutschland, nämlich die deutsche Migrationsrealität – eines Landes, das gegen seinen Willen ein erfolgreiches Einwanderungsland wurde, sich aber politisch um Migrationsfolgen nur widerwillig gekümmert hat und kümmert.

Man kann die Liste noch verlängern und detailreicher gestalten – aber der Tenor dürfte deutlich sein. Es hat sich in der öffentlichen Wahrnehmung etwas grundlegend geändert. Ich spreche explizit von der öffentlichen Wahrnehmung. Wiewohl die hier grob angedeuteten Parameter und Probleme alle empirisch belegt sind, ist es weniger diese konkrete Lage, die verunsichert, sondern dass sie so sichtbar geworden ist. Es ist wahrscheinlich die Häufung solcher Phänomene, das Ineinandergreifen von Störungen und Unregelmäßigkeiten, die diese Sichtbarkeit geradezu erzwingt.

Das Medium, in dem das stattfindet, sind die Massenmedien. Es ist nicht einfach, das Erleben der Krisen auf psychische Zustände, auf das «wirkliche» Erleben von Menschen zuzurechnen. Es ist eher so, dass die Häufung der Krisenphänomene und vor allem die Plötzlichkeit der letzten Krisen – von der Flüchtlingskrise 2015 über die Pandemie ab 2020 bis zu den Kriegen und ihren geostrategischen, militär- und energiepolitischen Folgen ab 2022 – die mediale Selbstbeschreibung der Gesellschaft, die Aufmerksamkeitsökonomie vollständig absorbiert.

Damit soll nicht gesagt werden, dass es sich um bloße Medienphänomene handelt. Das wäre ebenso unzutreffend wie zynisch. Aber es geht um die Selbstbilder der Gesellschaft, ihr Wissen um sich selbst, ihren Themenvorrat, ihre ausgestellten Konflikte und Themen, nicht zuletzt ihre *agreements* über diverse *disagreements*. Man darf die Massenmedien nicht unterschätzen, wenn man gesellschaftliche Selbstverhältnisse analysieren will – und dazu passt, dass in empirischen Untersuchungen die Menschen regelmäßig ihre eigene Lage besser einschätzen als die Gesamtlage. Auch das soll nicht bedeuten, dass alles nicht so schlimm sei, aber es ist vor allem die mediale Form, die für die Gesamtlage steht und nicht unbedingt der individuellen, privaten, gewissermaßen der nicht-medialen kleinräumigen Nachrichtenlage entspricht. Insofern ist die Rahmung der Gesamtlage als Krise bzw. als multiple Krisenhäufung von besonderer Plausibilität.

Als besonders plausible, vor allem mediale Erzählung hat sich als Folge dieser multiplen Erfahrungen von Krisenhaftem eine Polarisierungsdiagnose semantisch bewährt – auch weil bipolare Ordnungen sich am besten beschreiben und erzählen lassen. Die bereits oben erwähnten Studien von Steffen Mau und seinen Ko-Autoren, aber auch andere, können eine generelle gesellschaftliche Spaltungsdiagnose nicht belegen. Man muss freilich mitbedenken, dass der Begriff einer gesellschaftlichen Spaltung nicht trivial definiert werden kann. Unstrittig sind aber Grunderfahrungen, die Konfliktpotentiale entfalten, hier «Triggerpunkte» genannt. Diese docken an besonderen Fragen an wie angeblichen Sonderrechten für Minderheiten, Außerkraftsetzung von «Normalität», Kontrollverlust oder am Verdacht von Verboten, etwa Sprechverboten. Es ist in der Forschung nicht ganz einfach, aus solchen Ergebnissen tatsächlich auf das Erleben der Menschen zu schließen, gar auf psychische Realitäten. Wahrscheinlich ist es eher umgekehrt: Diese sogenannten Triggerpunkte kennt man vor allem aus den Medien, und sie bieten dann in der Konzentration ihres Auftretens und in ihrer polarisierenden semantischen Form eine Grundlage dafür, mit erlebten Störungen umzugehen. Dass es sich sehr oft um Erfahrungen aus zweiter Hand handelt, macht keinen Unterschied, wenn die Dinge nur angemessen wiederholt werden.

Die erlebten Störungen bestehen vor allem in einer großen *Visibilisierungserfahrung*. Es wird sichtbarer, was zuvor unsichtbar gehalten werden konnte, latent blieb, vorausgesetzt wurde. Die Aufmerksamkeitsökonomie einer längeren Zeit, die man politisch in Deutschland vielleicht als die Ära Merkel beschreiben kann, war vor allem dadurch geprägt, die für die gesellschaftliche Selbstbeschreibung positiven Parameter nicht zu genau auf ihre Möglichkeitsbedingungen hin zu beobachten. Die Parameter waren dazu angetan, die Illusion immerwährenden Erfolgs festzuschreiben – ökonomisch durch günstige Energiepreise als Bedingung für angemessene Produktionsbedingungen trotz eines guten Lohnniveaus, daraus resultierend starkes Profitieren von der ökonomischen Globalisierung, politisch durch Vergleich mit Krisenländern und durch Hinweis auf das stabile Parteiensystem, kulturell durch eine Pluralisierung von Lebenswelten und höhere Toleranzwerte für vielfältige Lebensformen, wissenschaftlich, sogar sportlich als Land mit guter Performance usw. Dass all das Voraussetzungen hatte und hat, wird jetzt sichtbar und kommunizierbar – und dass das konkretem Regierungshandeln zugerechnet wird, ist business as usual, denn wem soll man es sonst in die Schuhe schieben? Aus «Danke, Merkel!» wird nun «Habecks Heizungs-Hammer» – und auch dies sind in erster Linie mediale Zuschreibungen, die gewissermaßen das Transportmittel für die Visibilisierungserfahrungen sind.

Der Regierungsstil von Angela Merkel war wahrscheinlich

exakt der Regierungsstil der Wahl, wie er zu jener Zeit angemessen war. Er basierte auf der Vermeidung von Diskurs, auf einer Vorsicht, die Visibilisierung der Grundlagen einer wahrgenommenen Stabilität zu vermeiden, vielleicht auch einem Misstrauen dem Land gegenüber, die Vulnerabilität der eigenen Voraussetzungen wirklich aushalten zu können. Die gelungene Kommunikationsform der überraschungslosen Anschlüsse, der Dämpfung der Amplituden, der Wette aufs Erwartbare hat nicht nur politisch stattgefunden, sondern auch ökonomisch. Paradigmatisch dafür ist, wie schon angedeutet, die Automobilindustrie, die noch an der Optimierung des Diesels festgehalten hat, als klar war, dass es damit bald aus sein wird. Das ist im speziell deutschen Fall sicher auch der Effekt jener Technologieführerschaft auf diesem Gebiet, die eine Veränderung der Strategie noch unwahrscheinlicher gemacht hat als anderswo. Die fehlende staatliche Bereitstellung und Förderung einer für eine CO_2-neutrale Wirtschaft notwendigen Infrastruktur kann auch nur damit erklärt werden, dass eigentlich unsichtbar blieb, dass das alles auf Kante genäht war – vor allem zeitlich gesehen. Von der Bahninfrastruktur und dem ÖPNV, den infrastrukturellen Bedingungen der Schulen und der Digitalisierung der Verwaltung wollen wir ohnehin schweigen. Es fiel dann auch noch mit jener Phase zusammen, in der man dachte, man könne auch Infrastrukturmaßnahmen und vor allem Infrastrukturerhaltung schlicht dem Markt überlassen, aber das ist am Ende nur ein weiteres Symptom dafür, dass die Bedingungen von Arrangements unsichtbar blieben.

Um das Argument noch einmal deutlich zu machen: Ich behaupte hier nicht, dass es die gegenwärtige multiple Krisenerfahrung mit neuen, gar außergewöhnlichen Phänomenen zu tun hat – über die Klimafrage wissen wir seit Jahrzehnten sehr viel, die Fragilität des gesellschaftlichen Metabolismus ist keine neue Erkenntnis, und dass es Defizite in der technischen, aber auch in der verfahrensförmigen Infrastruktur des Landes gibt, ist ebenfalls nichts, das auf irgendeine Novität verweist. Aber es war tatsächlich möglich, solche Krisenthemen unsichtbar zu machen, darüber hinwegzusehen. Soziale Systeme sind meisterhaft in der Lage, sich Geschichten über sich selbst zu erzählen, die keineswegs die Prozesse und Praktiken abzubilden in der Lage sind, die tatsächlich statthaben. Wir kennen das aus Familien, die sich als Gemeinschaft von Gleichgesinnten beschreiben, ja beschwören und nur so über ihre internen Differenzen hinwegkommen. Wir kennen das in Organisationen, etwa Unternehmen oder Universitäten, die sich mit der Illusion von Transparenz, Arbeitsteilung und Wohlgeordnetheit ausstatten und damit das Gegenteil irgendwie aushaltbar machen.

Und Ähnliches scheint auch für öffentliche, politisch-öffentliche, vor allem medial vermittelte Selbstbeschreibungen zu gelten, die sich mit handhabbaren Konflikten ausstatten oder schlicht unsichtbar machen können, wie voraussetzungsvoll die selbstbeschworene Sicherheit und Geregeltheit aller Verhältnisse ist. Man spottet immer über Sonntagsreden – aber Sonntagsreden können eine ganze Woche zusammenhalten, weil man sie medial senden und dann an sie glauben kann.

Das gilt für Kohäsion und die Illusion der Gemeinschaft, wenigstens die Kalkulierbarkeit der Konfliktlinien nach innen, und es gilt für Distinktion und Differenzmarkierung nach außen. Man glaubte sich all die Geschichten des eigenen Erfolgs, der Form des Geschäftsmodells, der weltweiten Wettbewerbsfähigkeit trotz eines international gesehen Hochlohnlandes. Zumindest eines hat sich von der SED selig gehalten, nämlich das Selbstbild *«Wo wir sind, ist vorn»* – gar nicht als große Fortschrittserzählung, sondern eher als eine latente Form des Selbstbewusstseins, dem Krisenerscheinungen in vergleichbaren Ländern durchaus zupasskamen. Man denke an die sogenannten «südlichen» Länder in der Finanzkrise, an die Proteste in Frankreich, an das Chaos um den Brexit, der aus einer Laune ziemlich verquerer Eliten entstand. Man denke an die politischen Verschiebungen in Polen und Ungarn, von der Selbstdemontage der US-Demokratie mit Trump und strauchelnden Mittelschichten ganz zu schweigen.

All das hat gut funktioniert – solange es nicht thematisiert wurde. Man kann nun die Frage stellen, warum es nicht thematisiert wurde, warum auch deutliche Hinweise auf Risiken und Gefahren die gesellschaftlichen Routinen kaum aus der Ruhe gebracht haben. Gerne erklärt man solche Defizite oder Versäumnisse mit Schuldzuweisungen konkreten Personen oder Institutionen gegenüber, staatlichen Instanzen, Parteien, der Opposition, den Medien, gerne auch einer harmonieorientierten Kultur oder gar «den Menschen». Wahrscheinlich sind es schlicht Stabilität und Erfolg. Wer sich als Sieger ansieht, muss nicht so genau hinsehen, oder besser: kann das Privileg in Anspruch nehmen, nicht so genau hinzusehen und sich nicht verunsichern zu lassen. Allein die Mischung aus ökonomischem Erfolg, politischer Stabilität und Vergleich mit durchaus nahen Problemregionen erzeugt Vertrauen – wenn man darunter versteht, nicht so genau hinsehen zu müssen.

Ich habe schon öfter darauf hingewiesen, dass eines meiner liebsten Theoriestücke in der Soziologie die Kulturtheorie von Talcott Parsons ist. Parsons, der vielleicht erfolgreichste Soziologe des 20. Jahrhunderts zeigte, sehr verkürzt gesagt, dass Kultur nur dann gelingt, wenn es so etwas wie nicht verhandelbare Voraussetzungen aller Verhandlungen gibt. Sprachliche Bedeutung, kulturelle Übereinkünfte, ritualisierte Verhaltensweisen, die Geltung von Werten – all das bleibt zu einem großen Teil latent. Latenz meint in der Soziologie nicht wie im technischen oder medizinischen Sprachgebrauch eine Verzögerung oder eine verzögerte Wirkung. Latenz meint eine wirksame Form durch eine unsichtbare Vorbedingung. Wir wenden etwa die Grammatik einer Sprache an, ohne sie explizit zu kennen und ohne sie genau erklären zu können. Es geht wie von selbst. In einer Fremdsprache müssen wir sie uns womöglich beim Sprechen selbst transparent machen – und sprechen sofort unsicherer. Das Sprechen wird dann selbst als krisenhaft erlebt, könnte man sagen.

Der starke Erfolg der rechtsradikalen AfD, die nicht die geringsten Anstrengungen macht, die eigene rechtsradikale Gesinnung und ihre Verachtung für demokratische Verfahren, Institutionen und vor allem *comments* irgendwie zu verdecken, wird sehr unterschiedlich erklärt: mit der Unfähigkeit der Regierungen, mit einem Verlust von Übersichtlichkeit, auch mit der Attraktivität rechtsradikaler Denkungsarten im Angesicht einer sich ethnisch, kulturell und sozialmoralisch pluralisierenden Welt. Dass die AfD ihr Potential nicht nur aus dem Reservoir der ehemals großen Mitte-rechts- und Mitte-links-Parteien gewinnt, sondern zu einem erheblichen Teil von vorherigen Nicht-Wählern profitiert, ist ein bemerkenswerter Befund. Er verweist darauf, dass die Visibilisierungserfahrungen mobilisieren, und zwar zuungunsten von allem Etablierten. Parallel dazu muss das Erstarken von Verschwörungserzählungen während der Pandemie und angesichts des russischen Angriffskrieges gesehen werden.

Verschwörungserzählungen erzählen nicht einfach nur Unsinn, sondern treten mit dem Gestus auf, etwas sichtbar zu machen, was die «Etablierten» nicht sehen können oder bewusst verschweigen. Es ist kein Zufall, dass es etablierte Verfahren, Institutionen und Routinen sind, die den größten Hass dieses Milieus auf sich ziehen – eines Milieus übrigens, das heterogener kaum sein könnte: politisch sowohl rechter wie linker Provenienz, gebildete und bildungsferne Gruppen, Wohlhabende und Abgehängte. Es ist ein Milieu, das die Form der Sichtbarkeit kontrollieren möchte oder die Verunsicherung aus Visibilisierungserfahrungen abschöpft.

Die Gefährdung der Demokratie besteht darin, dass ein grundlegender demokratischer Mechanismus in Gefahr zu stehen scheint: In Demokratien muss gestritten werden, in Demokratien geht es nicht um Harmonie und Konsens, sondern um Disharmonie und Konflikt. Aber das Potential von (liberalen) Demokratien besteht darin, dass die in Verfahren erzielten Entscheidungen auch von jenen loyal getragen werden, die anders entschieden hätten – nicht zustimmend, auch nicht im Sinne einer geänderten Überzeugung, aber loyal. *Die Störung dieses Mechanismus ist es, für den das Erstarken einer rechtsradikalen und rechtsextremen Partei nur ein Symptom ist.*

All das findet übrigens im Angesicht eines Transformationsdiskurses statt, der nicht nur auf Transformationsnotwendigkeiten hinweist, sondern auch eine starke Partizipationsaufforderung enthält: Würden nur alle mitmachen, wäre es heilbar, eben *eine andere Welt ist möglich.* Solche Transformationserzählungen erzeugen einen Sog für die Überzeugten, eine Bedrohung für die Skeptiker. Sie suggerieren, dass es nur die mangelnde Bereitschaft sei, eine aus den Fugen geratene Welt wieder in fügsame Formen zu bringen. Es steht stets etwas Eschatologisches im Raum, etwas, das das Geschöpf mit der ganzen Schöpfung verbindet. Und so ähnlich reden manche tatsächlich, die die Demokratie nicht als einen Mechanismus des zivilisierten Umgangs mit Konflikten und unterschiedlichen Perspektiven begreifen, sondern als Heilsversprechen für die einzig richtige Lösung. Es ist ein Dilemma: Je deutlicher ein solcher Diskurs Dringlichkeit kommuniziert, desto sichtbarer wird das, was zuvor latent blieb, und desto höher ist der Widerstand dagegen.

Vielleicht ist viel besorgniserregender, dass die wechselseitige Loyalität auch innerhalb des demokratischen Spektrums zumindest semantisch derzeit nicht unbedingt gewährleistet ist – das gilt in der politischen Kommunikation, vor allem aber für die mediale Begleitung, die tatsächlich polarisiert ist. Auch hier gibt es ein Sichtbarkeitsproblem: Die fragilen Bedingungen einer funktionierenden Demokratie werden in ihrer Fragilität immer sichtbarer – was dann die Wahl nicht demokratischer angeblicher Alternativen zu einem Widerstandsakt gegen das politische System innerhalb des politischen Systems macht. Sich darauf zu verlassen, dass institutionelle Mechanismen, verfahrensrechtliche Formen und demokratische Wahlen die plurale Demokratie von selbst schützen, könnte sich als Trugschluss erweisen. Auch vor diesem Hintergrund sind Transformationsschritte und Veränderungsdruck zu beurteilen.

Die *Visibilisierungserfahrung*, die ich hier andeuten möchte, hat deshalb krisenhafte Wirkungen und Folgen, weil sie den angedeuteten Latenzbereich verkleinert, oder besser: sich auf viele vorherige Unsichtbarkeiten nicht mehr verlassen kann. Der Veränderungsdruck – und wenn es auch nur um den Veränderungsdruck auf die Wahrnehmung und Definition von Situationen geht – wird größer und wohl auch bedrohlicher. Wahrscheinlich ist die Attraktivität autoritärer und populistischer Parteien vor allem im rechten Spektrum der politischen Farbenlehre tatsächlich darauf zurückzuführen, dass diese wenigstens behaupten können, so etwas wie «natürliche» oder «immer schon gültige» Verhältnisse wiederherstellen zu können. Darin unterscheiden sie sich übrigens von linksextremen Formen, die es auch gibt, die aber niemals eine Chance auf eine Massenbasis haben. Das macht sie im Einzelfall nicht harmlos, aber grosso modo weniger wirksam.

Vielleicht ist das auch der Hintergrund für den besonderen Erfolg der AfD in den ostdeutschen Bundesländern. Ähnlich wie Arlie Russell Hochschild schon 2014 in ihrer groß angelegten ethnografischen Untersuchung zeigen konnte, wie potentielle Wählerschichten des dann zwei Jahre später gewählten Präsidenten Donald Trump ihr ökonomisches und ihr soziokulturelles Geschäftsmodell verloren, kann man das auch für Ostdeutschland rekonstruieren. Russell Hochschild hat das damit begründet, dass die Leute durch ökonomische Strukturveränderungen, durch realen und drohenden Verlust von Arbeitsplätzen und Zukunftschancen jenen ähnlicher wurden, die sie zuvor verachtet haben: Schwarzen, Transferempfängern, Verlierern im weitesten Sinne. Zugleich sahen sie sich verhöhnt als weiße privilegierte Mittelschichten exakt jenen Gruppen gegenüber. Die Parallele mit Ostdeutschland ist erstaunlich – und von dem Jenaer Soziologen Klaus Dörre empirisch mit der Befragungsmethode von Russell Hochschild rekonstruiert worden. Die AfD ist dort stark, wo der Transformationsdruck am stärksten ist, wo bestimmte energieintensive Geschäftsmodelle keine lange Zukunft mehr haben und wo damit Lebensmodelle abgewertet werden – mit deutlichen Erwartungen auch ökonomischer Deklassierung. Es ist deshalb kein Zufall, dass die AfD vor allem als «Kümmerer» vor Ort Erfolg hat und mit der Kritik an Transformationsdiskursen, an sogenannten «woken» Themen und mit Reinheitsgeboten punktet. Sie lenkt die Visibilisierungserfahrungen auf diese Themen um – vor allem aber auf das Migrationsthema, weswegen es keineswegs ein Widerspruch ist, wenn die Ablehnung von Migration in jenen Regionen am stärksten ist, in denen es den quantitativ geringsten Anteil an Migrantinnen und Migranten gibt.

Und überhaupt wäre eine Analyse von *Visibilisierungserfahrungen*, die zuvor Unsichtbares sichtbarer machen und damit als Bedrohung, mindestens als Störung erlebt werden, unvollständig, wenn sie auf das polarisierendste Thema der öffentlichen Auseinandersetzung verzichten würde, auf Migration nämlich. Die Erfahrung der starken Fluchtbewegungen um 2015 hat ohne Zweifel viel verändert und zu stärkeren Belastungen geführt, als diejenigen zuzugeben bereit sind, die sich mit Migrationsfolgen beschäftigen. Oftmals führt hier die Mischung aus forschender Distanzierung und distanzverringerndem Engagement dazu, die Belastungen und Herausforderungen durch Migration nicht mitzusehen.

Es ist gar nicht lange her, dass man in Deutschland noch überhaupt darum streiten musste, ob wir überhaupt ein Einwanderungsland sind. Seit einigen Jahren wird etwas sichtbar, was man hätte wissen können: Deutschland ist, rein quantitativ gesehen, in absoluten Zahlen das europäische Hauptzielland für Migration, und Migration ist nicht mehr dieselbe wie die sogenannte Gastarbeitermigration in den 1960er Jahren. Der Diskurs aber lief noch so ähnlich, als stehe einer homogenen autochthonen Bevölkerung eine mehr oder weniger homogene Gruppe von Einwanderern gegenüber. Die Flüchtlingskrise ab 2015 hat neben der ohnehin unzweifelhaften Belastung für das Land zusätzlich sichtbar gemacht, wie komplex die Einwanderungslage in Deutschland ist. Schulklassen in westdeutschen Großstädten haben regelmäßig einen Anteil von über 60% Kindern mit Migrationshintergrund, der Anteil aller Kinder unter 5 Jahren liegt in ganz Deutschland bei ca. 40%. Entscheidend ist daran aber, dass diese Gruppe außerordentlich komplex und intern divers ist – auch abhängig davon, wie man Migrationshintergrund definiert. In der internationalen Migrationsforschung spricht man deshalb nicht mehr einfach von Diversität, also Unterschiedlichkeit von Gruppen, sondern von einer Diversifizierung von Diversität oder, wie es der amerikanische Soziologe Steven Vertovec nennt, «Superdiversität». Die Flüchtlingsrealität hat überdeutlich gemacht, was zuvor bereits angelegt war, aber unsichtbar blieb – was doppelt zu verstehen ist: einerseits dass Deutschland ein erfolgreiches Einwanderungsland ist; andererseits dass sich das Land in absehbarer Zeit radikal verändern wird.

Mit Leitkulturdebatten, die sowohl die Homogenität der autochthonen wie der allochthonen Bevölkerung überschätzen, kommt man dagegen nicht an, obwohl diese in regelmäßigen Abständen revitalisiert werden. Es ist hier auch nicht der Ort, dies inhaltlich zu erörtern, aber es ist eine der vielleicht drastischsten Visibilisierungserfahrungen für Viele überhaupt – wohl wissend, dass sich an dem Veränderungsdruck wenig ändern wird, auch wenn man an zukünftige geregelte Einwanderung von Fachkräften in ein deutschsprachiges Land denkt. Dass gerade dieses Thema so triggert, ist kein Zufall – und es ist im Hinblick auf Transformation in Deutschland der Herausforderung des Klimawandels ebenbürtig –, wozu übrigens auch die Anerkennung gehört, dass Migration eine hohe Belastung darstellt.

Die Gemengelage, wie ich sie hier am Anfang zeichnen möchte, ist von einer doppelten Erfahrung geprägt: *zum einen* einer fast disruptiven, zumindest sich bündelnden Erfahrung, dass man nicht mehr an den fragilen Bedingungen der eigenen Möglichkeit vorbeisehen kann; *zum anderen*, gegenläufig dazu, einer erstaunlichen Gewöhnung daran, mit der Krisendiagnose zugleich eine Entschärfung vornehmen zu können. Die meisten Akteure und Handlungsmuster folgen trotz größter Aufregung geradezu ausgetretenen Pfaden, deutlichen Erwartbarkeiten, einer erstaunlichen Gelassenheit. Sichtbare Selbstbeschreibungen politischer, ökonomischer, kultureller, auch wissenschaftlicher Akteure folgt einer Aufmerksamkeitsökonomie, die sich weniger verunsichern lässt, als es semantisch den Anschein hat. Ich habe auf die Funktion von gelungenen Selbstbeschreibungen hingewiesen: sich einen einigermaßen konsistenten Reim auf die Dinge zu machen und sich in der eigenen Bewährungsform einzurichten.

Es entstehen dabei, das werde ich weiter unten genauer zeigen, Pfadabhängigkeiten, die ja nicht nur präjudizieren, was als nächster Satz möglich ist, sondern alternative Beschreibungen auch unwahrscheinlicher machen. Man kann daran lernen, wie eigendynamisch Kommunikationsprozesse in der Lage sind, ganze Welten aufzubauen, in denen man sich mit seinen Anschlüssen einrichten muss und kann. Beobachtet man das genauer, wird immer deutlicher, warum die gegenwärtige Diskussion um sprachbasierte KI-Systeme so viel Aufmerksamkeit erzeugt. Genau genommen bringt diese Technik gerade zum richtigen Zeitpunkt eine Selbsterfahrung auf den Begriff, bei der sich in Krisenzeiten umso deutlicher zeigt, wie selbstreferentiell, auf sich bezogen, rekursiv, selbstbestätigend und darin auch erwartbar Ordnungsaufbau ist, wie musterhaft die Dinge sich ereignen – und welche Energien und Kraftentfaltungen nötig sind, um diese stochastischen Regelmäßigkeiten zu erschüttern und in Frage zu stellen. Das Erstaunen über die Treffsicherheit KI-gestützter Sprachsysteme hat in dieser Unerschütterlichkeit seinen Grund. Diese so *disruptiv* erlebte Technik basiert auf der *Unerschütterlichkeit* ihres Gegenstandes. Was für eine Antithese!

Deshalb ist die gegenwärtige Visibilisierungserfahrung so erschütternd. Denn sie verweist auf Unerschütterlichkeit. Deshalb müssen Vergangenheiten neu geschrieben werden, weil die Zukünfte unsicher werden. Das heißt wohl *Zeitenwende.* Unmittelbar mit dem Beginn des Überfalls auf die Ukraine hat es begonnen, die eigene Vergangenheit anders zu erzählen. Hätten damalige Regierungen nicht spätestens mit der kriegerischen Annexion der Krim durch Russland das Geschäftsmodell kappen müssen, das die Grundlage für mehrere mittel- und langfristige Geschäftsmodelle und energiepolitische Strategien gebildet hat? Man neigt dazu, diese Frage und Fragen ähnlichen Typs sehr schnell zu bejahen, auch weil es sicher richtig gewesen wäre und heute womöglich manche Voraussetzungen besser gestalten würde. Aber in der damaligen Situation wäre den handelnden Akteuren die fundamentale Kritik aller relevanten Perspektiven sicher gewesen: der Arbeitgeber, der Industrie, der Gewerkschaften, der privaten Verbraucher, einer krisenaversen Öffentlichkeit. Die Dinge wären kaum durchsetzbar gewesen – nicht weil sie falsch gewesen wären, sondern weil sie exakt jene Sichtbarkeit hergestellt hätten, die doch so tunlichst zu vermeiden war, weil sie den Pfadabhängigkeiten der eigenen Beschreibbarkeit entsprachen. Vielleicht sind diese Zeiten vorbei.

Diesen Kairos möchte ich nutzen. Wann, wenn nicht jetzt, sollte man sich die strukturellen Formen der Gesellschaft in ihrem Umgang mit der sichtbar gewordenen Krisenhaftigkeit genauer ansehen? Und wann, wenn nicht jetzt, wäre die bessere Gelegenheit, über die Bedingungen des Umgangs mit jenen Krisen nachzudenken, die womöglich gar keine Krisen im engeren Sinne sind? Es wird dabei um vielfältige Fragen gehen – darum, warum eine Gesellschaft auf kollektive Herausforderungen nicht kollektiv reagieren kann, warum man Lösungen nicht einfach auf weißen Blättern vorschreiben kann und warum sich Akteure nicht wie Zinnsoldaten verschieben lassen. Es wird darum gehen, inwiefern, wie oben schon gezeigt, alle ohnehin ihre Rollen spielen – auch diejenigen, denen am Ende nur Kapitalismuskritik einfällt, die eine erhebliche Selbstberuhigung sein könnte. Wir werden auf Zielkonflikte stoßen, auf merkwürdige Fehlschlüsse und Sensibilitäten. Dass der Gegenstand der Erörterung, eine als volatil, beschleunigt, unberechenbar, überraschend wahrgenommene und herausgeforderte Gesellschaft, vor allem von Trägheiten und Berechenbarkeiten geprägt ist, hört sich kontraintuitiv an – könnte aber womöglich den Schlüssel dafür bergen, wie man sich Krisenbewältigung und Lösungsperspektiven realistisch vorstellen kann.

3

Kollektive Herausforderungen
Oder: Warum das Gemeinsame eine Illusion ist

Was wird durch die Visibilisierungserfahrung eigentlich sichtbar? Einerseits, wie gerade dargestellt, die Fragilität und Vulnerabilität von Strukturen und Lösungen, wie voraussetzungsvoll Arrangements sind und wie komplex ihre Bedingungen. Was aber auch sichtbar wird, ist die Kollektivität von Herausforderungen. Dass ausgerechnet die Pandemie und die Klimakrise so drastisch erlebt werden, ist kein Zufall, denn beiden ist gemein, dass sie nicht einfach abstrakte Strukturkrisen waren oder sind, sondern einerseits so gut wie alle Menschen betreffen und andererseits auch Lösungen an das Verhalten so gut wie aller Menschen gebunden sind. Besser sollte ich formulieren: aller Menschen als Teil eines ansprechbaren Kollektivs. In der Pandemie sollte geradezu disruptiv das Alltagsverhalten an drohende Infektionsrisiken angepasst werden, Kooperation war unmittelbar erforderlich, übrigens als Distanzierungsprogramm. Und in der Klimakrise wird lang und breit diskutiert, dass wir alle unser Mobilitätsverhalten, unsere Ernährungsgewohnheiten, unseren Energieverbrauch und unseren Konsumstil ändern sollen. Es handelt sich tatsächlich um kollektive Herausforderungen in dem Sinne, dass wir nicht nur kollektiv betroffen, sondern auch kollektiv als individuelle Handelnde angesprochen sind.

Auch andere als Krisen erlebte Erfahrungen gelten als kollektive Herausforderungen – vom demografischen Wandel über die Digitalisierung von Wertschöpfungsketten bis hin zu geostrategischen und sicherheitspolitischen Herausforderungen, die mit ihrer militärischen Dimension eine hierzulande vergessene Dimension kollektiver Gefährdung ausmachen. Das Expansionsstreben Russlands nach Westen, die neue Systemkonfrontation zwischen liberalen Demokratien und autoritären Formen unterschiedlicher Couleur, die akute Gefährdung der US-amerikanischen Demokratie machen sichtbar, wie voraussetzungsreich die für selbstverständlich gehaltenen Bedingungen der deutschen/europäischen Lebensform sind. Schon die Tatsache, dass eine Ertüchtigung der Bundeswehr nicht mehr nur die abstrakte Frage impliziert, ob die Bundesrepublik eine ebenso abstrakte Vereinbarung eines Zwei-Prozent-Ziels einhält, sondern womöglich eine existentielle Bedeutung haben könnte, ist eine Visibilisierungserfahrung ganz eigener Art – konkreter, als das Zwei-Grad-Ziel den meisten noch erscheint.

Dass unsere Lebensweise Auswirkungen auf das Weltklimasystem hat, ist unbestritten, und ebenso, dass sie erhebliche Folgen für die natürlichen Grundlagen menschlichen Lebens haben wird. Eine besondere Herausforderung besteht darin, dass es nicht einfach Unbedachtheit oder Zufall waren, die diese Gefährdungslage hervorgebracht haben, sondern noch viel schlimmer: Der Klimawandel geht keineswegs auf Misserfolge der Menschheitsentwicklung zurück, sondern ist vielmehr eine Nebenfolge unzähliger Erfolge – die technische Entwicklung, der hygienische Standard, die Heilbarkeit von Krankheiten, die massiv gestiegene Lebenserwartung, die faktische und mögliche Versorgungslage, die weltweite Mobilität, die industrielle Produktion usw. Man kann einen schönen grafischen Test machen: Wenn man sich Kurven auf zweidimensionalen Diagrammen ansieht, die Entwicklungen im Laufe der Menschheitsgeschichte darstellen, bewegt sich der Graph fast die ganze Zeit nahe der x-Achse, parallel dazu, vielleicht leicht ansteigend, und erst mit Neuzeit und Moderne, also ganz am rechten Rand des Diagramms, schnellt der Graph an der y-Achse steil, fast senkrecht nach oben.

Das gilt, wenn man die Versorgungslage, die Zahl der Menschen, den CO_2-Ausstoß, die anfallende Müllmenge oder die Verkehrsfrequenz, die Leistungsfähigkeit von Massenvernichtungswaffen, aber auch die Zahl der moralischen Schriften, der Kunstwerke, der Fortschritte in der Medizin, die Vermeidung frühzeitiger Tode, die Erziehungskunst, die wissenschaftliche Durchdringung der Welt und andere Kulturgüter darstellen will. Man kann das alles kulturkritisch oder kapitalismuskritisch (die Übergänge sind fließend) verdammen und es für ein «uneigentliches» Leben halten, das die ursprünglichen Formen des Weltzugangs verloren habe, uns von der Natur entfremdet, und vergessen habe, worauf es wirklich ankomme. Aber sogar solche Sätze sind erst möglich, wenn man bereits in einer Welt lebt, die so komplex ist, dass man sogar als Kulturkritiker an den Segnungen der Kultur teilhaben und etwa als genereller Kapitalismuskritiker genau damit Geld verdienen kann.

Kurzum, ein Ergebnis all dieser energetischen Entwicklungen, der ungeheuren Kraft- und Energieentfaltung, der planetarischen Perspektiven ist auch ein ungeheurer Kraft- und Energieverbrauch, dessen Folgen sich an der CO_2-Produktion ablesen lassen. Das Problem unserer Lebensform ist folglich nicht die Lebensform selbst, sondern es sind die Ausscheidungen eines gesellschaftlichen Metabolismus, der eine große Gefahr für die nicht-gesellschaftlichen Voraussetzungen aller gesellschaftlichen Möglichkeiten darstellt. Logischerweise kann man also die Lösung des Problems nur mit einer Veränderung unserer Lebensweise erreichen. Die Gleichung ist simpel: Die Lebensweise bringt ein Problem hervor, und nur wenn sich diese Lebensweise grundlegend ändert, kann man auch grundlegende Lösungen erwarten.

Dass sich die CO_2-Produktion trotzdem nicht grundlegend, wenigstens viel zu langsam nach unten entwickelt, weltweit schon gar nicht, liegt in einer merkwürdigen Eigendynamik. Niemand bei Trost kann heute systematisch nicht wissen, wie diese Zusammenhänge tatsächlich sind und was sie bedeuten – und dass es hier auch engagierten Protest gegen eine angebliche Klima-Ideologie gibt, ist ja nur ein Hinweis darauf, dass auch die Idioten ihre für sie vorgesehenen Rollen spielen. Ohne Zweifel ist es in vielen Bereichen zu Verbesserungen gekommen, etwa was unmittelbaren Umweltschutz, Ressourcenverbrauch und effizientere Energieverbräuche angeht – und doch werden alle ambitionierten Ziele gerissen. Die Anstrengungen sind entgegen vielen vor allem engagierten Kommentierungen sehr groß, und sie sind zugleich das Ergebnis von Wissen, von Forschung, von Umsetzung dieser Forschung in Technologien, von Integration dieser Technologien in Geschäftsmodelle, von individuellen Verhaltensänderungen – und doch korrumpieren sich solche Formen durch die Logik der gesellschaftlichen Formen zugleich auch wieder.

Man kann es am Beispiel der Maskenpflicht in der Pandemie gut rekonstruieren – und ich rede hier jetzt nicht über unsinnige Maßnahmen wie Maskenpflicht an der frischen Luft oder in Situationen, in denen Ansteckungen unmöglich waren. Abgesehen von notorischen Zweiflern an Maßnahmen überhaupt, die die Pandemie letztlich nie ernst genommen oder aber für eine Inszenierung von Eliten gehalten haben, gibt es kaum ernst zu nehmenden Dissens darüber, dass Masken Übertragungswege unterbrechen können. Nicht ernst nehmen darf man auch Leute, die behaupten, die Maske sei unserer Kultur nicht angemessen, weil man sich ins Gesicht sehen müsse – und was für ein Quatsch alles geschrieben und verbreitet wurde. Liberale Kritiker der Maskenpflicht haben argumentiert, es müsse doch jedem selbst überlassen sein, ob er eine Maske aufsetzt oder nicht. Das ist kein schlechtes Argument, zumal man es nicht damit begründet hat, dass es egal sei, ob man eine Maske trägt, sondern es war von Eigenverantwortung die Rede. Ob das Verantwortung nur für die eigene Situation bedeutet oder eine Verantwortung, auf die man mit eigenen Bordmitteln kommt und die deshalb nicht von außen reguliert werden muss, lässt der Begriff genau genommen offen.

Nun bräuchte es keine Maskenpflicht, wenn Menschen von selbst die Maske aufsetzen würden, um ein kollektives Ziel zu erreichen, wenn sie also aus freien Stücken kooperierten. Das war nicht der Fall, weswegen eine gesetzliche Pflicht gewissermaßen zur Entlastung beitragen sollte, weil die Handlung nun nicht vom Einzelnen begründet und vor allem umgesetzt werden musste.

Ich möchte meine Leserinnen und Leser ermuntern, das als ein formales Beispiel zu lesen und sich davon zu emanzipieren, ob es auch sinnlose, überzogene, falsche, zu lange und tatsächlich zu maßregelnde Maßnahmen gegeben hat (hat es!), und auch davon, dass es nicht genug und nicht angemessen konsequente Regeln gegeben hat (hat es auch!). Darum geht es hier nicht, es spielt für das Argument keine Rolle. Das Maskenbeispiel ist deshalb gut, weil es um ein kollektives Gut geht, das zu erreichen von der Kumulation von Einzelhandlungen abhängt, die auch anders ausfallen könnten, sonst wären es keine Handlungen. Dafür sind Rechtsnormen und Regeln anderer Art gemacht, Handlungen zu kumulieren, ohne auf Kooperation setzen zu müssen – und dafür wenigstens prinzipielle Zustimmung zu bekommen.

Das hört sich sehr plausibel an – und das ist es partiell auch. Und doch wiederholt sich hier nur, was schon auf der individuellen Ebene aufgefallen ist: Man tut so, als könne man Konstellationen erzeugen, die zu jenem kooperativen Ende führen, das man sich wünscht. Schon an einem einfachen Heizungsgesetz konnte man es im Frühjahr 2023 deutlich beobachten. Die allgemeine Sprachregelung lautet, dass das federführend vom deutschen Wirtschaftsminister lancierte Gesetz einige handwerkliche Mängel enthalte, weswegen neu angesetzt werden sollte. Das stimmt in Teilen, aber es war auch ein interessanter Großversuch, an dem man lernen konnte, wie schwierig es ist, etwas politisch durchzusetzen, was am Ende Kosten, Mühe und Ungewohntes für diejenigen produziert, die in Umfragen natürlich für Maßnahmen gegen den Klimawandel sind.

Dass die demokratische Opposition zum Thema Unwahres gesagt hat, dass Teile der Presse mit literarisch wertvollen Alliterationen («Habecks Heizungs-Hammer») gearbeitet haben und in einem *en vogue* gewordenen libertären Schrumpfliberalismus gegen kollektiv bindende Entscheidungen überhaupt gelästert haben, die die «Lauchbourgeoisie» sich ausgedacht habe – alles geschenkt. Damit musste man rechnen. Aber es ist ein deutlicher Hinweis darauf, dass auch kollektiv bindende Entscheidungen von Zustimmungsformen abhängig sind, von Massenloyalität in einer Demokratie, von einer Waage zwischen sanktionsbewehrter Durchsetzung und mehr oder weniger zähneknirschender Zustimmungsbereitschaft. Das gilt für alle politischen Entscheidungen – und es ist zugleich die Bedingung dafür, dass Kritik und Alternativen im politischen Prozess vorkommen können.

Dabei hat man sich womöglich gedacht, dass die Presse auch einmal auf solch ätzende Kommentare verzichten könnte und die Opposition ihre moralische Verantwortung für das Jahrhundertthema CO_2-Reduktion erkennen sollte – wie auch schon in der Pandemie manches einfacher gewesen wäre, hätte es nicht zu jeder Idee eine prinzipielle Infragestellung gegeben. Aber so ist die Welt nicht – und es muss sehr deutlich gesagt werden: *Gott sei Dank ist sie nicht so,* denn das würde einerseits zu völliger Unbeweglichkeit führen, andererseits wäre es eine völlig unrealistische Erwartung in einer Gesellschaft, deren Struktur davon lebt, dass es keine zentral wirksame Stoppregel gibt.

Es wiederholt sich jedenfalls, dass man politische Prozesse *nicht*, schon gar nicht in Demokratien, oder mediale Formen der Aufmerksamkeit, Überspitzungen der Kritik und schlichte Gegenrede vermeiden kann – selbst wenn es der «guten Sache» dienen würde. Man muss also offensichtlich mit einer Gesellschaft rechnen, in der Eigendynamiken herrschen, derer man schwer Herr wird.

Beide Beispiele implizieren geradezu, dass auf diese kollektiven Herausforderungen kollektiv reagiert werden sollte – und gerade engagierte öffentliche Diskussionsbeiträge, auch Protestkommunikation und aktivistische Formen ohnehin fordern kooperatives kollektives Verhalten ein. Es ist oft eine Kommunikationsform von akademisch gebildeten, moralisch sensiblen Milieus, gewöhnt an universalisierbare Argumente und wenig diskussionsbereit für Abweichungen von ihrer Wahrheit. Eine Schlüsselszene dafür war für mich eine öffentliche Diskussion, in der eine engagierte Geisteswissenschaftlerin wie nach einem Erweckungserlebnis in einer Podiumsdiskussion einen Politiker angegangen ist, ob er denn nicht Vegetarier sei oder sich immer noch an der Zerstörung unserer Lebensgrundlagen beteilige. Dieser hat darauf sehr bestimmt reagiert, und die fordernde Geisteswissenschaftlerin musste sich nicht nur sagen lassen, dass das persönlich übergriffig sei, sondern auch, wie der politische Prozess nur als Austarieren des Möglichen und als Zumutungsmanagement einem Publikum gegenüber funktioniere. Es ist eine letztlich zwar unbedeutende Szene – aber beispielhaft dafür, auf welche Widerständigkeit naive Kooperationspostulate fast notwendigerweise stoßen. Dabei ist die Aufforderung der Umkehr an Kollektive eine der verbreitetsten Formen von Protest- und Moraleliten. Überhaupt ist Protest ein Generator von Kollektivität, weil er Kollektivitäten anspricht, eine Öffentlichkeit als Gesellschaft, eine Gesellschaft als Öffentlichkeit.

Und es liegt ja auch nahe, dass kollektiven Herausforderungen auch kollektiv und kooperativ begegnet wird. Kollektive können freilich nicht handeln. Wollen sie kollektiv reagieren, bedarf es einer Koordination von Handlungen und der Kooperation von Handelnden. Wir wissen schon, wie schwierig das in Kleingruppen ist, in Schulklassen, in Familien, in Teams. Man kann sich ziemlich genau vorstellen, wie man ein kollektives Ziel erreichen kann, wenn sich nur einzelne Handlungen in ihren Abweichungen einschränken ließen und auf Kooperation umgestellt würde. Man stellt sich vor, dass dieser das Verhalten A an den Tag legt, jene das Verhalten B und andere das Verhalten C, weil man weiß, wie gut A, B und C zusammenpassen würden und eine bessere Gesamtbilanz abgeben würden. Es geht also nicht nur um einzelne Operationen, sondern um ihre Konstellationen, also um Ko-Operationen.

Etwa in der Spieltheorie, prominent durch den Mathematiker Robert Axelrod, wird Kooperation an solchen Konstellationen getestet, in denen des einen Vorteil des anderen Nachteil ist und umgekehrt – etwa bei Preisabsprachen, in militärischen Situationen oder in Arbeitsbeziehungen. Der Antrieb besteht hier darin, dass man durch Spielzüge seinen eigenen Vorteil gegenüber dem anderen verbessert – und optimal wäre es, wenn sich Spielzüge ermöglichen würden, in denen Kooperation zu einem höheren Nutzen führt als Nicht-Kooperation. Das setzt aber so etwas wie je individuelle Ziele je individueller Egoisten voraus, wenn man so will: eine Marktsituation. Wenn der Zweck des Spiels abstrakter ist, die Auszahlung, also der Vorteil, nicht unmittelbar wirkt oder sichtbar wird oder erst viel später eintritt, ist es schwieriger zu kooperieren – es sei denn, man legt sich auf ein gemeinsames Ziel fest und überwindet den Egoismus der eigenen Situation.

Das ist sicher nicht unmöglich – vor allem, wenn es sich im Sinne der Spieltheorie wieder auf einen je individuellen Nutzen beziehen lässt. Aber es unterschätzt, dass das Spiel zweier Gegner viel einfacher ist als ein Spiel, das man nicht gegen einen Gegner gewinnen muss, sondern für ein eher abstraktes Ziel. Kooperation müsste dann also intrinsisch funktionieren, gewissermaßen durch Wissen und Willen der Akteure – was irgendwie ungünstig ist, weil man für die Beschreibung der Kooperation bereits die Bedingung der Kooperation voraussetzen muss. In der Logik würde man das eine *petitio principii* nennen.

Man kann nicht gegen Kooperation sein – man kann aber auch nicht auf Kooperation bauen, zumindest nicht generell. Das große Problem bei kollektiven Herausforderungen wie etwa der vergangenen Pandemie oder dem Großproblem Klimawandel besteht darin, dass eine moderne Gesellschaft auf kollektive Herausforderungen nicht als Kollektiv reagieren kann. Die Gesellschaft ist keine Großgruppe, die man auf gemeinsame Ziele festlegen kann, und sie ist auch keine Entität, die gemeinsame Werte und Normen kennt, an die sich dann alle halten – zumal es Werte und Normen ja nur gibt, weil es ziemlich unwahrscheinlich ist, dass alle sich an diese Standards halten. Der Traum von gesellschaftlicher Kooperation oder auch intrinsischer Solidarität ist eine vereinfachte Selbsterzählung der Gesellschaft, die sich mit einem Kollektiv verwechselt und deshalb Lösungskonzepte präferiert, die sachlich kaum gedeckt sind. Man kann daran sehen, dass angemessene Begriffe, etwa der der «Gesellschaft», keineswegs nur von akademischem Interesse sind, sondern praktische Folgen dafür haben, wie man sich Lösungen für kollektive Herausforderungen vorstellt. Doch dazu weiter unten mehr.

4

Von weißen Blättern und Zinnsoldaten
Oder: Warum tun sie nicht, was sie sollen?

Ob man Krisen als *kollektive* oder als *gesellschaftliche* Herausforderungen betrachtet, hört sich wie eine akademische, allzu abstrakte Unterscheidung an – aber es macht den Unterschied ums Ganze. Denn kann man auf das, was man Krisen nennt, nur als *kollektive* Herausforderung reagieren, bleibt am Ende allein der starke Appell, der je nach Thymos der Autorinnen und Autoren entsprechender Aufklärungsliteratur entweder sachliches Wissen und Dringlichkeit in den Vordergrund stellt oder (zumeist verachtende) moralische Gewissheiten, die die Unvernünftigkeit unserer Lebensweise und die Blindheit der Akteure anprangern. Das reicht dann von unserer Kultur als Ganzer bis hin zu konkretem Regierungshandeln. Ausgeblendet wird in den meisten Formen dieser aufrüttelnden Kommunikation, dass der Adressat – die «Gesellschaft», die Leserinnen und Leser, alle möglichen Akteure – darauf mit ihren eigenen Bordmitteln und Ressourcen reagieren, wie auch sonst? Das erhöht die Enttäuschung – auf allen Seiten. Und schlägt sich in entsprechenden Textsorten nieder, die ihre jeweilige Argumentationsdichte erhöhen – wieder je nach thymotischer Ausrichtung in der Sache oder in der Verve.

Genau deshalb geraten Beschreibungen von Lösungen oft auf merkwürdige logische Abwege, indem sie das Ende bereits voraussetzen müssen, um anfangen zu können. Man kann sich dann auf einem weißen Blatt Papier wie ein Romancier ein Ergebnis vom Ende her denken – einem Ende, von dem aus sich kausal zeigen lässt, wie sehr die Konstellation von passenden Schnittstellen zwischen unterschiedlichen Figuren aussehen müsste. Ein Autor hat die *auctoritas*, seine Figuren so aufeinander zu beziehen, dass die Geschichte aufgeht. Und er hat die gottgleiche Position, über seiner Schöpfung zu stehen und zeitlich an unterschiedliche Zeitstellen zu geraten, um die Dinge entsprechend anzuordnen – wobei man gar nicht weiß, ob Gott tatsächlich die eigensinnigen Aktionen seiner Geschöpfe überblicken konnte, als er sie schuf, denn er musste sie ja als prinzipiell Freie erschaffen, sonst hätten sie nicht die Wahl zwischen gottgefälligem Leben und Sünde, zwischen Heil und Verdammnis. Vielleicht ist ein Autor viel mächtiger als Gott.

Solch konstellatives, Kooperation beschreibendes Denken scheitert an der eigenen Zeitstruktur – weil es aus einem Guss kontrollieren muss, wie sich die einzelnen Elemente eines Systems in ihren jeweiligen Situationen verhalten. Solches Denken muss von Gewohnheiten, bewährtem Verhalten, Interessen, von Beschränkungen (in der Organisationsforschung heißt das: *bounded rationality*), von Konkurrenz und Zugzwängen, auch von gesellschaftlichen Anforderungen anderer Art usw. absehen, damit alles passt. Ein Romantext ist immer selektiv. Er erzählt nur das, was für die Erzählung relevant ist – denn dann verliebt sich der eine Protagonist im richtigen Moment in die richtige Figur und diese ist an der richtigen Stelle interessiert oder eben nicht, und eine bestimmte Information ist genau dann verfügbar, wenn man sie braucht, um die Dynamik der Geschichte in die Richtung zu lenken, die man gerne hätte.

Wir hätten so gerne das weiße Blatt Papier, das wir selbst vollschreiben könnten – und es gehört wohl zu den verbreitetsten (auch: produktivsten) intellektuellen Selbstmissverständnissen, sich Welten zu imaginieren, deren Autorenebenbildlichkeit die einzige Empirie ist, mit der sie sich auseinandersetzen. Dass es meist um den Zusammenhang von Einsicht und Verhalten, von guten Gründen und Handlungen, von Wissen und ihrer Umsetzung geht, hat auch mit dem sehr begrenzten Mittelschichtsmilieu intellektueller Schöpfungskraft zu tun, das an sich selbst erlebt, wie erfolgreich man mit eingebildeten und ausgedachten Kategorien sein kann. Der französische Soziologe Pierre Bourdieu kritisiert das als *scholastische Vernunft.*

Es ist insbesondere das eher linke Denken, das sich angesichts der Überzeugung über die Vernünftigkeit der eigenen Argumente kaum vorstellen kann, dass Menschen dieser Vernunft nicht folgen – und so kann man sie ihnen literarisch einpflanzen und sich eine Konstellation vorstellen, die die Lösung von Problemen ermöglicht. Schon in Kleingruppen, in Familien, in Organisationen lässt sich beobachten, dass die Idee der kollektiven Kooperation davon abhängig ist, dass die Schnittstellen zwischen Akteuren angemessen funktionieren. Wenn der eine sich zurücknimmt, die andere ihre Ansprüche an ein Ziel anpasst und der Dritte zugunsten des Ganzen auf ein Sonderinteresse verzichtet, müsste das gesteckte Ziel erreichbar sein. Die besondere Leistung, dies zu beschreiben, besteht darin, dass man sich einen idealen Zustand ausdenkt, der eine emergente Eigenschaft, also das Ergebnis von Einzelhandlungen ist, die gut zusammenpassen.

Wie Marx sich in seinen Pariser Schriften den Kommunismus erst vorstellen kann, wenn die Menschen nach vielen Generationen die Eigeninteressen durch das Privateigentum vergessen haben, kämpfen Forderungen nach ökologischem Wohlverhalten darum, dass man aus guter Einsicht auf unmittelbare Interessen verzichtet und ein angemessenes Leben führt. Das engagierte Argument lautet dann zumeist, dass die Verfolgung des unmittelbaren individuellen Interesses einem höheren, einem *eigentlichen* Interesse zuwiderläuft. Aber solche Argumente sind ja nur das Ergebnis jener Konstellation, die sich empirisch ganz anders darstellt, nämlich so, dass sich jede Handlung nicht aus der Vogelperspektive eines auktorialen Beobachters sieht, sondern nur mit den je gegenwärtigen Kapazitäten und Grenzen.

Das ist ein simpler Gedanke, und es sieht fast so aus, als müsse man all das gar nicht betonen. Aber es ist schon deshalb nötig, weil mit diesem Gedanken deutlich wird, was das Bezugsproblem aller sozialer Formen ist: dass konkrete Handlungen stets einen Spielraum haben, der größer ist als das, was man sich als eine gelungene Form oder als Ziel vorstellt – das können dann Wünsche, Motive oder Gewohnheiten von Personen sein, aber auch Zugzwänge, die sich aus bestimmten Perspektiven oder konkurrierenden Zielen ergeben. So kann die Überzeugung, das Richtige zu tun, mit ökonomischen Restriktionen oder kulturellen Gewohnheiten kollidieren, was sich auch darin zeigt, dass soziale Systeme kaum determinierbar sind und eine prinzipielle Offenheit haben, Lücken der Ordnung gewissermaßen – ganz abgesehen davon, dass es stets unterschiedliche Vorstellungen darüber gibt, was das Richtige sei.

Übrigens hilft oftmals nicht einmal der Hinweis darauf, dass man die Veränderung von Lebensweisen, von Gewohnheiten und Bewährtem nicht individuellen Entscheidungen überlassen darf – eben einerseits wegen der individuellen Restriktionen, sein Verhalten in sozialen Kontexten gegen die Trägheit der Strukturen durchzusetzen, andererseits wegen der fehlenden Anreize für die Belohnung entsprechenden Verhaltens. Man setzt dann auf politische Entscheidungen, auf rechtliche Vorgaben, auf Verordnungen zur Einhaltung von Grenzwerten usw. Man stellt dann auf kollektiv bindende Entscheidungen um – also auf politische und rechtliche Formen, das notwendige Verhalten wahrscheinlicher zu machen oder sogar zu erzwingen –, was in fast allen Lebensbereichen ohnehin stattfindet. Aber gerade in transformativen Zeiten wird dies wiederum sichtbarer als sonst – es gehört gewissermaßen zu diesen Visibilisierungserfahrungen.

Freilich stößt auch diese Verschiebung auf eine kollektiv bindende Ebene, also aufs Politische, an Grenzen, in Demokratien zumindest auf die Grenzen der Wählbarkeit. Man kann ein Heizungsgesetz beschließen, Tempolimits fordern, Technologien präferieren oder abschaffen, unerwünschtes Verhalten oder unerwünschte Pollutionen bepreisen, Abgaben erhöhen oder senken, kollektive Ziele ausgeben (etwa die Pariser Klimaziele), alles diesem Ziel unterordnen und dies kollektiv bindend organisieren – und verliert dann Massenloyalität und Wählbarkeit. Wählerinnen und Wähler verhalten sich dann anders, als es die Pläne vorsahen – sie wählen gerne nach ihren unmittelbaren Interessen oder ohnehin eher nach Gewohnheit, Sympathie oder ästhetischen Kriterien. Nicht umsonst stellt sich angesichts multipler Krisen ernsthaft die Frage, ob die liberale Demokratie überhaupt dafür gerüstet ist, existentielle Herausforderungen zu bewältigen. Die liberale Demokratie ist besonders erfolgreich, wenn es um eingeführte Konfliktlinien geht, für die es im Parteiensystem komplementäre Akteure gibt, die die Wirklichkeitskonstruktionen potentieller Wählerinnen und Wähler abbilden bzw. domestizieren können – differenziert an der Achse eher angebots- oder eher nachfrageorientierter Wirtschafts- und Sozialpolitik und an der Achse eher konservativer oder eher liberaler gesellschafts- und kulturpolitischer Ausrichtungen. Die meisten derzeitigen Herausforderungen entziehen sich dieser Logik partiell.

Das weiße Blatt Papier als das Medium des Diskurses ist sehr hilfreich, wenn es darum geht, Zusammenhänge, komplexe Interdependenzen, informationsreiche Aufklärung usw. zu vermitteln – es ist aber problematisch, wenn es mit der Welt selbst verwechselt wird. Das ist wahrscheinlich die *déformation pro-*

fessionelle der präskribierenden Intelligenz, dass sie eher gegen die Restriktionen der Beschreibbarkeit als gegen die Restriktionen gesellschaftlicher Felder anschreiben muss, die sie beschreibt. Das soll keine Intellektuellenschelte sein, sondern eher ein empirischer Hinweis darauf, wie eng der Blick wird, wenn er zu weit wird und glaubt, alle Konstellation zentral kontrollieren zu können. Die Bourdieusche *scholastische Vernunft* ist ja keine Beschimpfung, sondern eine Ableitung aus einer Praxis, die offensichtlich andere operative Bedingungen kennt als ihr Gegenstand selbst. Diese Differenz ist letztlich uneinholbar. Die Praxis des Schreibens legt tatsächlich nahe, dass eine *andere Welt* möglich ist, und ist deshalb besonders verführerisch, den Blick von der Komplexität von Herausforderungen abzulenken – und wenn diese Komplexität nur darin besteht, dass sich reale Personen, Akteure, Handlungsmuster und Systemlogiken diesem auktorialen Blick nicht fügen.

Eine solche Perspektive gibt es nicht nur literarisch, sondern auch in der politischen Debatte. Wenn man sich die Diskussion um das Ende des schrecklichen Krieges in der Ukraine ansieht, stößt man immer wieder auf Leute, die sich wie alternde Generäle über ein als Sandkasten modelliertes Schlachtfeld beugen und die Dynamik einer (fiktiven, historischen oder zukünftigen) Schlacht dadurch verändern, dass sie Zinnsoldaten verschieben und damit Konstellationen nach- oder vorspielen, in denen etwas geschieht. Auch hier wird die Komplexität der Situation durchaus in Rechnung gestellt: Man kann schon sehen, von wie vielen Faktoren es abhängig ist, dass dies und nicht jenes, dass Wünschenswertes und nicht das Gegenteil, dass ein bestimmter Ausgang und nicht ein anderer sich ereignen.

Man wünscht – und diesen Wunsch wird jeder Mensch bei Trost teilen –, dass die Kämpfe möglichst bald beendet werden, dass das sinnlose Sterben aufhört, dass man sich, wie ein Soziologe es in einem Zeitungsartikel einmal in geradezu entwaffnender (sic!) Naivität formuliert hat, der *Logik des Krieges* verweigert. Das Problem ist nur, dass eine Verweigerung der Kriegslogik *im Krieg* in den Krieg hineingezogen wird und dann eben zum Krieg gehört. Die Vorschläge, es müsse nun endlich finale Verhandlungen geben und man müsse eine Lösung für beide Seiten finden und so weiter und so fort, sind schöne fiktive Texte, die von der völlig unrealistischen Annahme ausgehen, dass beide Seiten gute Gründe und angemessene Interessen haben könnten, in eine solche Verhandlung zu gehen. Kooperation setzt tatsächlich entweder ein gemeinsames Interesse voraus oder aber eine Konstellation, in der Kooperation im Hinblick auf egoistische Interessen besser ist als Nicht-Kooperation.

Es geht hier nicht darum, die Frage des Krieges in der Ukraine zu behandeln – das ist weder das Thema, noch verstehe ich genug davon, noch hoffe ich, dass bei Drucklegung dieses Buches die Kampfhandlungen andauern, was während des Schreibens durchaus noch sehr intensiv der Fall ist und inzwischen vom Krieg in der Levante überlagert wird, bei dem sich ähnliche Fragen stellen, auch wenn die Ausgangsvoraussetzungen ganz andere sind. Es geht eher darum, mit welcher überbordenden Naivität manche Leute allen möglichen Seiten Motive einpflanzen, die man gut aufeinander beziehen kann. Es gibt genügend Thesen, die die Sache lieber so auflösen, dass natürlich die USA diesen Krieg gewollt haben. Und manche, die mit der Zurechnung auf die «Hochfinanz» als größtem Nutznießer des Krieges immer haarscharf am «internationalen Finanzjudentum» vorbeischrammen, wenn es um entsprechende Erzählungen für eine bestimmte Klientel geht. Auch daran kann man sehen, wie wenig sich ein gesellschaftlicher Diskurs neue Figuren ausdenken muss und wie eingeführt selbst die bösartigsten Chiffren sind. All das hätte übrigens eine KI schreiben können. Interessant ist daran nur, dass man sich daran gewöhnt, Motive zu unterstellen, und dass das ebenso freihändig wie erwartbar geschieht.

Soziologisch kann man übrigens wissen, dass man Motive nur schwer «sehen» kann – man muss sie unterstellen. Jeder bessere Ehestreit funktioniert nach dieser Logik, dem oder der anderen Motive zu unterstellen, die das eigene Verhalten oder die eigenen Gründe rechtfertigen. Im Laufe eines solchen Streits stößt man dann nicht selten auf exakt diese Frage der Deutbarkeit und Kontingenz von Motiven – und übrigens hilft es nicht, die eigenen Motive offenzulegen, denn die Kommunikation von Motiven ist eben nur die *Kommunikation* von Motiven, mithin also auch anders kommunizierbar. Soziale Prozesse arbeiten stets mit Motivunterstellungen – und zumeist funktioniert das auch gut, durch Gewohnheit, Erwartungen, bewährtes Verhalten usw. Aber im Konfliktfall und in außergewöhnlichen Situationen ist das nicht so einfach.

Leider ist die Zinnsoldatenlogik weiter verbreitet, als es scheint. Wer es mit einem komplexen Gegenstand zu tun hat, muss mit der Demütigung, mit der Herausforderung, mit der Restriktion leben, dass sich dieser Gegenstand nicht so einfach ausrechnen lässt, wie es die eigenen Perspektiven gerne hätten. Komplex sind solche Gegenstände deshalb, weil ihre Komponenten gleichzeitig nach unterschiedlichen Regeln und mit unterschiedlichen Erfolgsbedingungen arbeiten und darin eine Gemengelage entsteht, über die man nur Sicheres sagen kann, wenn man das entweder ausblendet oder aber so tut, als könne man die Reaktionen der Teile, die in Echtzeit aufeinander bezogen sind, ziemlich klar und eindeutig bestimmen – eben wie ein Autor vor einem weißen Blatt Papier (oder einem entsprechenden Screen) oder ein alternder General vor einem Sandkasten, den er vollständig beherrschen kann. Um im Bilde zu bleiben: Der Autor muss sein eigenes Leben in einer konkreten Gegenwart führen und wird die anderen Figuren in seinem

Umfeld nicht so kontrollieren können wie seine Romanfiguren und deren fiktive Verstrickungen; der General wird als aktiver General in einer militärischen Situation allenfalls seine eigenen Truppen befehligen und einigermaßen kontrollieren können, nicht aber die des Gegners. Es sind also zwei völlig unterschiedliche Welten, von denen hier die Rede ist.

Ich behaupte, dass ein Schlüssel zum Verständnis gegenwärtiger krisenhafter Herausforderungen nicht nur das Wissen um die Probleme ist, sondern auch ein Verständnis dafür, dass eine Gesellschaft nach ihren eigenen internen Logiken auf die Dinge reagiert – andere stehen ihr nämlich nicht zur Verfügung. Ich wundere mich immer über die Naivität auch von Fachkollegen, die etwa meinen, man müsse «die Natur» mit in den Gegenstandsbereich der Soziologie holen, um angemessene gesellschaftliche Reaktionen auf den Klimawandel zu ermöglichen. Das ist ein typischer Zinnsoldaten-Move – wir holen die Natur jetzt mit rein, und dann werden wir das viel besser konstellieren können.

Der eklatante Denkfehler besteht darin, dass damit oft ein Verständnis dafür ausgeklammert werden kann, welche ungeheure Eigenlogik und Eigendynamik das, was wir «Gesellschaft» nennen, hat. Auf die Herausforderungen all der gegenwärtigen Krisen kann man nur angemessen reagieren, wenn man die Logik des Gesellschaftlichen versteht – etwa die Selektivität des Blicks darauf, was eigentlich das Problem ist. Es ist oft frappierend, wie sehr sich die vom Richtigen, von der Wahrheit, von der Dringlichkeit der Probleme Überzeugten wirklich wundern, dass andere es anders sehen. Man muss wirklich ernst nehmen, dass diese Verwunderung oft wirklich authentisch ist. Der Transformationsdiskurs, etwa zum Klimawandel, ist stark davon geprägt, dass die starke Überzeugung auf starke andere Perspektiven trifft und gerade deshalb nicht von der eigenen Wahrheit lassen kann. Dass die anderen es wirklich anders sehen (auch wenn sie wirklich Unrecht haben), kommt dann gar nicht in der eigenen Vorstellungskraft vor – und exakt das bestärkt alle Beteiligten darin, die Situation komplementär ähnlich zu beschreiben: Die einen müssen ihre Überzeugung immer weiter steigern, weil sie offenbar nicht ausreicht, die anderen zu überzeugen; diese anderen werden darin bestärkt, dass die Eliten sie an der Nase herumführen. Es gibt diesen vielzitierten Satz des Philosophen Hans-Georg Gadamer, ein Gespräch sei nur möglich, wenn man einräumen könne, dass der andere Recht haben könnte. Man muss diesen vielleicht erweitern und sagen: Man kommt aus der Zinnsoldatenlogik erst heraus, wenn man einräumt, dass die anderen das, was sie vertreten, wirklich so meinen und womöglich bedingt durch eine ganz andere Lebenslage, etwa ökonomische Restriktionen, zu ganz anderen Urteilen kommen.

Und wenn man weiß, dass alles, was geschieht, in einer Gegenwart geschieht. Das hört sich wie ein abstrakter Satz an, ein akademischer Satz, mit dem man komplexe wissenschaftliche Arbeiten beginnt – und in diesem Fall stimmt das insofern, als ich schon vor drei Jahrzehnten genau darüber eine Dissertation verfasst habe. Aber es ist die vielleicht am wenigsten abstrakte Erkenntnis überhaupt: *Alles, was geschieht, geschieht je jetzt.* Was zuvor geschah, geschieht nicht mehr, was danach geschehen wird, geschieht noch nicht. Real ist letztlich nur die Gegenwart – und zwar die unmittelbar operative Gegenwart, besser die unmittelbaren Gegenwarten der je unterschiedlichen Akteure, Perspektiven, Systeme, wie auch immer wir sie nennen. Wer sich ein komplexes Gebilde wie eine gesellschaftliche Ordnung vorstellen will, muss immer mit im Blick haben, dass nichts aus irgendeiner Zentralperspektive geschieht, sondern stets in konkreten Gegenwarten. Alles, was geschieht, hat erhebliche Freiheitsgrade, könnte stets auch anders sein – und üblicherweise zieht man aus dieser Erkenntnis den allzu optimistischen Schluss, dass die Dinge dann ja auch *anders* sein könnten. Die Welt ist tatsächlich keine deterministische Welt, die Gesellschaft ist kein deterministisches Gebilde, fast nichts ist wirklich vorbestimmt oder festgelegt. Und doch bewegen wir uns stets in Wahrscheinlichkeitsräumen, in denen ein bestimmtes Verhalten regelmäßig erwartbar ist. Ich habe das oben die unterschiedlichen Gegenwarten genannt, in denen wir uns immer schon vorfinden. Eine der wahrscheinlichsten und übersichtlichsten Formen, mit der Unübersichtlichkeit von Situationen umzugehen, ist die Kapitalismuskritik.

5

Kapitalismuskritik als Selbstberuhigung
Oder: Das Maß der Maßlosigkeit

Wenn es um Transformationsfragen geht, um die Diagnose von Krisen, um gesellschaftliche Unübersichtlichkeit, darum, sich einen Reim auf die Dinge zu machen, scheint Kapitalismuskritik immer noch die gängigste und eingängigste Form zu sein. Eine generalisierte Kapitalismuskritik, die den Kapitalismus für fast alles Negative in der Welt verantwortlich macht, scheint das wirkmächtigste Symbol dafür zu sein, sich aus der intellektuellen Verantwortung stehlen zu wollen. Ich erinnere mich daran, dass nach 9/11 von verstrahlten Leuten argumentiert wurde, die Zwillingstürme seien in ihrer aufrechten Form durchaus ein aggressives Symbol eines radikalen westlichen Kapitalismus, die frühere Berliner Kultursenatorin Adrienne Goehler sprach gar von einem Phallussymbol, da dürfe man sich nicht wundern. Oder dies: Wenige Stunden vor den barbarischen Angriffen der Hamas auf Israel im Oktober 2023 veröffentlichte eine deutsche Wochenzeitung in ihrem Online-Angebot ein Interview mit einer Schweizer Gender-Forscherin, die meinte, erst «der Kapitalismus» habe das gegenwärtige problematische Männerbild mit seinen destruktiven Elementen hervorgebracht. Stunden später sind ganz andere problematische «Männlichkeiten», wie es heute etwas merkwürdig im Plural heißt, dabei gezeigt worden, wie sie einen Staat angreifen, und zwar mit einer barbarischen Form sexualisierter Übertötung von Frauen, gefilmt, verbreitet, bejubelt. Angegriffen wurde unter anderem mit dieser Methode ein Staat, der von einer Internationale des Judenhasses auch dafür gehasst wird, dass er für jenen an Amerika orientierten Kapitalismus steht, der linken wie rechten Kritikern ein Dorn im Auge ist, schon lange vor der israelischen Militärreaktion auf den Hamas-Angriff. Und eine Figur wie Naomi Klein adressiert eine globale zivilgesellschaftliche Massenbewegung, die das «Klima» gegen den Kapitalismus durchsetzen soll. Ihr 2014 publiziertes Manifest in Buchform heißt dann auch in kaum überbietbarer Schlichtheit *Die Entscheidung: Kapitalismus oder Klima.*

All diese Formulierungen sind für einen Teil einer gut gewärmten akademischen Jugend in den Metropolen des Westens als besonderes Kritikmotiv attraktiv, weil sie den westlichen Kapitalismus ohne jegliche intellektuelle Anstrengung verantwortlich machen kann – für buchstäblich alles. Was habe ich schon alles gehört: Der Kapitalismus universalisiere Konkurrenzdruck, ohne den man besser leben könne. Der Kapitalismus erzeuge schlechtes Essen, erst ohne ihn gäbe es besseres Essen, er mache den globalen Süden arm, andernfalls könnten uns Indigene zeigen, wie man gut leben kann. Der Kapitalismus sei auch dafür verantwortlich, dass Frauen schlank und Männer leistungsfähig sein wollen usw. Es reicht, bei der Diagnose eines Missstandes das Prädikat «im Kapitalismus» beizumengen, und schon sieht es aus wie ein Argument, weil es vielleicht ein kollektives Gedächtnis gibt, das sich daran erinnert, dass vom Kapitalismus einst die gesprochen haben, die an anspruchsvolle Debatten gewöhnt sind. Seit klar ist, dass Kapitalismustheorie als Gesellschaftstheorie nicht wirklich taugt, bleibt dann nur die Ritualisierung des Begriffsgebrauchs.

Auch bei den meisten Protestbewegungen landet die Semantik irgendwann bei dieser Chiffre – man muss es gar nicht aufzählen, aber es gilt fast als Konsens, wenigstens in Protestbewegungen. Dass das Problem des Klimawandels, also eine fehlangepasste Lebensweise, ein Wachstumsimperativ und die fossil-energetische Basis des gesellschaftlichen Metabolismus, die Lebensgrundlagen angreift, wird weniger auf die energetische Basis zurückgeführt, sondern auf den Kapitalismus – in traditionellen Begriffen: auf die Produktionsverhältnisse, nicht die Produktionsmittel. Darüber nachgedacht wird selten. Es lohnt sich deshalb, das nachzuholen.

Die geradezu liturgische, automatisierte, reflexionsfreie, aber reflexhafte Anwendung dieses K-Wortes ist es, die seine Anspruchslosigkeit begründet. Ich bin hinreichend alt, mich an akademische Diskurse über den Kapitalismus zu erinnern, die den Anspruch einer methodisch kontrollierten Erklärungskraft für den Zustand der Gesellschaft an diesen Begriff binden konnten. Seit sich dies als wenig produktiv erwiesen hat, bleibt eben nur der performative Gebrauch, der sicher auch die Bedeutung hat, alles Ökonomische, für das man sich am Ende gar nicht wirklich interessiert, stets mit dem verächtlichen K-Wort zu belegen. Wer dann über Befreiung spricht, im Nachgang der kritischen Theorie in akademischer Wohlgenährtheit über Versöhnung räsoniert und sich ohnehin in einem adornitischen Verblendungszusammenhang wähnt, dem geht das Ökonomische nur als *ökonomische Verdinglichung* oder als *Verwertungszusammenhang* über die Lippen. Auch das muss man sich leisten können. Angemessene, anspruchsvolle Formen einer Theorie und auch einer Kritik an ökonomischen Formen, auch an Fehlallokationen, werden dadurch nicht gerade wahrscheinlicher.

Genau genommen ist Kapitalismuskritik deshalb die Mutter aller Kritik, weil der Kapitalismus letztlich die Chiffre für einen Grundkonflikt der Moderne darstellt: einerseits mit den Gleichheitsversprechen der politischen Aufklärung umzugehen und andererseits mit den Ungleichheitseffekten des Ökonomischen (aber auch des Kulturellen, des Nationalen, des Ethnischen usw.). Der Kapitalismus ist aber eng mit den Eigentumsrechten verkoppelt, die in der politischen Ideengeschichte von Locke bis Hegel mit Gleichheitsversprechen bzw. rechtlichen Gleichheitsnormen verbunden waren. Und dass der moderne Staat stets in die Dynamik der ökonomischen Entfesselung eingegriffen hat, ist eine Binsenweisheit. Noch die liberalste und libertärste Vorstellung der ordnungsbildenden Kraft des Marktes ist darauf angewiesen, wenigstens grundlegende Formen rechtlicher Erwartungssicherheit staatlich festzulegen und sanktionierbar zu machen – etwa im Vertragsrecht oder bei der Sicherung der äußeren oder inneren Sicherheit.

Dieser Grundkonflikt der Moderne zwischen ökonomischer Dynamik und politischer Regulierung bleibt in den Traditionen ihrer eigenen Perspektiven hängen. Politik erlebt sich als kollektiver Handlungsträger und müht sich um die Einhegung der ökonomischen Ungleichheitsfolgen. Aus wirtschaftlicher Perspektive wird dies als Handlungseinschränkung erlebt, weswegen hier die klassischen liberalen Semantiken der Abwehrrechte gegen staatliche Interventionen so populär sind. Kapitalismuskritik hat dann den Charakter einer Aufforderung an das politische System, die Entscheidungen individueller Spieler (oder wenigstens ihre Folgen) sozialverträglicher zu gestalten.

Der Begriff des Kapitalismus gerät mehr und mehr zu dem, was man einen *leeren Signifikanten* nennt, ein Zeichen, dem genau genommen kein Bezeichnetes entspricht, ein Symbol, das sich selbst genügt und am Ende nichts bedeutet. Das heißt freilich nicht, dass ein solches Zeichen unbedeutsam wird. Ganz im Gegenteil entfaltet es einen Eigensinn, der Reflexion geradezu verhindert – was man auch daran sehen kann, wo der Begriff überall eingesetzt wird. Der linke Antisemitismus etwa, der nach dem Angriff der Hamas auf Israel unfassbare Blüten treibt, kulminiert oft in einem antikapitalistischen Motiv, ganz in der Tradition antisemitischer Vorurteile über den großen

Einfluss des Großkapitals auf die Welt. Schon in der Pandemie schrammte, wie erwähnt, manche kritische Stellungnahme allzu knapp an der Adressierung eines «internationalen Finanzjudentums» vorbei.

Diese meine Kritik an der Kapitalismuskritik hat ein Darstellungsproblem – das sollte aus den letzten Formulierungen deutlich geworden sein. Meine Kritik an der Kapitalismuskritik soll nämlich weder eine Apologie «des» Kapitalismus darstellen, die sich letztlich in dieselben formelhaften Zuschreibungen flüchten müsste. Noch weniger soll sie die Augen davor verschließen, dass moderne marktwirtschaftliche, ergo: kapitalistische Wirtschaftsformen Fehlallokationen erzeugen können – erhebliche Fehlallokationen im Hinblick auf soziale Ungleichheiten, auf die Konzentration aberwitziger Vermögen, auf Fehlinvestitionen. Was freilich Kapitalismus genannt wird, ist eher ein politischer Begriff als ein wissenschaftlich theoriefähiger Begriff. Nicht einmal bei Karl Marx, der die dem Betriebskapitalismus zugrunde liegende Entwicklung der Produktivkräfte samt gesellschaftlicher Fortschritte begrüßte, kommt dem Begriff eine theoriestrategische Bedeutung zu. Marx bestimmt zwar die moderne Produktionsweise als «kapitalistische Produktionsweise», die freilich insofern kapitalistisch im engeren Sinne ist, als sich durch die Produktivkraftentfaltung, man könnte sagen: durch den Stand von Technik, Wissenschaft und kreativen Verwertungsmöglichkeiten, eine kredit- und kapitalförmige Geldwirtschaft durchsetzt, die ihrerseits aus Organisationsgründen entsprechende Produktions-, also Besitzverhältnisse und damit gesellschaftliche Bedingungen hervorbringt. Dies «Kapitalismus» zu nennen, wird erst dort gebräuchlich, wo man sich einen Reim auf die neue Epoche der industriellen Moderne machen will, wie sie mit Max Webers Protestantismus-Kapitalismus-These oder mit Werner Sombart populär wurde. Kapitalismus war dann performativ weniger ein theoretischer Begriff als ein politischer Begriff zur Adressierung der «Gesellschaft», denn ohne Zweifel waren die erheblichen Transformationen der europäischen Gesellschaft hin zu einer Massen- und Industriegesellschaft von starken ökonomischen Veränderungen geprägt, die vor allem das Verhältnis von Marktdynamik und politischer Regulierung in eine Form brachten, die noch heute politische Programme oder Parteigestalten prägt – gebündelt in dem, was man die «soziale Frage» nannte.

Das Problem der Generalität des K-Wortes als fast leere Hülse besteht darin, dass er letztlich keine Unterscheidung anbieten kann. Was wäre die andere Seite des Kapitalismus? Das Angebot hier ist eine ebenso leere Hülse, wenn man an Sozialismus denkt – auch ein politisch sozialer Begriff, der auf nichts anderes verweist als auf das Verhältnis von staatlicher Regulierung und Marktgeschehen. Eine andere Alternative ist das, was im deutschen Sprachgebrauch «soziale Marktwirtschaft» genannt wird und insofern Elemente einer Kapitalismuskritik enthält, als sich diese von einem eher US-amerikanischen Arrangement abhebt, in dem es weniger staatliche Eingriffe in die Wirtschaftsdynamik, in jedem Falle einen weniger leistungsfähigen Sozialstaat gibt. Auch hier geht es um das Verhältnis von ökonomischer Dynamik und staatlicher Steuerung bzw. Kompensation von Folgen. Und dieses Verhältnis ist zu wichtig, um es allein als Kapitalismuskritik vorzuführen. Darauf kommen übrigens alle, die von einer großspurigen Diagnose, der Kapitalismus sei für die Steigerung des CO_2-Ausstoßes und der Zerstörung der Umwelt, für die Form regionaler und globaler Ungleichheitsdimensionen und nicht zuletzt für die Produktion sinnloser Produkte verantwortlich, zu der dann praxisrelevanten Erkenntnis gelangen, dass sich viele dieser Fragen selbst wiederum nur ökonomisch lösen lassen. Man setzt dann politisch Anreize, um anders zu produzieren, verteuert negative Produktionsfolgen, fördert die Umstellung auf neue Technologien oder verpflichtet unternehmerische Akteure zu Mindestlöhnen.

Konkret zeigt sich dann, dass die Frage des «Kapitalismus» eine Frage sehr konkreter Konstellationen ist, die stets mit dem Verhältnis von staatlicher Regulierung und Marktdynamik zu tun haben. Womit das bloße so konsensfähige Label Kapitalismuskritik kaum rechnet, ist die gesellschaftliche Dynamik selbst.

Man kann noch so marktradikal fordern, dem Markt zu vertrauen, in dem sich die beste Lösung durchsetzt und das, was die Menschen wirklich wollen – und man kann im Gegenteil sozialistisch eine starke staatliche Kontrolle dieser Dynamik präferieren. Beide Seiten interessieren sich aus *politischer* Perspektive für das Verhältnis von politischer Steuerung bzw. politischen Rahmenbedingungen und dem Eigensinn des Ökonomischen und stoßen auf ein Wirtschaftssystem, das recht eigensinnig auf die selbsterzeugten Folgen der eigenen Operationen reagieren muss.

Der entscheidende Punkt ist dieser: dass jede politische Kontrolle, jeder politische Eingriff in das Ökonomische ökonomische Folgen hat. Der zu verteilende Kuchen ist keine Konstante. Die Größe und Struktur des Kuchens verändern sich durch entsprechende Eingriffe. Das heißt nicht, dass nicht reguliert, eingegriffen und kontrolliert werden könnte oder müsste – das passiert permanent und mit mehr oder weniger Erfolg. Und ohne solche Eingriffe, auch ohne die politische Bereitstellung rechtlicher Rahmenbedingungen würde jeder «Kapitalismus» implodieren. Kaum einem Transformationserfordernis wird man ohne eine Austarierung von staatlicher Regulierung und Deregulierung gerecht werden. Die Extrempositionen einer libertären Enthaltsamkeit staatlicher Eingriffe mit dem Glauben an die ordnungsstiftenden Vermögen des Marktes und einer vollständigen Vergesellschaftung, i.e. Politisierung des Ökonomischen, sind die zwei extremen Enden eines Kontinuums, innerhalb dessen sich das Verhältnis von politischen Entscheidungen und ökonomischer Dynamik abspielt.

Man unterschätzt die Eigendynamik des Ökonomischen, wenn man annimmt, dass diese Regulierungen sich nicht auf die Wirtschaftsleistung, die Innovationsleistung und die Problemlösungskapazität des Ökonomischen auswirkten – und man unterschätzt das Ökonomische, wenn man nicht mitsieht, wie sehr politische Stabilität von ökonomischen Erwartbarkeiten abhängt, vor allem auf der Nachfrageseite. Der Kuchen ist nicht einfach da, er ist das Ergebnis ökonomischer Praxis. Und schon die politische Kompensation von Fehlallokationen ist schwierig genug. All das kann mit großer Radikalität formuliert werden, verharmlost aber nur, worum es geht. Und auf all diese Fragen stößt man, wenn man Transformation nicht nur als diskursfähige Forderung und Aktivitätsanzeige versteht, sondern als konkretes Erfordernis von Entscheidungen. Wenn man also die Fehlallokationen «des Kapitalismus» besser verstehen will, muss man diesem Phänomen womöglich genauer auf den Grund gehen – oder dem, was der Begriffsgebrauch vor allem impliziert. Und hier lohnt es sich, dort zu beginnen, wo die kapitalistische Produktionsweise eingehend beschrieben wird – lange bevor das K-Wort am Ende des 19., Anfang des 20. Jahrhunderts zu einer politischen Chiffre wurde, bei Marx nämlich.

Denn Marx hat es im «Kapital» kurz und prägnant auf den Begriff gebracht: «Die Bewegung des Kapitals ist deshalb maßlos.» Kapitalismus heißt Wirtschaften allein nach wirtschaftlichen Kriterien und orientiert an den Erfolgsbedingungen des Wirtschaftlichen, auch wenn individuelle Motive des Wirtschaftens ganz und gar außerökonomischer Natur sein mögen. Ökonomisch möglich ist nur, was sich ökonomisch rechnet, was umgekehrt auch bedeutet: Ökonomisch ist alles möglich, was sich ökonomisch rechnet. Es ist letztlich die Maßlosigkeit des Kapitalismus, die seine ungeheure Produktivität und Problemlösungskapazität begründet, die Entfesselung von Kräften, die Umsetzung von Ideen, die Überschreitung von Gewohntem, das Wagnis des Neuen – zugleich aber auch seine negativen Nebenfolgen. Der Kapitalismus ist die Quelle von Wohlstand und Versorgung in einem historisch beispiellosen Rahmen – übrigens überall auf der Welt.

Aber dieser Maßlosigkeit ist auch die Tendenz zur Ausbeutung von Ressourcen und Menschen eingeschrieben und auch die Tendenz zu einer geradezu indifferenten Verselbständigung des Gewinnstrebens, das sich von der Frage danach, was produziert, verkauft und in Umlauf gebracht wird, ziemlich emanzipieren kann – auch weil das Geldmedium das wahrscheinlich gesichtsloseste und konvertierbarste Medium ist. Das Geld, das man von einem Katholiken, einem Protestanten oder einem Juden bekommt, ist kein katholisches, protestantisches oder jüdisches Geld, und ob das Geld aus einem kirchlichen Klingelbeutel oder von einem Taschendieb stammt, kann man ihm nicht ansehen. Bei den Medien politischer Macht oder rechtlicher Normativität oder religiösem Glauben ist das anders, diese Medien schleppen viel mehr Informationen mit als das Geld. Anders ist nicht zu erklären, warum so viel Zeug produziert wird, das kaum einen Gebrauchswert hat und am Ende externalisierte Kosten produziert – aber es ist ein Differenzierungseffekt der Gesellschaft mit all seinen positiven und negativen Seiten.

Aber das ist womöglich eher die Bedingung oder die Grundlage für das, was man Kapitalismus nennt, als seine Folge. Es ist das Ergebnis einer Befreiung von Handlungsmöglichkeiten aus Fesseln der Tradition, des Mangels, der religiösen Legitimation, nicht zuletzt der regionalen Verankerung und einer höheren Sinnstiftung und Tugendhaftigkeit der eigenen Praxis – und das sollte man nicht vorschnell beklagen. In diesem Sinne ist das K-Wort ein semantisches Symbol, eine Chiffre für eine haltlose gesellschaftliche Komplexität geworden, deren Eigendynamik uns unkontrollierbar erscheint – und linke (zum Teil auch rechte) Kapitalismuskritik hat dann meistens genau das im Sinn, was diese Eigendynamik eindämmen soll: *Kontrolle*. Und die Wucht des Begriffs mit all seiner provokativen und geschichtsmächtigen Bedeutung kann so tun, als sei mit der Adressierung von Kontrolle das Kontrollproblem schon gelöst. Die Funktion des wuchtigen K-Wortes ist es deshalb, der konkreten Kontrollfrage auszuweichen. Es ist auch ein Symbol organisierter Anspruchslosigkeit – und vielleicht sogar eine sachliche Verharmlosung, weil sie von antizipierter Wirkungslosigkeit leben könnte.

«Kapitalismus» kann man fast als eine Chiffre für diese Komplexität lesen und, wie ich vor Jahren bereits formuliert habe, Kapitalismuskritik womöglich als eine Chiffre der *Selbstberuhigung*, weil der wuchtige Begriff eine merkwürdige Eindeutigkeit simuliert. Auf dieses Argument möchte ich zurückkommen:

Es stellt sich der Eindruck ein, dass eine generelle Kritik am Kapitalismus fast so etwas Ähnliches ist wie eine Kritik an der Komplexität der Gesellschaft, für die den Kritikern, auch den akademischen, die theoretischen Chiffren fehlen. Diese Komplexitätssteigerung hängt mit dem Geldmedium zusammen, also mit der durch Geld künstlich erzeugten Knappheit, die eine wirtschaftsinterne Dynamik entfacht und sich dadurch verselbständigt. Erst dies setzt das Wirtschaftliche von anderen Zumutungen frei und und befreit es aus vorherigen Beschränkungen. Hier genau setzt bereits Marx an. Sein Hinweis auf die Maßlosigkeit des Kapitals verweist auf exakt den Mechanismus, den moderne Gesellschaften ausmachen: Effizienz, Dynamik und Problemlösungskapazitäten dadurch freizusetzen, die einzelnen Handlungsbereiche der Gesellschaft von allzu starker wechselseitiger Kontrolle freizuhalten. Die alte Welt lebte davon, alles möglichst einem Schema, einem hierarchischen, möglichst konsistenten Gesamtmodell unterzuordnen. Modernisierung hieß stets, sich im Interesse eigener Maßlosigkeit und Leistungsfähigkeit von solchen Gesamtbeschreibungen zu emanzipieren.

Gerade deshalb ist gesellschaftliche Modernisierung gerade nicht eine anarchische Form, in der alte Ordnungen gesprengt werden, mit Marx gesprochen: in der alles Stehende «verdampft». Vielmehr ereignet sich in der modernen Gesellschaft per se ein Visibilisierungsprozess, nämlich ein Sichtbarwerden der Ordnung als Ordnung, die *selbst* hergestellt wird und für die es Alternativen gibt. Die Maßlosigkeit des «Kapitalismus» als Komplexitätschiffre erzwingt geradezu Ordnungsleistungen, also Maßlosigkeit einzuschränken: durch normative Rechtsetzung, durch die Wahl von Regierungen, durch Bürokratie und Verwaltung, durch eine hohe Regeldichte und Herstellung von Erwartungssicherheit. Es ist ein Stemmen gegen die Maßlosigkeit, gegen die Strukturlosigkeit, gegen Haltlosigkeit. Die «alte Welt», wie sie allzu vereinfachend genannt wird, hat wahrscheinlich zu viel reguliert und geriet deshalb an ihre Grenzen, in der «neuen Welt» bleibt zu viel unbestimmt, so dass mehr bestimmt werden muss.

Modernisierung hieß immer: aus der strukturellen Maßlosigkeit ganz neue Dimensionen zu erreichen – das galt im Positiven wie im Negativen. Es ist fast egal, welche Parameter man verwendet, den CO_2-Ausstoß oder wissenschaftliches und technisches Wissen, moralische Schriften und wirtschaftliche Erkenntnisse, die Vernichtungskraft von Waffen und die medizinische Versorgung, fast unbegrenzte Herrschaftsformen und die Kritik daran, individuelle Freiheitsmöglichkeiten und subtile Überwachungstechniken, die Qualität von Lebensmitteln und Zivilisationskrankheiten. Modernisierung hat positiv und negativ zu bewertende Maßlosigkeiten erzeugt und diese nebeneinander etabliert. Und sie hat eine geradezu maßlose Fortschrittseuphorie ebenso beflügelt wie radikale Kulturkritik. Ganz unterschiedliche Maßlosigkeiten gerieren sich maßlos.

Wir sind dabei aber stets auch deshalb auf das Ökonomische fixiert, weil es wie in Reinkultur diesen Trend zur Maßlosigkeit zum Programm erheben und das Fehlen von Stoppregeln zum eigenen Lebenselixier erklären kann. Man muss sich nur den ökonomischen Neusprech aus Exzellenz, Dynamik und Grenzenlosigkeit anhören, heute kombiniert mit einer markenkompatiblen Selbstmoralisierung von Verantwortung, Unternehmenswerten und Sozialmetaphern. Dieses begriffliche Selbstbewusstsein hat damit zu tun, dass unternehmerische Formen sich eine Aktivität zurechnen, auf eigenes Risiko arbeiten und eine unmittelbare, sogar unbestechliche Erfolgsgarantie kennen, die in der jeweiligen Marktposition liegt. Kapitalismus heißt dann, auf ökonomische Evolution zu setzen (also auf etwas, das schwer kontrollierbar ist) und doch unternehmerische Pläne zu machen (also kontrollieren). Das Wirtschaften kann Maßlosigkeit zum Programm erheben und darin kreativer sein als diejenigen, die vollständige Kontrolle ausüben wollen oder müssen.

Das wirtschaftliche Denken kann erstaunlich selbstbewusst auftreten, weil Maßlosigkeit zum Programm erhoben werden kann. Diese Möglichkeit haben andere Felder der Gesellschaft nicht in dem gleichen Maße. Aber auch sie sind von erheblichen Steigerungsmöglichkeiten ihrer Optionen geprägt:

– Wissenschaft beschäftigt sich oft mit Problemen, die sie selbst erzeugt – und das ist nicht ihr Mangel, sondern ihre eigentliche Leistung. Letztlich ist nichts vor wissenschaftlicher Behandlung sicher, und zunehmendes Wissen erzeugt zugleich mehr Nicht-Wissen und damit mehr Anlässe für Forschung. Vor allem lässt sich dies nicht durch mögliche Folgen der Erkenntnis regulieren.

- Politik in Form moderner Staatlichkeit ist zwar nur eine Funktion der Gesellschaft unter anderen, neigt aber dort zur Maßlosigkeit, wo sie alles zu kontrollieren sich anschickt. Die maßlosesten Formen sind diejenigen diktatorischer Regime, aber auch die Erwartung einer Verstaatlichung etwa ökonomischer Zentralbereiche. Aber auch oder gerade in Demokratien kann die potentielle Politisierbarkeit von allem zu Fehlanpassungen führen, weil dann die Frage der kurzfristigen Wählbarkeit im Vordergrund steht.
- Maßlosigkeit des Rechts lässt sich an der Regelungsdichte ablesen, die als «Bürokratisierungsproblem» wahrgenommen wird.
- Massenmedien erzeugen nicht nur die Art und Weise, wie sie die Welt abbilden, sondern erzeugen sie damit zugleich. Zugleich erzeugen sie einen permanenten Eindruck totaler Transparenz, was selbst wiederum eine Eigenkonstruktion ist.
- Die moderne Kunst ist maßlos in ihren ästhetischen Möglichkeiten, so maßlos, dass sie in ihrer Darstellung der Welt nicht mehr auf eine «Realität» angewiesen ist, sondern diese selbst erzeugt und damit grenzenlos wird – was man ebenso schätzen wie darunter leiden kann.
- Religion wird spätestens dort maßlos (und manchmal fundamentalistisch), wo sie sich auf ihre Spezialfunktion zurückziehen kann und ökonomische, politische oder auch erzieherische Aufgaben nicht mehr *als* Religion erfüllen muss und kann.

Man verfehlt ein angemessenes Verständnis der modernen Gesellschaft fundamental, wenn man nicht sieht, dass die ökonomische Maßlosigkeit bzw. Optionssteigerung nur die sichtbarste Variante unter anderen ist. Die Emanzipation der Wissenschaft und der Kunst, der Religion, des Politischen und nicht zuletzt der privaten Lebensführung ist nur ein paralleler Aspekt dieser Etablierung von Maßlosigkeiten und fehlenden Stoppregeln. Deshalb kann man Gesellschaften heute eben nicht mehr als eine Gemeinschaft von Menschen oder als sozial integrierte handlungsfähige Einheiten begreifen, auch wenn wir immer so darüber reden, was «wir» denn nun zu tun hätten. All das sind Chiffren der Selbstberuhigung: Würden wir nur vernünftig und würden wir zu konsentierbaren Zielen gelangen und hätten wir mehr Zusammenhalt, ließe sich diese Komplexität der Gesellschaft bewältigen – so lautet die Ideologie der Selbstberuhigung. Dass es den systematischen Ort, von dem her sich das Ganze als Ganzes erschließt, aus strukturellen Gründen nicht gibt und nicht geben kann, muss unbedingt unsichtbar bleiben. Es darf nicht genannt werden. Es ist fast ein Tabu.

Der größte Fehler, damit auch der größte Fehler der gängigen Kapitalismuskritik ist es wohl, an jene Selbstberuhigung zu glauben, die Maßlosigkeit mit maßlosen politischen Maßnahmen schlicht eindämmen zu können – so wie auf der anderen Seite die «neoliberal» genannte Idee der Totalisierung «des Marktes» ebenso ein Hirngespinst ist.

Das diffizile, komplexe Verhältnis der unterschiedlichen gesellschaftlichen Funktionen, insbesondere von Politik und Wirtschaft, aber auch zwischen anderen gesellschaftlichen Funktionen, weist unter anderem darauf hin, dass sich die gesellschaftliche Dynamik selten an jene klaren Kausalitäten hält, die man sich etwa politisch gerne zurechnet: dass die regulierende Form des Politischen tatsächlich die antizipierten ökonomischen Folgen erzeugt, dass eine Bürokratisierung von Universitäten wissenschaftliche Exzellenz planbarer macht oder dass die Festlegung von ökologischen Standards wirklich zu verändertem Verhalten führt. Um es noch einmal deutlich zu sagen: Das politische System kann unmittelbar – mit verteilten internen Rollen und Teilfunktionen – auf die eigene Form zugreifen, aber nur indirekt auf andere Formen. Das Ökonomische reagiert ökonomisch auf politische Eingriffe, wie das Rechtssystem politische Eingriffe, etwa Rechtsetzung, mit den eigenen Mitteln verarbeitet.

Nur so ist zu erklären, dass gerne dann Demokratiedefizite diagnostiziert werden, wenn Sachprobleme als nicht gelöst erscheinen bzw. wenn sich nicht diejenige «gesellschaftliche» Wirkung einstellt, die politisch antizipiert oder versprochen wurde. Wenn es also unerfüllte Erwartungen an niedrige Energiepreise oder die Senkung von umweltschädlichen Gasen, an die Erfüllung bestimmter Partikularinteressen usw. gibt, wird gerne die Demokratie selbst in Frage gestellt. Weder die politische Selbstzurechnung von Entscheidungskompetenz noch die politische Kritik an politischem Handeln bzw. an politisch zugerechneten Wirkungen kennt eine Stoppregel. Sie ist maßlos in dem Sinne, dass sich eben alles politisieren lässt – positiv wie negativ. Und in aller Maßlosigkeit bleibt das Politische auf sich selbst limitiert – aufs Politische nämlich. Das ist die merkwürdige Form der Maßlosigkeit: Sie wird durch Limitation ermöglicht: durch die Limitation der jeweiligen Funktion auf sich selbst, was dann das Fehlen jeglicher externer und interner Stoppregel evoziert. Deshalb muss Politik lösbare Probleme erfinden – denn an anderen ist sie nicht interessiert.

Die politischen Optionssteigerungen des 20. Jahrhunderts sind geradezu sprichwörtlich – in Form «totalitärer» Systeme, die die Totalpolitisierung der Gesellschaft vorantreiben und am Ende nicht nur moralisch, sondern auch an der Eigenlogik der anderen Funktionen scheitern. Das politische Programm der Demokratie kann als ein Versuch der Selbstbegrenzung des Politischen verstanden werden – etwa durch die rechtsstaatliche Grundregel, dass auch – oder: besonders – die politische Herrschaft den normativen Erwartungen des Rechts unterliegt. Deshalb gilt gerade in demokratischen Politiksystemen, dass sie politische Handlungsoptionen auf das Durchsetzbare und Problemformulierungen auf das Lösbare beschränken. Das ist gerade in Zeiten hohen Transformationsdrucks und angesichts von kollektiven Herausforderungen besonders relevant, denn das als «notwendig» Erachtete mit seiner demokratischen Wählbarkeit zu verbinden, die ja keine Notwendigkeit im engeren Sinne kennt, ist eine Herausforderung. Deshalb muss sich demokratische Politik eben auf das beschränken, was sie leisten kann. Sie muss dort «investieren», wo sie kann – und hat damit das politische Geschäft betrieben. Man kann dann ernsthaft fragen, ob die Demokratie überhaupt für kollektive Krisenbewältigung in der Lage sein kann, und man wird die Frage ebenso verneinen müssen, wie man die Alternativen in Rechnung stellen muss: Die Alternativen zur Demokratie müssen das zu rettende Kollektiv dann gewaltsam so formieren, dass es auch spurt – die einzige Krisenbewältigung, die dann aber bleibt, dürfte die Verhinderung von abweichenden Konzepten sein. Die Mittel dafür: Indoktrinierung, Abschottung, Gewalt.

Wenn man das, was mit dem K-Wort bezeichnet wird, ernst nehmen will, ist es unerlässlich, es von seiner Fixierung aufs Ökonomische zu lösen. Es ist nicht nur, wie Marx schrieb, das Kapital maßlos, sondern eben auch andere gesellschaftliche Funktionen: die wissenschaftliche Erkenntnis und die ästhetische Darstellung, die mediale Repräsentation der Welt und ebenso ihre technische Formierung, die religiöse Anspruchsinflation und die Selbstzurechnung des Politischen als Steuerungszentrum der Gesellschaft.

Soll man dann sagen, dass all diese Bereiche «kapitalistisch» werden? Das wäre denkbar, aber es würde suggerieren, dass am Ende auch alle anderen Optionssteigerungen und Maßlosigkeiten Nebenfolgen jener Hauptfunktion des Ökonomischen seien. Früher hat man das unter Linken mit der Unterscheidung von Haupt- und Nebenwidersprüchen diskutiert. So freilich verdeckt der Begriff mehr, als er sollte. Wenn Kapitalismus bedeutet, dass Kapitaleinsatz einem stupenden Eigensinn folgt, muss man vergleichend feststellen, dass dieser strukturelle Mechanismus auch für andere Bereiche der Gesellschaft gilt – als Potential von Problemlösungen wie als Gefahr der Fehlanpassung durch Maßlosigkeit.

Es ist diese multiple, nicht nur ökonomische Form der Maßlosigkeit, die darauf verweist, wie unerreichbar die Gesellschaft als Ganze ist und wie nicht-trivial deshalb Steuerungsmöglichkeiten sind. Krisenbewältigung bei kollektiven Herausforderungen stößt an operative Grenzen dadurch, dass die unterschiedlichen Teile der Gesellschaft je unterschiedlich auf je unterschiedliche Formen der Einflussnahme und der Steuerung reagieren, wodurch eine geradezu dezentrierte Form der Komplexität entsteht, die kaum zu kontrollieren ist. Der große Vorteil moderner Optionssteigerungen und Emanzipationen der Teile voneinander erzeugt zugleich das Problem der Steuerung und Transformationsfähigkeit gesellschaftlicher Praktiken. Vor diesem Hintergrund ist es der große, oft unausgesprochene Traum der linken Kapitalismuskritik, die Gesellschaft wie eine fordistische Organisation zu führen – Koordination dadurch gelingen zu lassen, dass sie die Teile zugunsten eines Ganzen einschränken – eingepreist ist hier dann stets die Enttäuschung darüber, dass sich die gesellschaftliche Dynamik nicht dieser staatszentrierten Idee der Kontrolle fügt.

Das kann man in Organisationen mit ihrer hierarchischen Struktur, mit ihren arbeitsteiligen Zuständigkeiten und ihrem illusionären Glauben an das eigene Organigramm und ihre Zwecksetzungen vielleicht noch erwägen. Aber aus Gesellschaften lassen sich keine Organisationen machen – siehe oben meine Bemerkungen zum Zinnsoldatenproblem. Aber vielleicht ist der Traum aller Kapitalismuskritik, Gesellschaft zu «organisieren» – und gnade uns Gott, wenn das versucht wird. Es gibt dafür historisches Anschauungsmaterial. Das Sichtbarste ist immer noch der untergegangene Sowjetkommunismus, der in der Logik von Marx' Pariser Manuskripten von 1844 der zweiten Phase auf dem Weg zum Kommunismus entspricht. Er nennt sie die despotische Phase. Den wirklichen Kommunismus konnte sich auch Marx nur vorstellen, wenn einst in mehreren Generationen sogar die Erinnerung an das Privateigentum verschwunden sein werde, also datiert auf eine Geschichte nach der Geschichte. Hier bewegt man sich dann schon fast in eschatologischen Kategorien. Ein realer Marx wäre heute vielleicht ein braver Sozialdemokrat – einer nach Bad Godesberg übrigens.

Und damit sind wir bei der entscheidenden Frage angekommen: Es stimmt, dass die moderne Gesellschaft eine Gesellschaft interner Maßlosigkeit ist; es stimmt, dass diese Maßlosigkeit zu Fehlanpassungen führt, vom gesellschaftlichen Metabolismus mit zu hohem CO_2-Ausstoß bis hin zur Erschöpfung von Ressourcen, zur Kontaminierung der natürlichen Umwelt, zum Konsum von nutzlosem Zeug und nicht zuletzt zur maßlosen Verunsicherung durch mangelnde Selbsteinschränkungen von Lebensformen. All das ist aber Verheißung und Fluch zugleich, Möglichkeit und Unmöglichkeit zugleich, Lösung und Problem zugleich. Zu glauben, die Regulierung des Kapitalismus als zentrale Organisation von ökonomischen Entscheidungen würde daran etwas ändern, ist eine eklatante Vereinfachung – und tatsächlich: eine Selbstberuhigung.

Die kritisch gemeinte Zurechnung auf «Kapitalismus» unterschreitet fast immer das Komplexitätsniveau, um das es geht. Der Ausdruck ist ein politischer Begriff, vielleicht auch nur eine politische Metapher und findet ihren performativen Sinn auch nur als politische Rede. Das kann sie freilich nicht sehen, weil sie eben politische Rede ist, aber Analyse simuliert. Und deshalb kann sie Kritik am Begriffsgebrauch «Kapitalismus» wohl auch nur als Kumpanei mit dem Kapitalismus selbst deuten. Hier würde wohl nur Läuterung in Form eines reflexiven Verhältnisses zu den eigenen Begriffen helfen – was aber als *politische* Forderung durchaus naiv wäre, denn politisch funktioniert vor allem der Verzicht auf solcherart Reflexivität.

6

Vertikale versus horizontale Ordnungen
Oder: Woher die Unübersichtlichkeit?

Meine Kritik der Kapitalismuskritik hat schon angedeutet, dass man dem Grundproblem der Maßlosigkeit der Moderne und ihren Nebenfolgen nicht monistisch beikommen kann – das meint: durch Anwendung eines einzigen Grundprinzips. Denn so ähnlich wird die Rede vom Kapitalismus verwendet – als grundlegendes Prinzip des Gesellschaftlichen schlechthin, aber irgendwie auch nicht ernsthaft, weil der Begriff mehr Pose (und Poesie) als Begriff ist. Dagegen habe ich gezeigt, dass man aus gesellschaftsstrukturellen Gründen mehrere Formen von Optionssteigerungen beschreiben kann. In einem ersten Schritt lässt sich sagen: Die Gesellschaft und ihre Maßlosigkeit lassen sich nicht hierarchisch vom Kapitalismus ableiten, vielmehr scheint die Struktur ein Nebeneinander unterschiedlicher Maßlosigkeiten aufzuweisen. Es geht also um die Frage, ob die Gesellschaft einer vertikalen oder einer horizontalen Ordnung folgt.

Wenn man es genau nimmt, ist das Grundproblem, ob eine horizontale Ordnung möglich ist, also eine Ordnung, die nicht auf Hierarchien aufbaut, sondern aus einem Nebeneinander von Unterschiedlichem besteht, das sich in Echtzeit zueinander verhält. Taxonomien, Weltbilder, Ordnungssysteme und Versuche der Systematisierung in einer bestimmten Tradition arbeiten zumeist mit einer Form der hierarchisch-systematischen Ordnung – wenn man so will, ist es eine monotheistische Form der Ordnung, die alles auf Prinzipien, auf das Eine, auf eine Ordnungslogik zurückführt, auf das «Absolute», könnte man auch sagen. Hier ergibt sich das Mannigfaltige aus dem weniger Einfachen, das Nachgeordnete aus dem Vorgeordneten, das Konkrete aus dem Abstrakten, das Besondere aus dem Allgemeinen. Man denke etwa an biologische Ordnungssysteme, in denen spezielle Klassen etwa von Pflanzen oder Tieren höheren Klassifikationen untergeordnet werden, die ihrerseits Unterformen allgemeinerer Formen sind. Der Mensch ist wie das Schwein ein Säugetier, doch in der Systematik trennen sich irgendwo die Pfade, die von der allgemeinen Klassifikation der Säugetiere am Ende zum Menschen oder zum Schwein führen. Graphisch sehen solche Ordnungen zumeist pyramidisch oder baumartig aus.

Die vertikale Systematik macht die Dinge kalkulierbarer und ist in der Lage, eine stabile Ordnung zu stiften, die übersichtlich ist und von überall gleichartig aussieht. Dies begründet ein deduktives Modell, das mit einer Grundsystematik steht und fällt, die als grundlegendes Ordnungsprinzip allen Einzelerscheinungen eine verstehbare Form gibt. Vertikale Ordnungssysteme haben den Vorteil, dass sie letztlich von allen Positionen aus gesehen prinzipiell gleich erscheinen.

Man kann sich auch Gesellschaften und ihre Ordnungsprinzipien als Ausdruck solcher Taxonomien vorstellen – letztlich gilt für alle hochkulturellen gesellschaftlichen Systeme ein solcher hierarchischer Aufbau, bei dem ein pyramidal erscheinendes Herrschaftssystem letztlich mit der gesellschaftlichen Ordnung zusammenfällt. Klassisch lässt es sich am Prinzip des Monarchischen und den daraus abgeleiteten Strukturprinzipien ungleicher Schichtungsebenen ablesen, da fast alles, was in der Gesellschaft geschieht, nach diesem Prinzip des Oben und Unten und der Abhängigkeitsbeziehungen zu den nächsthöheren Ebenen organisiert war. Solche stratifizierten Gesellschaften hatten den unbestreitbaren Vorteil, dass die Informationsverarbeitung vergleichsweise übersichtlich bleiben konnte.

Stellt man sich moderne Gesellschaften vor, gilt all das nicht mehr, zumindest nicht exklusiv. Modernisierung heißt nicht: Durchsetzung von irgendwelchen normativen Standards oder Qualitäten oder gar Gleichberechtigung, Menschenrechte und Anwendung universalistischer Prinzipien. Modernität wird hier nicht verstanden als ein normativer Begriff. Im hier präferierten soziologischen Sinne heißt es nur, dass sich Logiken, Denkungsarten, vor allem aber Praktiken voneinander unabhängig zu machen begannen – ökonomische und politische, religiöse und künstlerische, erzieherische und rechtliche wurden nicht unabhängig voneinander, aber begannen je eigenen Regeln zu folgen. Es entstanden Berufe mit spezialisierten Aufgaben, hocharbeitsteilige Produktionsformen, Verwaltungen mit filigranen Zuständigkeiten, technische Infrastrukturen, Wissen, das da war, bevor man es anwenden konnte, und Anwendungen, für die man spezielles Wissen brauchte. Schon die notwendig gewordene Schulpflicht und die Umstellung von Knappheitsfragen auf Geld haben Dinge miteinander kompatibel gemacht, die es vorher nicht einmal gab. Städte wurden zu Gebilden, in denen Dinge passierten, die eigentlich nicht zusammengehören, oder besser: die auf besondere Schnittstellen, Konflikträume und Komplexität verwiesen haben. Es gab auch viele Ungleichzeitigkeiten – so wurden manche unteren Schichten oder auch Frauen erst später mit vollen Rechtstiteln ausgestattet oder etwa zu Wahlen oder vollständiger Geschäftsfähigkeit zugelassen, aber es entstand eine Inklusionsdrift, die diese Ungleichzeitigkeit bemerkte und verarbeiten musste.

Wer sich Sorgen um gesellschaftliche Praktiken, um Krisen, um konkrete Fragen macht, muss aufhören, die Welt in Form von hierarchischen, vereinheitlichenden Taxonomien und Systematisierungen zu denken. Er muss aufhören, nach dem einen

Punkt zu suchen, von dem her sich das Ganze beeinflussen lässt; er oder sie muss aufhören, monarchisch oder monotheistisch zu denken. Krisen dagegen spitzen sich interessanterweise auf die eine Lösung zu – die Klimakrise auf die Senkung des CO_2-Ausstoßes, die Pandemie auf die Vermeidung von Infektionen, ein Krieg auf das Ende der Kampfhandlungen, eine Bankenkrise auf die Stabilisierung von Währungen; und eine solche Liste könnte man auch im Kleinen für übersichtliche «Krisen» formulieren, etwa in der Krise eines Unternehmens auf die Erhöhung der Absatzzahlen, in einer Ehe- oder Beziehungskrise auf die Vermeidung von unproduktiven Auseinandersetzungen, in einer psychischen Krise auf die ungestörte Teilnahme am sozialen Leben, in einer medizinischen Krise auf die Rückkehr zu Laborparametern innerhalb einer definierten Norm usw. Die Ziele zur Überwindung von solchen Situationen sind oftmals ziemlich klar und eindeutig, was dazu verführen könnte, auch mögliche Lösungen für prinzipiell einfach zu halten.

So wird es doch meistens gesagt: Die Klimakrise zu lösen, ist sehr einfach. Es müssen nur alle Praktiken vermieden werden, die in irgendeiner Weise den Ausstoß von klimarelevanten Gasen befördern und zugleich die Biodiversität minimieren. Ein so einfaches Ziel schreit geradezu nach einer einfachen Lösung. Wenn der Kühlschrank leer ist, muss eben eingekauft werden, wenn es draußen zu kalt ist, muss der Pullover aus dem Schrank geholt werden, wenn ich Durst habe, muss ich Wasser trinken, und wenn ich zu viel zu tun habe, muss ich früher aufstehen oder später ins Bett gehen – oder beides. Was ich nur sagen will: Je eindeutiger ein Ziel formuliert werden kann, desto eindeutiger wirkt auch die Lösung.

Wenn ein Krieg beendet werden soll, muss man mit den Kampfhandlungen aufhören. Das ist sehr einfach – vor allem einfach zu beschreiben. Ich habe oben auf das weiße Blatt

Papier hingewiesen und darauf, wie leicht es einem guten Autor oder einer Autorin fällt, einen Konnex zwischen Problem und Problemlösung herzustellen – und Schwierigkeiten damit zu umschiffen, dass man sich in der Beschreibung eine Konstellation von Akteuren schaffen kann, die die Lösung wirklich einfach aussehen lassen. Es sieht so aus wie eine Hierarchie von Problem und Lösung: Das Problem generiert die Lösung. *In vitro*, also sprachlich, stimmt das auch, *in vita*, also praktisch, eher nicht.

Um es etwas zu deutlich zu sagen: Je eindeutiger jemand einen monokausalen Problemaufriss macht, desto weniger tauglich ist die Lösung: einfach mit der CO_2-Produktion aufhören, sofort Verhandlungen über das Ende von Kampfhandlungen. Diese Forderungen sind ebenso richtig, wie sie die Komplexität der jeweiligen Situation nicht nur unterschätzen, sondern sogar wegdefinieren. Es sind interessanterweise nicht nur aktivistische Simplifikationsunternehmer, die so etwas vertreten, sondern bisweilen auch wohlbestallte Professorinnen und Professoren, Leute aus Expertenkulturen usw., die sich die Komplexität wegdefinieren, um kausalistische Sätze sagen zu können, die aus den zugrunde liegenden Kausalannahmen dann eine Lösung zimmern können. Es wäre so ähnlich wie ein Fußballtrainer, der sagen würde, dass man zum Siegen einfach mehr Tore schießen müsste – oder ein Verkehrsexperte, der zur Vermeidung von Unfällen empfiehlt, auf Kollisionen zu verzichten.

Die Erfahrung ist meistens, dass sich Lösungen eben nicht nach hierarchischen Kaskaden und simpel kausalistisch ausbreiten, sondern ihrerseits wieder Auswirkungen auf die Situation haben. So kann man in der Pandemie die Infektionszahlen brachial durch allgemeine Kontaktbeschränkungen senken – und stellt fest, dass sich Kontaktbeschränkungen vielleicht befehlen lassen, die Alltagspraxis aber erheblich komplexer ist. Außerdem übersieht man die vielfältigen Nebenfolgen: von der sinkenden politischen Massenloyalität mit der Zeit über das Plausibelwerden dummer Verschwörungserzählungen über starke ökonomische und psychische Folgen bis hin zur Verschärfung von Ungleichheiten auf verschiedenen Gebieten. All das lässt sich nicht «monarchisch» wegmoderieren, sondern verweist darauf, dass die Ordnung der Gesellschaft anders aufgebaut ist – horizontal, nicht vertikal, während das argumentierende Denken gerne vertikal ist, weil es sich dann so schön logisch darstellt.

Die Unterstellungen antizipierbarer Wirkungen – das ist der Traum aller Reformbemühungen, aller Veränderungswünsche, aller Transformationsstrategien. Die oftmals paradoxe und widersinnige Wirkung solcher Bemühungen ist ihr Albtraum – ihr fast unvermeidlicher Albtraum. Es gibt hier ein großes Darstellungsproblem, und das besteht darin, dass schon das Schreiben, heute sagen sie gerne: *Aufschreiben* all dieser Dinge selbst eine linearere Form braucht, als dem guttut, *was* hier beschrieben werden soll. Es ist oftmals dieses Darstellungsproblem, das engagierte Texte, die weniger analysieren als überzeugen wollen, in monarchische Zugzwänge geraten lässt. Sie müssen die Dinge einfacher darstellen, als sie sind – wahrscheinlich gilt das ohnehin für jede Form der Beschreibung, die ihre eigene Logik entfaltet.

Wenn man schon weiß, was die Ursache einer Misere ist, schränkt das den Blick ein – und wenn man nur die vertikale Ordnung der Gesellschaft in Rechnung stellt, nicht aber die horizontale, kommt man logischerweise auch nicht darauf, die Wechselwirkungen einer Gesellschaft ernst zu nehmen, die ihrerseits mit ihren eigenen Mitteln auf Herausforderungen reagiert. Die simpelste Adressierung ist dann die Einstellung des Einzelnen. Das Wohlfeile solcher Texte besteht darin, dass sie in allem Recht haben, aber an der Sache diametral vorbeischreiben. Deshalb zwischendurch einige Überlegungen zum Schreiben.

7

Exkurs: Das Problem der Textförmigkeit Oder: Warum man das alles kaum beschreiben kann und wie die Polyphonie uns rettet

Texte haben eine verführerische Zeitstruktur. Sie müssen ein Nacheinander erzeugen, das schon dadurch zumindest so aussieht, als ergebe sich das Spätere aus dem Vorherigen – man nennt das eine «post hoc fallacy», *post hoc ergo propter hoc* (danach, also deswegen). Die Linearität des Textes erzeugt zumindest stets ein Vorher und Nachher, was wenigstens die Gefahr dieses Fehlschlusses und den Eindruck der Kausalität erhöht.

Ein zweites verführerisches Merkmal von Texten ist ihre Selektivität. Schon wer ein einfaches Geschehen beschreibt, kann gar nicht anders, als die Dinge selektiv zu beschreiben. Das ist zunächst eine Folge unserer Wahrnehmung. Wahrnehmung ist genau genommen eine Funktion des Wegsehens – das hört sich widersinnig an, aber ich kann nur eine Gestalt wahrnehmen, wenn ich von den meisten Sinnesreizen, die ich habe, absehen kann. Ich komme in einen Raum und sehe dort 20 Menschen auf Stühlen sitzen. Das lässt sich gut wahrnehmen. Rein physiologisch gesehen aber nehmen die Wahrnehmungsorgane – hier: die Augen und vielleicht das Gehör – mannigfaltige Dinge wahr, die selbsttätig, aber latent ausgeblendet werden müssen, weil sonst die Situation gar nicht verarbeitet werden kann. Wenn man genau hinsieht, wird man gewahr, dass man in dem Raum nicht nur 20 Menschen, sondern auch eine Maserung auf dem Holzboden oder Bilder an der Wand oder unterschiedliche Haken wahrnehmen könnte, mit denen die Bilder aufgehängt wurden. Man sieht einen Heizungskörper und nimmt ihn gar nicht wahr, oder aber 6 von den 20 Menschen haben rote Schuhe an. Es könnte auffallen, dass die Tische aus Holz sind, aber Stahlbeine haben, und dass die Fenster nicht geputzt sind oder die Wandfarbe schon ausgeblichen ist, spielt für die Wahrnehmung keine Rolle – es sei denn, es spielt eine Rolle. Käme ein Heizungsinstallateur in den Raum, würde ihm vielleicht auffallen, dass der Heizkörper von einer bestimmten Firma ist oder unter Denkmalschutz steht und deshalb nicht ausgewechselt werden könnte, wenn er kaputt wäre. Die 20 Menschen würden ihm vielleicht gar nicht auffallen. Einem Malermeister würde auffallen, dass die Wände nicht fachgerecht gestrichen sind, und es ist auch jemand denkbar, der angesichts der 20 Menschen wahrnimmt, dass keiner da sei – weil er nach Bekannten sucht, die er in dem Raum vermutet hat.

Wahrnehmung, das weiß die Wahrnehmungsphysiologie, ist ein aktives, ein selektives Geschehen, und Gestaltwahrnehmung, das weiß die Hirnforschung, ist etwas, das aufgrund von Vorerfahrungen Sinnesreize in eine gestalthafte Ordnung bringt. Etwas Ähnliches weiß die Bewusstseinsphilosophie, die damit umgehen muss, dass es keinen unmittelbaren Zugriff des Bewusstseins auf die Welt gibt, sondern eben nur einen mittels des Bewusstseins, das dann Kategorien aus der (oder sogar: vor der) eigenen Erfahrung braucht, um Ordnung in die Dinge zu kriegen. Und die Soziologie weiß, dass Wahrnehmungen auf Typen, Stereotypen, Erwartungen und Bestätigungsformeln aufbauen. All das können nur Andeutungen bleiben, aber deutlich sollte geworden sein, dass Wahrnehmung keineswegs ein passives Geschehen ist, sondern eine selektive Form der Welterzeugung durch Eigentätigkeit – etwas, das sich übrigens mit computergestützten Wahrnehmungsapparaten wiederholt, etwa bei autonomen Fahrzeugen, deren Sensoren durch Mustererkennung selbst «entscheiden» müssen, welche sensorischen Reize relevant sind und welche als irrelevant ausgeblendet werden müssen. Die Selbstbezüglichkeit wird hier besonders deutlich: Es wird wahrgenommen, was zur Wahrnehmung nicht erforderlich ist.

All das kann man auch auf Beschreibungen übertragen. Wer etwas beschreibt, muss selektiv vorgehen. Wer einen Raum mit 20 Menschen beschreibt, tut das im Hinblick auf die Beschreibbarkeit der Situation, im Hinblick auf einen Adressaten, womöglich auch im Hinblick auf eine Beschreibungsintentionalität. Beschreibungen von etwas sind von dem Etwas ebenso geprägt wie von der Beschreibung selbst. Unterschiedliche Beschreibungen desselben Sachverhaltes fallen notwendigerweise unterschiedlich aus – sehr schematisch gesagt, unterscheiden sich politische von ökonomischen oder rechtlichen Beschreibungen desselben Sachverhalts – und schon die Behauptung, dass es sich um denselben Sachverhalt handelt, ist die Konstruktion einer Beschreibung. Fände in dem Raum mit den 20 Personen eine Sitzung statt, würde das Protokoll anders ausfallen als eine literarische Beschreibung der Sitzung.

Dass der Klimawandel aus politischer Perspektive als ein anderes Problem erscheint als aus einer ökonomischen und dass diese jeweils sehr unterschiedliche Beschreibungen anfertigen können, liegt auf der Hand – und macht auf die Selektivität aller Welterfassung aufmerksam. Und doch kommen vor allem engagierte Transformationserzählungen als konsistentere Geschichten daher, als es der Kontext hergibt. Alles wird auf Kooperation, auf Passung des Unterschiedlichen, auf engagierte Überzeugungskraft, manchmal auf emotionale Verführungskraft getrimmt – wie man eben ein weißes Blatt Papier beschreibt. Es hat oft etwas Autosuggestives – die Referenz des

Textes ist seine Textlichkeit selbst. *Er* muss aufgehen, unabhängig davon, ob *die Sache* aufgeht.

Diese Überlegungen zum Schreiben begannen mit dem Hinweis auf die Linearität und die daraus entstehenden Pfadabhängigkeiten des Textförmigen. Textförmige Beschreibungen erzeugen gerade durch ihre zeitliche Struktur mehr Kausalität, als der Sache guttut – das liegt an der Selektivität der Beschreibung, und das liegt an der Frage, wie man ein Argument angemessen aufbaut. Die Formulierung des Ziels erzwingt dann die Lösung – als Textproblem. Deshalb erscheinen beschriebene Lösungen immer einfacher als die Sache selbst. Und deshalb ist es so schwer, sich der Frage der Krisenbewältigung zu widmen. Das gilt auch für dieses kleine Buch, in dem der Versuch unternommen wird, einerseits niedrigschwellig auf die Komplexität der gegenwärtigen multiplen Krisen hinzuweisen, andererseits eine Form dafür zu finden, sie nicht unterkomplex zu beschreiben.

Die probatesten Mittel für eine wirklich wirksame Beschreibung sind entweder klare Kausalitäten in Form von Schuldzuweisungen – die Industrie, der Kapitalismus, der Individualismus, die Interesselosigkeit der Menschen, die moralische Indifferenz, noch besser bestimmte konkrete Akteure: die Grünen, die Linken, die Rechten, die Konservativen. All das gibt es zuhauf, mit verteilten Rollen und deutlichen Skripten und Formen. Auch (sozial-)wissenschaftlich neigen manche dazu, in ihren Beschreibungen monokausalere Formen zu finden, als es angemessen wäre. Am beliebtesten ist nach wie vor der Kapitalismus, ohne den man sich imaginiert, dass die Dinge dann besser würden. Es erinnert mich an Diskussionen als sehr junger Student, als linke, also: so richtig linke Kommilitonen argumentiert haben, im Sozialismus seien Atomkraftwerke ungefährlich, weil die Arbeiterklasse sich ja niemals selbst schädigen würde, während im Kapitalismus allein Gewinninteressen im Vordergrund ständen, was die Sicherheitsfragen zu bloßen Kostenfragen degradieren würde und ergo kaum Interesse an hohen Sicherheitsstandards bestehe.

Zugegeben, das ist eine Karikatur (die spätestens im April 1986 an Plausibilität verlor), aber es war die typische Form einer monokausalen Erklärung, deren Formenvielfalt und folkloristische Potenz vor allem daran lag, dass man sie unendlich variieren konnte, ohne wirklich auf die Sache zu sehen. Und bevor mir hier ein politischer Bias vorgeworfen wird – all das findet sich auch im Gewande anderer Couleur. Wenn man heute manche liberale/libertäre Argumentation hört, fühlt man sich an frühere linke Vereinfachungen erinnert. Da weiß man genau: Wenn man den Staat klein hält, die Steuern auf das Allernötigste beschränkt und Regeln für den absoluten Ausnahmefall erklärt, fügen sich die Dinge irgendwie wie von selbst. All das sind lineare Beschreibungen, die sehr erfolgreich sein können, will heißen: viele Leserinnen und Leser finden, die vor allem goutieren, dass sie nicht mit vernetzten Zusammenhängen, mit Rückkopplungen, mit Widersprüchen, mit multifaktoriellen Erklärungen etc. belästigt werden. Meistens wird es dann auch emotional – die einen lieben dann die Freiheit, die anderen die Gerechtigkeit. Und Liebe braucht keine Argumente.

Vielleicht ist dieserart Textförmigkeit auch deswegen besonders politikfähig – schon weil politische Kommunikation gar nicht anders kann, als mehr Kausalität zu unterstellen, als man tatsächlich voraussetzen kann. Politische Kommunikation und politische Texte können eben nicht darauf hinweisen, wie indirekt Steuerung nur möglich ist, wie begrenzt die Möglichkeiten kausaler Behauptungen, wie sehr politische Formen vor allem *lösbare* Probleme erfinden müssen. An unlösbaren Problemen kann Politik gar nicht interessiert sein und muss diese deshalb aktiv ausblenden – zumindest auf der Ebene eines öffentlich sichtbaren Darstellungsproblems, dessen Lösung vor allem die Frage der Massenloyalität ist, vulgo: potentielle Wählbarkeit.

Das macht (sozial-)wissenschaftliche Texte fast automatisch schlechter, ja: schlechter, wenn sie auch politische Texte sein wollen. Auch gegen die Intention ihrer Autorinnen und Autoren müssen solche Texte Kausalbehauptungen aufstellen, die kaum gedeckt sein können. Sie müssen eine bestimmte Selektivität vor sich hertragen, die politisch nutzbar ist, und womöglich die beschriebene Sache allzu sehr ausblenden.

Das ist ein ernsthaftes Problem – und es ist ein Problem auch dieses Textes, der ja kein im engeren Sinne wissenschaftlich räsonierender Text ist, aber mit der *politischen* Intention verfasst wurde, das am Ende dann *politische* Problem zu lösen, wie man multiple Krisen in den Griff bekommen kann. Und das soll auch noch mit einer Textsorte passieren, die zugänglich ist. Ich habe schon viele Texte geschrieben, auch schon viele Textsorten – von theoretischen soziologischen Büchern, die kaum außerhalb der Soziologie lesbar sind, über das klassische Forschungspaper bis zu Formaten zwischen Sachbuch und wissenschaftlicher Abhandlung und langen Texten im Kursbuch, die ebenfalls am Zielkonflikt zwischen Zugänglichkeit und genügend Komplexitätsaufbau laborieren. Überall geht es um das Darstellungsproblem, genügend Komplexität darzustellen, ohne sie überhandnehmen zu lassen.

Texte haben wie Sprachliches überhaupt also stets eine doppelte Existenzform zwischen Semantik und Pragmatik – das sind die Fachbegriffe für die Ebene der Bedeutung und die Ebene der Äußerung. *Semantisch* meint die Frage, ob ein Satz sagt oder sagen kann, was der Fall ist; *pragmatisch* meint die Frage, welche Wirkung eine Äußerung als Äußerung hat. Ein einfaches Beispiel: Der Satz «Es ist kalt hier!» hat eine semantische Bedeutungsebene, deren Logik darin liegt, ob ein zutreffender Sachverhalt beschrieben wird. Er hat aber auch eine pragmatische Ebene als Äußerung in einem Kontext. Der Satz kann als bloße Beschreibung gehört werden, aber auch als Versuch eines (okay: plumpen) Kontaktaufnahmeversuchs auf einer Party oder auch als Aufforderung an jemanden, das Fenster zu schließen oder die Heizung aufzudrehen.

Zeichen, Zeichengebrauch und Bezeichnetes fallen auseinander, wenn man genau hinsieht – und vielleicht ist die größte Errungenschaft der Kultur-, Sozial- und Geisteswissenschaften, genau das in vielfältigen Varianten gezeigt zu haben. Man kann danach eigentlich nicht mehr naiv sagen, was der Fall ist – sondern muss sich der Beschreibbarkeit dessen stellen, was man da beschreiben will, oder eben naiv sagen, was der Fall ist.

Vielleicht kann das Problem der Textförmigkeit nur musikalisch aufgelöst werden – und damit meine ich nicht so etwas wie die Ästhetisierung der Erfahrung in künstlerischer Form, wie sie vor allem Nietzsche in seinem frühen Werk *Die Geburt der Tragödie aus dem Geist der Musik* beschrieben hat. Es geht mir eher um das Darstellungsproblem selbst. Gesprochene und geschriebene Sätze erzeugen einen propositionalen Gehalt, sie müssen, im allerweitesten Sinne, wahrheitsfähig sein, also über etwas Auskunft geben, das der Fall ist. Zugleich sind sie in einer linearen Zeit gefangen – an der Schrift kann man es schon an den Linien sehen, auf denen geschrieben wird oder die ein geschriebener Text erzeugt: von links nach rechts, in anderen Schriftsystemen von rechts nach links oder von oben nach unten. Aber es ist stets linear, und beim Lesen wird aus dem räumlichen ein zeitliches Nacheinander – wie bei gesprochenen Sätzen, die notwendigerweise nur eine Linie in der Zeit verfolgen können, wie eine Melodie. Würde man sich das ästhetisch vorstellen, wäre wohl die Musik die angemessenste Kunstform. Auch die Musik spielt mit der Zeit – mit dem Nacheinander von Tönen. Aber die Musik hat auch den unschätzbaren Wert, dass sie polyphon und dissonant sein kann. Als polyphone Musik kann sie gleichzeitig mehrere Linien anordnen, die man gleichzeitig, nicht nacheinander hört. Diese Polyphonie kann unisono organisiert sein – alle Stimmen geben die gleiche Linie wieder, allenfalls mit unterschiedlichen Tonhöhen je nach Instrument oder Stimme. Sie kann aber den Einklang auch aufheben – in der Notation wäre von *divisi* die Rede, notiert als *div.*, also von geteilten Stimmen, die sehr unterschiedlich sein können, in Melodielinie, in der Taktung, selten sogar in der Tonart. Ausgehend von einem harmonischen Klangsystem, spielt Musik mit Dissonanzen, mit der Gleichzeitigkeit von Formen, die nicht automatisch zusammenpassen – etwa in einem klaren Dur- oder Moll-Akkord, wenn man das westliche Tonsystem zugrunde legt. Dissonanzen sind Formen, die damit spielen, dass zusammenkommt, was nicht eindeutig zusammenpasst, und darin eine besondere Gestalt bekommen und in kontrapunktischer Form je autonome Stimmen zu einem Gesamtklang verdichten. Auch die Musik hat zumeist einen kompositorischen Autor mit der Möglichkeit der zeitenthobenen Anordnung von Unterschiedlichem in der Zeit. Diese Autorenschaft kann sogar das Dissonante so anordnen, dass es zusammenklingt. Sie kann die Dinge wieder auflösen oder völlig unbestimmt lassen – wie der Autor oder die Autorin eines Texts. Genau genommen ist die musikalische Notation auch ein Text. Aber sie ist ein Text, in dem sich die Gleichzeitigkeit von Unterschiedlichem darstellen lässt.

Musikalische Mehrstimmigkeit hat es mit einer starken Gegenwartsorientierung zu tun. Die Dinge müssen gleichzeitig unterschiedlich sein – ich habe oben auf die Bedeutung des Gegenwärtigen hingewiesen. Wer je in einem Orchester gespielt oder in einem Chor gesungen hat, weiß, wovon die Rede ist. Der Klang existiert nur in einer Gegenwart und muss unterschiedliche Formen in der Zeit koordinieren. Das Dirigat kann allenfalls die Tempi vorgeben, ansonsten kommt es immer zu spät, weil das Geschehen schon geschehen ist, wenn man darauf reagieren kann. Musik ist unter ästhetischen Gesichtspunkten das Gegenbild zur ehernen Skulptur, die sich nicht ändert und nicht geschieht, sondern ist – und sie kann unterschiedliche Blicke ziemlich gelassen und in sich ruhend ertragen.

Wenn schon nicht die Darstellungsformen musikalisch-polyphon-dissonant werden können und gleichzeitig Unterschiedliches verarbeiten, dann muss vielleicht die Denkungsart musikalischer werden, also polyphon und an der Gleichzeitigkeit des Unterschiedlichen orientiert – es geht um vernetztes Denken in der Sache (Unterschiedliches) und in der Zeit (Gleichzeitigkeit). Dass dieser Exkurs nur nach und vor anderen Kapiteln stehen kann, ist der Textform geschuldet. Genau genommen müsste er in der Notation mitlaufen – vielleicht als *basso continuo*, um im musikalischen Bild zu bleiben.

Ich hoffe, es ist deutlich geworden, dass dieses Darstellungsproblem alles andere als trivial ist – vor allem wenn es darum geht, dass dieser Text in allererster Linie daran interessiert ist, zugänglich zu sein, um auch ohne akademische Pflichtformen zeigen zu können, wie es sich mit dem Verhältnis von Problem und Lösung verhält. Dieses Darstellungsproblem ist ein Zielkonflikt – damit enthält der Text selbst jenes Element, von dem er handelt: dass alles, was geschieht, von Zielkonflikten geprägt ist, die eine Darstellung aus einem Guss als Bezugsproblem vorfindet. Widmen wir uns also Zielkonflikten.

8

Zielkonflikte
Oder: Warum Einigkeit das Schlimmste wäre

Die Komplexität gegenwärtiger Krisenlagen ist vor allem durch gesellschaftliche Zielkonflikte geprägt. Zielkonflikte sind nicht einfach Auseinandersetzungen um dieselbe knappe Ressource, also Geld oder Aufmerksamkeit oder ähnlich Zählbares. Wer um einen endlichen Topf von Ressourcen ringt, hat keine Zielkonflikte, weil alle dieselben Ziele oder besser: Ziele in derselben Währung haben. Der Konflikt wäre dann ein Verteilungskonflikt – und der größte Teil politischer Auseinandersetzungen hat spätestens mit der Verbetrieblichung des Kapitalismus und seiner staatlichen Regulierung seit dem 19. Jahrhundert mit klassischen Verteilungskonflikten zu tun, die sich um Lohnabschlüsse, soziale Mindeststandards, Steuerlasten, Umverteilung, Interessen und Versorgungsstrukturen drehen. Um diese Fragen herum haben sich politische Akteure gruppiert, die sich im Hinblick auf diesen Verteilungskonflikt definieren und programmieren. So sind sozialdemokratische/sozialistische Akteure eher am Wohlergehen der abhängig Beschäftigten interessiert, während liberale Politikformen auf den Markt als Ordnungs- und vor allem Verteilungsprinzip setzen. Konservative und christdemokratische Politik hat hier eine Mischposition, weil sie einerseits ihre Basis bei den abhängig Beschäftigten hat, andererseits weniger auf staatliche Regulierung setzt. Diese holzschnittartige Beschreibung soll keine eingehende Analyse sein, aber es sollte daran deutlich werden, dass die politischen Gestalten, wie wir sie in westlichen Demokratien kennen, sich in der Haltung zur Grundfrage jener Verteilungskonflikte unterscheiden, auch wenn in vielen Ländern die klassischen Parteiengestalten durch neue ersetzt worden sind, die eher auf dem Gebiet der identitären Unterscheidung punkten als auf dem der Verteilungsfragen. Allerdings ist die Umwandlung von klassischen sozialen in Identitätsfragen zumeist eine Folge ungelöster Verteilungskonflikte. Außerdem ist der Kampf um identitäre Anerkennung auch ein Verteilungskonflikt – auch Anerkennung und Aufmerksamkeit sind knappe Güter.

Zielkonflikte sind Konflikte anderer Art – und sie haben ein enormes Visibilitätspotential. Übrigens macht es soziologisch einen eklatanten Unterschied, ob man sich den gesellschaftlichen Raum nur als Raum materieller und anerkennungsförmiger Verteilungskonflikte vorstellen kann oder auch einen Sensus dafür hat, dass es Zielkonflikte gibt, die nicht ohne Rest auf Verteilungskonflikte abbildbar sind. Nach meinem Dafürhalten ist das die Scheidelinie, an der sich die Leistungsfähigkeit der Soziologie für eine angemessene Beschreibung und Analyse gesellschaftlicher Krisen entscheidet. Eine Soziologie, die nur das Erstere sehen kann oder schlicht *alles* als Ausdruck von Verteilungskonflikten interpretiert, kann am Ende nur als politischer Spieler in einem allzu traditionellen Spiel erscheinen. Die folgende Argumentation wird darauf hinsteuern, ob es nicht auch (sic!) der Bestimmung anderer politischer Konfliktlinien bedarf, um mit den gegenwärtigen multiplen Krisen umzugehen. Es sollte nicht allzu schwer sein, den Gedanken für nicht ganz unplausibel zu halten, die Klimakrise und die Frage der Erderwärmung als einen Ausdruck von Verteilungskonflikten anzusehen. Die Klimakrise wird erhebliche Verteilungskonflikte zur Folge haben, deren Form des steigenden Gaspreises für Haushalte mit geringem Einkommen in den Jahren 2022/23 nur ein kleiner Abklatsch ist.

Aber die Klimakrise ist nicht Ergebnis eines Verteilungskonfliktes und kann auch nicht als solcher gelöst werden. Wer es sich einfach macht – und das sind sehr viele –, sagt geradezu liturgisch auf, es sei der Kapitalismus, der die Klimakrise hervorgebracht habe, was am Ende nichts anderes bedeutet als eine verteilungspolitische Frage. «Kapitalismus» ist dann, wie oben bereits gezeigt, mehr Symbol als Begriff – wie jedes gute Symbol verweist es auf etwas anderes, Größeres, manchmal sogar auf das Ganze. Aber dann verschwindet der Informationswert im Nichts. Gäbe es weniger Klimaprobleme, wenn die industrielle Produktion und die energetische Form der Wohlstandsvermehrung nicht-kapitalistisch, also staatsdirigistisch und kollektiviert, erfolgen würde? Wohl kaum. In kapitalismustheoretischen Begriffen sind hier weniger die Produktionsverhältnisse von Bedeutung als die Produktionsmittel. Einfacher gesagt: Das Problem ist die energetische Basis der Industrie – die nicht durch Verteilungsprobleme zu lösen ist, wenn man nicht gleich das gesamte Modell der industriellen Produktion loswerden möchte. Man muss kein Ökonom sein, um sich vorstellen zu können, dass die Kreativität zur Lösung der energetischen Basis der Produktion und der Mobilität sich eher in einer leistungsfähigen Ökonomie entwickeln wird als in einer künstlich kleingehaltenen.

Dennoch sollte man nicht aus dem Blick verlieren, dass wohlhabendere Lebensstile einen erheblich höheren CO_2-Abdruck hinterlassen – durch bestimmte Formen der Mobilität, des Flächenverbrauchs und der Nutzung von entsprechenden Technologien. Der Lebensstil der weniger wohlhabenden Schichten dürfte im Hinblick auf seinen, im weitesten Sinne gesprochen, Metabolismus bereits die per capita berechneten Klimaziele einhalten. Daraus lässt sich jedoch nicht einfach deduzieren, diesen Lebensstil für alle zu etablieren – es stieße an die Grenzen politischer und ökonomischer Dynamik. Das ist keine Verteidigung eines klimaschädlichen Lebensstils, sondern die Anerkenntnis, dass sich die Gesellschaft zumindest nicht disruptiv auf jene Standards lenken lässt, die sich vor allem Knappheitserfahrungen verdanken. Jedenfalls ist es zynisch, ökonomisch eher weniger betuchten Bevölkerungsgruppen ihre eine Urlaubsflugreise pro Jahr vorzuhalten, während andere Lebensstile hier ganz andere Probleme produzieren. Eine – notwendige und berechtigte – Kritik daran ist eine Frage der politischen Willensbildung und der rechtlichen und staatlichen Regulierung von Möglichkeiten und Preisen, was sich selbst wiederum sehr wahrscheinlich in technologische Innovationsmotive ummünzen lässt. Eine Kritik am Kapitalismus wäre das freilich nicht, sondern eine Form der Regulierung innerhalb ihres Rahmens.

Gegen meine Argumentation ließe sich einwenden, das, was wir «Kapitalismus» nennen, sei nicht nur eine verteilungspolitische Frage. Es sei die Verwertungslogik des Kapitalismus, die zu jener quantitativen (aber eben auch: qualitativen) Aufwärtsspirale geführt habe, die erst zu jenen Problemen des gesellschaftlichen Metabolismus geführt habe. Da ist etwas dran, aber das Entscheidende sind die Produktionsweise, die energetische Grundlage der Produktion und der Lebensform sowie die gesellschaftsstrukturell bedingte Form der «Maßlosigkeit», wie ich sie oben dargestellt habe. Daraus aber den Schluss zu ziehen, die Aufwärts- in eine Abwärtsbewegung zu lenken, wäre allzu sehr innerhalb dieser Logik gedacht. Und dass eine schrumpfende Wirtschaft mit weniger Verteilungsmasse zu ökologischeren Lebensumständen führt und weniger CO_2 produziert, darf bezweifelt werden. Wahrscheinlich ist das Gegenteil der Fall: Ökonomische Leistungsfähigkeit ist eine Voraussetzung für die ökonomische und ökologische Transformation, und Rezessionszeiten dürften für Klimabelange die schlechtesten Zeiten sein – und für deren soziale Abfederung ebenso.

Es geht offensichtlich darum, ökonomischen Erfolg und Wachstumsmöglichkeiten – Wachstum ist nichts anderes als die Umsetzung von Ideen, von Lösungen, von Geschäftsfeldern auf Märkten – von der CO_2-Entwicklung abzukoppeln, was in den letzten Jahren offensichtlich nur sehr begrenzt erfolgreich war. Dass Wirtschaftswachstum bzw. wirtschaftliche Leistungsfähigkeit keineswegs strikt an CO_2-Steigerung gekoppelt wäre, ist nur einer Praxis und Gewohnheit geschuldet, die geändert werden muss – und der Beweis der Möglichkeit dieser Änderung ist in vielerlei Hinsicht bereits erbracht worden. Dass das ökonomisch darstellbar sein muss, sich auf Märkten bewähren muss, zugleich rechtliche/staatliche Rahmenbedingungen braucht, vor allem aber von technischer Innovationskraft abhängig ist, ist nicht schwer einzusehen – es bedarf staatlicher Vorgaben, rechtlicher Rahmenbedingungen und vor allem belastbaren Wissens, um ein solches Ziel zu erreichen. Und das kann man vielleicht erst dann sehen, wenn man das Grundproblem nicht nur als einen Verteilungskonflikt, sondern darüber hinaus als einen Zielkonflikt rekonstruiert. Und hier wird dann auch deutlich, dass gerade das Schrumpfen und der Verzicht auf ökonomische Potenz das Gegenteil produzieren würde: die Unmöglichkeit, Innovationsantrieb überhaupt zu erzeugen. Die Lösung liegt nicht in der Begrenzung des Ökonomischen und Unternehmerischen, sondern darin, es darauf zu verpflichten, marktfähige (sic!) Lösungen für das Problem zu finden.

Dass diese Verpflichtung staatliche Eingriffe braucht, ist unschwer zu verstehen. Man muss wohl auch von der alten Vereinfachung Abstand nehmen, nach der sich das Heil in *mehr* oder *weniger* Staatstätigkeit ereignet, sondern vielmehr fragen: in *welcher*. Es mutet fast ironisch an, dass gerade in diesen Zeiten das *Mehr* oder das *Weniger* weniger (sic!) Plausibilität bekommt.

Dass im «Kapitalismus» ganz eigene innere Zielkonflikte zur

Geltung kommen, ist auch wahr. Wenn man etwa denkt, wie viel Bullshit produziert wird, der schlicht nicht gebraucht wird, zu schnelle Produktzyklen erfordert und geradezu verschwenderisch mit Rohstoffen umgeht, wird auch deutlich, dass Wirtschaften in einem ausdifferenzierten Wirtschaftssystem dazu führt, dass sich das Wirtschaften selbst genügt – es ist dann unter ökonomischen Gesichtspunkten fast egal, was man produziert, wenn es nur auf Märkten reüssieren kann. Dass die einen sagen, dass man es liberal der eigenen Entscheidung der Leute überlassen müsse, ob sie diesen Bullshit kaufen wollen, und die anderen, dass man das möglichst politisch unterbinden müsse, ist nur ein Zeichen dafür, wie eigendynamisch und wenig linear all das geschieht. Exakt das ist Ausdruck dessen, was ich oben als das Problem der Maßlosigkeit beschrieben habe, die nicht einfach das Ergebnis von Entscheidungen, sondern in der Struktur einer modernen Gesellschaft verankert ist, die keine gesellschaftsstrukturellen Stoppregeln kennt.

Übrigens gilt für das Politische etwas Ähnliches wie für das Ökonomische: Man sollte von politischen Entscheidungen doch erwarten, dass sie die zugrunde liegenden Probleme lösen, die sie adressieren und für deren Lösung sie vor einem Publikum werben – man muss gar keine Beispiele nennen. Aber die Erfolgsbedingung dafür ist keineswegs nur die Sachebene der Entscheidung, sondern die antizipierbare und dann in Wahlen faktische Gefolgschaft, die das eigene Handeln überhaupt erst ermöglicht. Wie im Ökonomischen der Markterfolg keineswegs mit einer außerhalb des Marktprozesses definierbaren Qualität der angebotenen Produkte, Dienstleistungen und marktfähigen Lösungen gleichzusetzen ist, ist politischer Erfolg noch lange kein Garant für sachdienliche Lösungen.

Wer aber «den Kapitalismus» zum Ausgangspunkt der Krise macht, müsste auch «die Demokratie» miteinschließen, weil es auch hier zu Fehlallokationen kommt, die in der Natur der Sache selbst liegen (Ähnliches ließe sich übrigens auch für das Recht, für die Wissenschaft und die Bildung zeigen). Hier sollte deutlich werden, wie komplex die Bearbeitung von Zielkonflikten ist und wie sehr man an dieser Frage vorbeidenkt, wenn man allzu monokausal oder, wie ich es oben genannt habe, monarchisch argumentiert.

Was gesellschaftliche Zielkonflikte sind, konnte man während der Pandemie ziemlich gut beobachten. Es gab sogar soziologische Beobachter, die angesichts von Lockdowns während der Pandemie meinten, man könne doch durchregieren, wenn man nur wollte – dass das geradezu als eine Blaupause für die Lösung auch anderer Krisen gelten könne, wurde gewissermaßen mitgemeint. Mich macht solcher Blödsinn fassungslos! Solche autoritären Fantasien haben fast jenen liberalen und libertären Kritikern Recht geben, die in Pandemiemaßnahmen fast ausschließlich Exerzitien zur Gewöhnung an Staatsdirigismus gesehen haben. Die einen wie die anderen geben sich mit ihren publikumswirksamen Vorurteilen zufrieden – und sie leiden an der Kausalitis des linearen Denkens, das zwar hübsche Texte erzeugt, die den schreibenden Zugzwängen gehorchen, aber zu nichts anderem zu gebrauchen sind als dafür, die Gemeinde zusammenzuhalten.

Zielkonflikte sind erheblich komplexer. Ich nehme gerne die Situation des Lockdowns während der Pandemie auf, um auf die Natur von Zielkonflikten hinzuweisen. Dass der Lockdown eine nachgerade unnatürliche, hochunwahrscheinliche, für eine moderne Gesellschaft geradezu widersinnige Situation war, versteht sich von selbst. Er konnte nur aufgrund von genügend Nicht-Wissen und entsprechender Angst vor Unsicherheit und dem Ungewissen erklärt werden – was sich auch daran zeigt, dass spätere Lockdowns nurmehr schwerer durchzuhalten und letztlich nur halbherzig möglich waren – und sich dadurch in die Länge gezogen haben.

Schon kurz nach dem ersten, sehr strengen Lockdown fiel auf, wie sehr es vor allem Zielkonflikte gewesen sind, die die Unübersichtlichkeit, aber auch Unkontrollierbarkeit der Gesellschaft sehr deutlich gezeigt haben. In dieser Zeit habe ich gemeinsam mit Jutta Allmendinger, der Präsidentin des Wissenschaftszentrums Berlin für Sozialforschung, ein wöchentliches Video-Colloquium durchgeführt, in dem Soziologinnen und Soziologen aus ihrer Perspektive und Forschung auf diese kollektive Herausforderung geblickt haben. Ich habe dort selbst schon im April 2020, zum Ende des strengen Lockdowns, in einem Vortrag auf das zentrale Problem der gesellschaftlichen Zielkonflikte aufmerksam gemacht und folgendermaßen argumentiert.

Interessant am (ersten) Lockdown war nicht die Form der fast vollständigen Suspendierung von Kontakten und die Schließung von Orten und Formen mit starkem Publikumsverkehr. Interessant am Lockdown war sein Ende, denn das Ende ließ sich nicht mehr im vollständigen Krisenmodus bewältigen. Jetzt reagierte die Gesellschaft wieder, wie sie es stets tut: *in der Vielheit ihrer Stimmen und der Mehrdimensionalität ihrer Problemlösungskapazitäten.* Und hier fiel besonders deutlich auf, dass sie eben nicht aus einem Guss ist. Man konnte die Zielkonflikte deutlich erleben, die koordiniertes Handeln schwierig machten. Müsste man aus medizinischer Perspektive für einen längeren Verbleib im Modus eines konktaktreduzierten Alltags bleiben, wird man aus wirtschaftlichen Gründen für eine möglichst frühe Rücknahme von Kontaktverboten plädieren, und zwar auf der Produktions- wie auf der Konsumtionsseite, ebenso im Hinblick auf Schulen und Kulturanbieter.

Wer im ersten Fall an übertriebene Vorsicht denkt und im zweiten nur an wirtschaftliche Gewinninteressen, hat nicht begriffen, wie vernetzt und abhängig das eine mit dem und vom anderen ist. Man wird darauf stoßen, dass der lange Shutdown auch medizinisch relevante Folgen zeitigt – etwa Opfer von

Gewalt und Suiziden oder auch Auswirkungen von Arbeitslosigkeit auf die Gesundheit der Bevölkerung. Den womöglich vermeintlich vermiedenen Corona-Toten könnten andere Tote gegenüberstehen. Und wer vom wohlstandsmoralischen Feldherrnhügel klammheimlich das Zurückfahren der Globalisierung und der industriellen Produktion und der Verflechtung von Wertschöpfungsketten begrüßt und sich fürs Klima freut, begreift nicht, dass die Abkoppelung von den globalen Wertschöpfungsketten im globalen Süden katastrophale Folgen haben kann, aber auch jegliche Potenz zur Umstrukturierung der eigenen Produktionsmittel beschneidet. Ohnehin ist es frappierend, dass die ausschließliche Konzentration auf Verteilungsfragen eine geradezu wirtschaftsfeindliche Haltung erzeugen kann – was mindestens widersinnig ist.

Und wer meint, dass wissenschaftliches Wissen so viel Eindeutigkeit erzeugen könne, dass sich medizinische Wirksamkeit eindeutig planen lässt, unterschätzt die Komplexität des Transfers von Wissen in Praxisfelder. Der Beispiele wären viele – und übrigens bleibt Politik nach wie vor Politik. Sie ist doppelcodiert: Es geht nicht nur um die Umsetzung des Richtigen, sondern politische Akteure müssen damit auch Massenloyalität erzeugen und sich gegen andere politische Akteure durchsetzen, politisch wohlgemerkt, in der eigenen Partei und vor anderen Publika.

Wer sich politisch für oder gegen einen Lockdown, für oder gegen Schulschließungen, für oder gegen Impfkampagnen, für oder gegen eine starke Regulierung individuellen Verhaltens usw. entscheiden muss, hat nicht einfach die Sachfragen vor sich, sondern politische Dimensionen der Entscheidung, die Bereitschaft zur Gefolgschaft, aber auch die vielfältigen Folgen dieser Entscheidungen in anderen Gebieten der Gesellschaft. Diese komplexe Gemengelage bleibt zumeist unsichtbar, vor allem für diejenigen, die von den Zielen her denken, die ja auch nichts anderes sind als kausale Zurechnungen und Unterstellungen. Ziele formulieren kann wirklich jeder, das ist das simpelste aller Geschäfte, aber die Methoden der Zielerreichung und deren unerwartete Nebenfolgen werden umso mehr ausgeblendet, je deutlicher und konsensueller das Ziel inszeniert werden kann.

Aus diesen Zielkonflikten gibt es kein Entrinnen – und man wäre naiv und würde die Problemlage unterschreiten, wenn man das Gelingen an die Moral der gemeinsamen Einsicht, an Solidaritäts- oder Anerkennungsforderungen bindet. Man konnte zu Beginn der Pandemie-Krise deutlich sehen, dass der Appell an Einsichtsfähigkeit und Vernunft nicht die entsprechenden Wirkungen erzielt hat, die Menschen zu sparsameren Kontakten zu ermutigen. Die in ihrer Selbstbeschreibung Einsichtsfähigen haben geradezu um die Macht des Staates gebeten – was für andere wieder der Beweis dafür war, wie staatstreu und obrigkeitshörig die Deutschen sind. Ein ermüdender Diskurs!

Der Versuchsaufbau ist also anspruchsvoller – und da offensichtlich die Gesellschaft selbst infiziert war, stellt sich die Frage, welche Rolle die Soziologie bei der Bewältigung der Krise spielen kann. Wir sind keine Reflexionstheorie für eines der Funktionssysteme wie die Nationalökonomie fürs Wirtschaftssystem, die Jurisprudenz für das Recht, die Pädagogik für das Bildungssystem, die Kommunikationswissenschaften für das Mediensystem, die Politikwissenschaft für das politische System oder sogar für den Staat oder die Theologie für die Religion. Wir sind auch keine Wissenschaft positiv vorliegender Gegenstände wie etwa Viren (deren Positivität auch zunächst wissenschaftlich erzeugt werden muss).

Wenn es gelingt, Soziologie als mehr zu betreiben als nur als Reflexion ihres eigenen Milieus, sind wir eine Wissenschaft, die das Verstricktsein gesellschaftlicher Akteure in die Gesellschaft beschreibt. Sie ist eine Wissenschaft, die weiß, dass es keine Position außerhalb gibt. Ihr Beitrag wäre also der, gesellschaftliche Akteure darüber aufzuklären, dass strukturelle Zielkonflikte, wie sie etwa während der Coronakrise ins Auge gesprungen sind, nicht einfach das Ergebnis kontingenter Interessen oder mangelnder Einsicht sind, sondern in der Struktur der Gesellschaft selbst gründen. Das zu wissen, könnte dazu beitragen, Lösungen durch Verfahren, durch die Konfrontation der unterschiedlichen Zielkonflikte miteinander zu ermöglichen.

Soziologische Aufklärung für die Pandemie läge also darin, die infizierte Gesellschaft und den Prozess der Entscheidungsfindung darüber aufzuklären, warum solche Zielkonflikte und die Kosten und Nebenfolgen unterschiedlicher Lösungen unvermeidbar sind – und wie hier Abwägungsprozesse am Ende doch zu politischen Lösungen führen können, die sowohl medizinisch als auch ökonomisch und lebensweltlich funktionieren können. Und soziologische Aufklärung für die Klimakrise wäre auch, die Zielkonflikte ernst zu nehmen, sie zu rekonstruieren und das Verstricktsein aller Entscheidungen in den Routinen einer Gesellschaft aufzuzeigen, deren interne Differenzierung in unterschiedliche Funktionen, Problemlösungskonzepte und Perspektiven einerseits Grundlage ihrer Leistungsfähigkeit ist, andererseits Ursache ihrer Unfähigkeit, auf kollektive Herausforderungen kollektiv zu reagieren.

Man kann es auch drastischer sagen: *Auf das «Gemeinsame» zu hoffen, wäre das Schlimmste überhaupt.* Eine Gesellschaft kennt keine Gesamtlösung – wie man soziologisch sagen muss, dass die Gesellschaft eben nicht *aus einem Guss* gebaut ist, lassen sich auch keine politischen Lösungen und keine Transformationsstrategien *aus einem Guss* generieren – auch wenn man sie aus dramaturgischen Gründen so gerne herschreiben würde. Die derzeitige Aggression insbesondere solchen politischen Programmen gegenüber, die Transformationslösungen aus einem Guss, die eine vollständige Konsistenz von Konzepten, die die große Lösung, ja die *Große Transformation* zum Ziel haben, ist kein Zufall. Es trifft derzeit besonders die Grünen – und das nicht nur im Hinblick auf eine in konkreten Fällen berechtigte Kritik an bestimmten politischen Entscheidungen, sondern als Symbol dafür, dass sich buchstäblich *alles* ändern muss. Dabei geht es nicht darum, ob das ernsthaft irgendjemand behauptet, dass sich *alles* ändern muss, aber als Zurechnung funktioniert genau das, wie man auch daran sehen kann, dass die Grünen sich als Projektionsfläche vor allem für Unionspolitiker eignen, diese gar als Hauptgegner ausgemacht werden, obwohl es eine rechtsradikale Partei wie die AfD gibt, die, um es unakademisch zu sagen, für niemanden mit einigem Anstand auch nur ansatzweise diskutabel sein kann. Als Hassobjekt fungieren die Grünen dann politisch und publizistisch vor allem für die, die auch die Kritik an den Eliten, an der Regierung, an der ganzen Misere *aus einem Guss* formulieren. Und um es für die weniger Bemittelten zu verdeutlichen: Diese Diagnose ist weder eine positive noch eine negative Bewertung grüner Politik. Damit hat es wenig zu tun.

Die Idee der Gesamtlösung ist in einem differenzierten System eine paradoxe Form, weil sie stets aus einer partikularen Position aus formuliert werden muss. Eigentlich kann sich schon demokratische Politik kaum auf kollektive Gefahren einstellen, weil diejenigen, deren Verhalten (oder wenigstens ihre Einstellung) sich ändern soll, wählen. Nicht wenige träumen deshalb von autoritären Formen des Verbots, der Vorschrift und der zentralen Lenkung. Es weht manchmal ein chinesischer Wind. Das hat etwas Tragisches – auch weil sowohl demokratische Politik als auch plurale Märkte, wissenschaftlicher Streit und rechtsförmige Konfliktlösung, kulturelle Debatten und Wertauseinandersetzungen gerade nicht auf Einheit setzen, sondern auf eine Bewirtschaftung von Unterschieden, von Differenz, von Inkommensurablem.

Wer auf solche Gemeinsamkeit setzt, hat die Problemhöhe schon verfehlt. Die starke Betonung des Gemeinsamen, die ja nichts anderes bedeutet als die Unterwerfung des Besonderen unter ein Allgemeines, ist für sich schon ein Krisenphänomen, wenn es nicht um konkrete, übersichtliche Gruppen geht. Wer das nicht versteht, dem empfehle ich stets die Lektüre des Buches «Die Grenzen der Gemeinschaft» von Helmuth Plessner aus dem Jahre 1924 – es ist genau 100 Jahre alt. Plessner bringt auf den Begriff, dass eine hypertrophe Betonung des Gemeinsamen letztlich immer mit einer Tendenz zu sozialem Radikalismus verbunden ist, weil er die Distanz des Unterschiedlichen einziehen muss. Dies im Jahre 1924 geschrieben zu haben, war Prophetie.

Selbst eine akademische Sonderkultur, in der man sich philosophisch vielleicht auf eine Logik einigen könnte, die wenigstens den Umgang mit unterschiedlichen Auffassungen und Differenzen auf eine mutuelle Basis stellt, scheitert daran. Auch hier eine Leseempfehlung: Der Philosoph Daniel Pascal Zorn hat mit seinem Buch «Die Krise des Absoluten. Was die Postmoderne hätte sein können» aus dem Jahre 2022 sehr schön gezeigt, wie sich der Verlust eines philosophisch beschreibbaren Absoluten zu der Möglichkeit verhält, Perspektivendifferenz auf eine methodisch kontrollierte Basis zu stellen. Nur: Das ist gewissermaßen eine argumentationslogische Beobachtung von Praktiken, die weniger auf Argumente als auf pfadabhängige Praktiken vertrauen – das gilt auch für die Sonderkultur des Akademischen selbst.

9

Ein eklatanter Fehlschluss
Oder: Warum der Selbstbetrug nur den anderen nützt

Wer die Komplexität ernst nimmt, die in den strukturellen Zielkonflikten angesichts von Krisenbewältigung angelegt ist, und zugleich eine Ahnung davon bekommt, dass Zielkonflikten nicht allein mit den Mitteln der Bewältigung von Verteilungskonflikten beizukommen ist, wird vorsichtiger bei der Definition von Strategien. Dass eine moderne Gesellschaft nicht aus einem Guss reagieren kann, wird gerne als ein bloß theoretisches Konstrukt kritisiert, und zwar mit dem Hinweis, dass es am Ende doch immer wieder zu kollektiv bindenden Entscheidungen, also zu politischer Machtausübung, kommt, die durchaus in vielen Feldern einen Unterschied macht. Das stimmt auch, ist aber genau genommen ein Fehlschluss, der daher rührt, dass man der Funktion des Politischen damit auf den Leim geht. Politische Formen zielen auf kollektiv bindende Entscheidungen, die in Rechtsform Gültigkeit und Geltung beanspruchen. Aber sie haben nur einen indirekten Zugriff auf das, was sie zu regulieren/steuern beanspruchen.

Man erhöht die Steuern für bestimmtes Verhalten und erwartet, dass dieses Verhalten unwahrscheinlicher wird; man senkt die Steuern für bestimmtes Verhalten und erhofft sich mehr von diesem Verhaltenstypus; man stellt mehr Frauen ein und erwartet diversere Entscheidungsprämissen; man schneidet Arbeitsteilung und Zuständigkeiten in einem Unternehmen neu und erwartet eine höhere Produktivität oder kreativere

Produktentwicklung; man stellt von kleinen auf große universitäre Fakultäten um und erhofft sich mehr interdisziplinäre Forschungsanträge; man subventioniert bestimmte Branchen und erhofft sich davon bessere Klimatechnologien; man macht das Autofahren städtebaulich unattraktiver und erhofft sich damit die vermehrte Nutzung des ÖPNV; man etabliert im Alltag Belohnungssysteme und erhofft sich vom Patienten gesundheitsbewussteres Essverhalten; man stellt auf Fallpauschalen um und erhofft sich weniger unnötige Krankenbehandlung; man führt mehr Polizeipräsenz ein und erhofft sich ein höheres Sicherheitsgefühl, von dem man sich wiederum eine höhere Konsumbereitschaft in bestimmten Stadtteilen erwartet.

Solche Steuerungs- und Regulierungsformen zeigen auf, wie jeder Eingriff und Zugriff auf gesellschaftliche Realitäten damit rechnen muss, dass sich die adressierten Instanzen *selbst* zu den Steuerungsversuchen verhalten, *eigene* Reaktionen erzeugen, auch Immun- und Abwehrreaktionen nach je eigenen Interessen und Logiken. Das macht es so schwer, als richtig erkannte Ziele unmittelbar umzusetzen. Wie fördert man angemessenes Verhalten, ohne rechtliche Standards zu verletzen? Wie kann man eine Industrie dazu bringen, auf bestimmte Produktgruppen zu verzichten, ohne die Wettbewerbsfähigkeit auf weiteren Märkten zu gefährden? Wie zielgenau müssen Subventionen und Entlastungen sein – und als wie ungerecht werden zielgenaue Formen empfunden? Wie kann man mit der klaren Benennung von Notwendigkeiten gewählt werden?

All das ist aus politischer Perspektive formuliert – aber auch aus unternehmerischer oder rechtlicher, erst recht aus alltäglicher Perspektive einer familialen Lebensform stellen sich diese Zielkonflikte bzw. multiplen Parameter sehr sichtbar und konkret ein. Ich will hier nicht über konkrete Beispiele reden, aber darauf hinweisen, wie komplex relativ einfache Steuerungs- und Strategiemittel sich in der Praxis darstellen. Dagegen nehmen sich all die Appelle und Versicherungen, dass man es nun wirklich endlich machen müsse, merkwürdig zahnlos aus. Ein ganzes Textgenre, das die Welt besser machen will, das aufklärt, das darauf hinweist, wie dringlich und zeitkritisch all die Fragen sind, das auf die Verantwortung und den Anstand des Einzelnen, aber auch auf kollektive und politische Verantwortung zielt, das das Nicht-Gelingen gerne aufs Zaudern oder Desinteresse, auf konservatives Festhalten am Bewährten oder schlicht Wurstigkeit zurückführt, blendet in seiner Aufklärung vor allem die Brisanz der Aufgabe aus.

Das *einfache* Ziel der (weiteren) Vermeidung von CO_2-Ausstoß muss doch eigentlich auch *einfach* zu erreichen sein – es geht nur um einen einzigen Parameter. Die Autorinnen und Autoren solcher Texte sind bekannt genug, um sie hier nicht aufzählen zu müssen. Und es geht hier auch gar nicht um Personen, deren Engagement ja damit nicht prinzipiell kritisiert wird. Es fällt nur auf, dass hier neben starken Forderungen, manchmal auch in einer drastischen Sprache, die impliziert, wir seien von allen guten Geistern verlassen, eine große Menge technischen und naturwissenschaftlichen Sachverstands distribuiert wird – von Leuten, die selbst keine Klimaforscher sind. Es sind sogenannte Transformationsforscher, meist mit sozial- und kulturwissenschaftlichem und ökonomischem Hintergrund, die viel dazu beigetragen haben, Wissen in die öffentliche Debatte zu spülen. Aber interessanterweise bleibt die *gesellschaftliche* Transformation, oder besser: die Frage nach ihren gesellschaftlichen Bedingungen, nachgerade ausgeklammert. All das ähnelt ein bißchen denjenigen, die etwa im Migrationsdiskurs auch nur einen Parameter kennen: Senkung der Flüchtlingszahlen etwa, um dann allein an diesem Maß zu simulieren, als könne man hier mit wenigen Maßnahmen ein komplexes Problem lösen, wenn man nur wolle.

Gesellschaftliche Transformation ist der blinde Fleck dieser

Art von *public science*. Sie zielt meist auf *Willen, Einsicht und Einstellung*, also letztlich auf Überzeugung. Dass gesellschaftliche Veränderung auf Überzeugung und Einsicht zurückzuführen sei, ist bis dato aber kaum überliefert – weder für die Pluralisierung von Lebenswelten, die Veränderung von Geschlechterrollen, die Gewöhnung an migrantische Realitäten oder die Anerkennung von «alternativen» Lebensformen. Hier war es eher Evolution als Entscheidungs- und Überzeugungsdisruption, die zu einer Veränderung von Erwartungsstrukturen geführt hat. Auf dieser Augenhöhe liegt die Herausforderung.

Dass die gesellschaftlichen Bedingungen als der eigentliche Treiber für die Klimatransformation gelten müssen, kommt bei Naturwissenschaftlern naturgemäß (sic!) nicht im eigenen Kategoriensystem vor. Ich habe mit vielen Klimaforschern unterschiedlicher Fächer und Ebenen gesprochen und dabei viel gelernt – vor allem jenseits der naturwissenschaftlichen Zusammenhänge von Kohlendioxidproduktion, Erderwärmung, Artenvielfalt und der Berechnung von Kipppunkten und Grenzwerten, die ja ihrerseits zwischen objektiver Bestimmung und der Herstellung von Konventionen im sozialen Prozess der Wissenschaft liegen. Grenzwerte kommen in der Natur nicht vor, nur in naturwissenschaftlicher Forschung. All das ist wirklich lehrreich – und die Drastik der Situation wurde mir tatsächlich im Kontakt mit solchen Kolleginnen und Kollegen bewusst, aber auch, wie voraussetzungsreich es ist, von dieser Erkenntnis nicht unmittelbar auf Handlungsdruck, auf politische Konzepte und Durchsetzbarkeit schließen zu können. Die meisten naturwissenschaftlichen Forscher, die ich kennengelernt habe, waren perplex und konnten ihrerseits nicht verstehen, dass dieserart Wissen sich nicht entsprechend auswirkt und sich letztlich in den Routinen der Gesellschaft verliert – in ökonomischen und politischen Routinen und in einem Alltag, der genügend Routineprobleme produziert und erheblich weniger auf Überzeugungen aufgebaut ist als auf wiederholender Selbstbestätigung.

Das können diese Forscher kaum glauben – und halten einen Soziologen, der zunächst auf die Widerständigkeit und Trägheit sozialer Systeme hinweist, erst einmal für einen Zauderer. Bis ihnen bewusst wird, dass Trägheit und Selbstreferenz, eigensinnige Prozesse und die kybernetische Form der Rekursivität auch Bedingungen biologischer und physikalischer Systeme sind. Am überzeugendsten war dann, wie komplex auch gesellschaftliche Systeme gleichzeitig von unterschiedlichsten Parametern abhängig sind, was Prognosen und Diagnosen alles andere als trivial macht.

Auf dieser Ebene sind interessante Gespräche zustande gekommen, in denen auch ein Verständnis dafür entstand, dass auch die Gesellschaft ein «Objekt» ist, das *selbst* aufgrund seiner eigenen Zustandsdeterminiertheit auf Umweltveränderungen reagiert. Klimamodelle und Modelle gesellschaftlicher Trägheit haben durchaus Ähnlichkeiten auf einer abstrakten Ebene – und das macht übrigens auch die Drastik der Veränderung träger Erdsysteme aus. In der öffentlichen Aufklärungsliteratur tauchen die Bedingungen der Trägheit und der Komplexität auf der Seite der Gesellschaft kaum auf – wohl auch, weil es sich um Aufklärungskommunikation handelt, die endlich zeigen sollen, dass man handeln kann und dass Handeln etwas mit Überzeugungen zu tun hat. Das ist selbstverständlich nicht falsch, aber es wird völlig unterschätzt, dass es gerade die Strukturen einer modernen Gesellschaft sind, die die Umsetzung erschweren.

Wie schwierig es ist, diese beiden wissenschaftlichen Kulturen trotz einiger Ähnlichkeiten – wenn man sich intellektuell nur darauf einlässt – in ihrer Differenz zu denken, zeigt sich bisweilen darin, wie etwa Klimawissenschaftler über die gesellschaftlichen Voraussetzungen der Klimabekämpfung sprechen. So hat eine Physikerin zuletzt in einem Interview gemeint, dass etwa die Ungleichheitsfolgen der Klimakrise etwas mit der sozialen Ungleichheit zu tun hätten – «Das kann man ändern», meinte sie lapidar dazu, flankiert mit dem Satz, dass man das Leben vieler wegen der finanziellen Interessen weniger opfere. Solche Simplifizierungen sind es, die sich so anhören, als würde sich ein Soziologe über Details in den Klimawissenschaften äußern oder als würden die üblichen verdächtigen Schwurbler mit großer Wissensgeste nachweisen, dass es Klimawandel in der Erdgeschichte immer gegeben habe. Man kann daran auch sehen, wie wenig es in modernen Gesellschaften möglich ist, schon Problemstellungen bzw. Lösungshorizonte *aus einem Guss* zu formulieren.

Die moderne Gesellschaft ist unfassbar leistungsfähig, wenn es um konkrete Aufgaben und Fragestellungen geht, sie ist in ihren ausdifferenzierten Teilen von hoher Kreativität und Formenvielfalt – ökonomisch, technisch, wissenschaftlich, organisatorisch, institutionell. Erkauft wird diese spezialisierte Leistungsfähigkeit mit der Entfernung der Teile voneinander, weswegen die Schwäche einer modernen Gesellschaft vor allem in der Koordination, der Integration, der Kollektivierung der unterschiedlichen Teile liegt.

Die großen gesellschaftlichen Katastrophen insbesondere des 20. Jahrhunderts müssen deshalb auch als Versuche verstanden werden, diese Differenziertheit gleichzuschalten – durch extremen Nationalismus, durch politische Diktaturen, durch ökonomische Kollektivierung, durch religiösen und kulturrevolutionären Fundamentalismus –, und Ähnliches gilt bis heute im islamischen Fundamentalismus, im russischen Imperialismus, in der chinesischen Form der hierarchischen Integration der Gesellschaft. Diese Sozialpathologien reagieren auf das Problem, das sich auch angesichts nötiger Krisenbewältigung stellt: *dass eine Perspektive aus einem Guss ausgeschlossen ist.*

Der Energieaufwand zur quasi künstlichen Errichtung *eines Gusses* ist enorm – und deshalb keine Alternative zu einer Gesellschaft, die mit demokratischer Politik, liberalen Lebensformen, pluralen Märkten und rechtsförmigen Normierungen mit der inneren Perspektivendifferenzierung offensiv umgeht. Sie ist Problem und Lösung zugleich. Von diesen Bedingungen für Transformation, von der komplexen Schwierigkeit, auf kollektive Herausforderungen zu reagieren, obwohl die Gesellschaft kein Kollektiv ist, kommt in den Aufforderungsschriften über eine Welt, die anders sein könnte, wenig vor. Es bleibt beim Appell an die Vernunft, an die Einsicht in die Notwendigkeit, an Verantwortung – und dann kann man vom Schreibtisch aus schlicht das Zurückfahren der Industrie auf subsistenzförmige Formen der Versorgung fordern, wie das ein aktivistischer Ökonom bisweilen tut.

Ich habe solchen Texten mit so klaren Forderungen und kaum zu widersprechenden Zielvorstellungen in einem Zeitungsartikel einmal Denkfaulheit vorgeworfen – gekontert wurde das (übrigens von ebenjenem Ökonomen) mit dem Hinweis auf die Notwendigkeit und Drastik des Problems und mit dem Hinweis auf die deutliche Kausalitätsreihe *industrielle Entwicklung → CO_2-Ausstoß → Erderwärmung → reduzierte industrielle Leistung → CO_2-Vermeidung → Unterbrechung der Erderwärmung.* Das ist konsequent gedacht – konsequent kausalistisch und linear, als könne dies einfach umgesetzt werden und als hätte das nicht fundamentale Folgen für die gesellschaftliche Praxis, die man am Ende demokratisch nicht mehr einfangen kann. Das Demokratische ist eben nicht das, was man sich wünscht – so hört es sich oft an, wenn auf Demokratie gehofft wird. Aber das Demokratische besteht eben vor allem darin, dass sich nicht ein als prinzipiell gut und zustimmungsfähig Gedachtes durchsetzt, wenn man es nur *wirklich* demokratisiert. Das Demokratische verweist darauf, dass man auch mit all den nicht gewünschten, den «anderen», den als «falsch» angesehenen Perspektiven umgehen muss und sie nicht loswird.

Aber solche Denkungsarten haben etwas durchaus Suggestives und Attraktives – und am Ende auch etwas erstaunlich Affirmatives. Suggestiv und attraktiv ist die simple Kausalreihe, die Radikalität der Lösung, die Eingängigkeit der Parameter – affirmativ ist ihr selbstberuhigender Effekt, der einerseits darin besteht, dass man zumindest sagen kann, es gäbe doch Lösungen, andererseits darin, dass man davon entlastet ist, solche Lösungen überhaupt zu versuchen, weil sie völlig unrealistisch sind.

Der Fehlschluss, auf den ich hinweisen möchte, ist der *Fehlschluss von der Notwendigkeit auf die Möglichkeit*. Allein weil die Drastik des Problems so groß ist, ist damit noch nicht einmal angedeutet, wie eine Lösung überhaupt aussehen kann. Die Notwendigkeit ist so groß, dass sich die Möglichkeit von selbst einstellen müsste, aber die gesellschaftliche Gemengelage arbeitet alles klein, was ihr vor die Flinte kommt. Dieser Fehlschluss aller Engagierten ist sympathischer als jener von der Schwierigkeit auf die Unmöglichkeit, aber er hat auch eine entlastende Funktion, denn er bringt den Diskurs an eine Stelle, an der es nurmehr um Bekenntnisse geht – statt mit der real existierenden Gesellschaft zu rechnen und sich zu fragen, warum sie so wissens- und notwendigkeitsresistent ist. Leider geht es nur mit dieser eher unsympathischen Frage.

Übrigens lässt sich der Fehlschluss nicht dadurch heilen, dass man ihn um 180 Grad dreht. Denn der von der Schwierigkeit auf die Unmöglichkeit wäre auch falsch. Aufzulösen wäre der Widerspruch nur in der Weise, genauer nach den Bedingungen der Möglichkeit Ausschau zu halten – nach jenen, die in einer konkreten Gesellschaft möglich sind und auch schon statthaben. Denn das ist das Merkwürdige an der engagierten Perspektive: Sie muss nachgerade ausblenden, wie viel an konkreten Lösungen in kleinen Schritten (auf die ich noch zurückkommen werde) an unterschiedlichen Stellen der Gesellschaft bereits geschieht, übrigens an Stellen, die selbst als Verursacher der Misere angesehen werden, etwa in den Bemühungen industrieller Produktion auf andere Energieträger oder auf CO_2-neutrale oder wenigstens CO_2-sensiblere Prozesse, die es ja gibt – ja zu wenig, nicht flächendeckend. Und vielleicht sind sie verdächtig, weil die konkreten Motive *ökonomische* Motive sind.

Aber was sollen ökonomische/unternehmerische Akteure sonst für Motive haben? Was man sich wünschen müsste, wäre ein internationaler Wettbewerb um Produkte und Dienstleistungen mit der Währung der CO_2-Vermeidung – um sich damit Märkte zu erschließen. Das zu kritisieren, wäre so ähnlich wie die Kritik etwa an Teilnehmern der Protestformen der «Letzten Generation», sie kompensierten vor allem ihre eigene Machtlosigkeit und simulierten eine Handlungsmacht, um das Gefühl zu haben, etwas getan zu haben. Das ist eben oft die Währung von Protestbewegungen – die nicht in den Motivationsschreiben der Bewegung steht, wie ja auch Unternehmen nicht damit werben, dass sie sich Absatzmärkte erschließen wollen, sondern damit, dass ihre Produkte die Welt besser machen.

Mit der Gesellschaft zu rechnen, wie sie ist, heißt nicht, alles so belassen zu wollen, wie es ist. Es heißt, die gesellschaftsinternen Strukturen, Risiken und Gefahren zu betrachten, wenn man den großen Umbau plant. Es gibt nicht nur externe Limitationen natürlicher Ressourcen oder der Belastbarkeit des Planeten mit Zivilisationsrückständen, Müll, CO_2 in der Atmosphäre, Plastik in den Weltmeeren oder Bedrohungen der Biodiversität. Mindestens so ernst muss man auch interne Limitationen nehmen, wie eine Gesellschaft mit ihren eigenen Mitteln mit solchen Gefährdungen umgehen kann. Es ist auch angesichts des materiellen Klimawandels keine Petitesse, wie sich Maßnahmen auf demokratische Willensbildungsprozesse oder ökonomische Potenz auswirken.

Beides ist für die soziale Frage von ganz entscheidender Bedeutung. Lösungsversuche verkehrs-, energie-, industrie-, arbeitsmarkt-, finanz- und gesellschaftspolitischer Natur müssen sich vor einem wählenden Publikum bewähren können. Man kann noch so oft publikumswirksam behaupten, man könne den Leuten mehr zumuten und sie würden schon folgen, wenn man die richtigen Argumente habe. Dass das ein Satz direkt aus der Lebenswelt jener Reflexionselite ist, die ihr Geld mit diesen (unterstellt) richtigen Argumenten verdienen, wird dadurch gebrochen, dass sich in den meisten Demokratien derzeit diejenigen eher durchsetzen können, die weniger auf Argumente als auf Stimmungen, weniger auf Handhabbarkeit von Veränderungsschritten als auf Veränderungsangst, weniger auf gesellschaftlichen Pluralismus (der Menschen und der operativen Lösungen) als auf Schließung setzen.

An dieser Limitation sollte man nicht vorbeisehen wollen – und doch ist das Setzen auf Wahlen, auf demokratische Legitimation der wohl einzige Schutzmechanismus auch für die weniger vermögenden und privilegierten Schichten. Die Verachtung demokratischer Verfahren wird gerade in den «kritischen» Milieus oft nur von einem völligen Unverständnis, ja geradezu einer Verachtung des Ökonomischen bzw. Unternehmerischen übertroffen. Dass unternehmerische Lösungen marktgängig sein müssen, weil sie sonst ihre Existenz gefährden, hört sich dann manchmal wie eine angebliche Privilegierung von partikularen Gruppen an. Dass all diese Dinge auch mit Problemlösungsstrategien, mit Versorgungs- und Wohlstandsproduktion zu tun haben, läuft dann gerne nur als

Nebenaspekt mit. Aber auch das gehört zum Stoffwechsel der Gesellschaft, ebenso wie rechtliche Standards von Freizügigkeit und die wissenschaftlichen Standards, Wahrheitsfragen nicht nach öffentlichkeitswirksamer Zustimmungsfähigkeit zu entscheiden. Die moderne Gesellschaft ist, man verzeihe die Wiederholung, nicht aus einem Guss – das ist die Grundlage ihrer Pathologien, aber auch die Grundlage ihrer Leistungsfähigkeit und Problemlösungskapazität.

Wer daran vorbeisieht, dem bleibt nur die katastrophische Perspektive aufs Ganze – und dem wird der gescheiterte Held lieber sein als derjenige, der die Dinge in kleinen Schritten angeht und sich am Fallibilismus immerwährender Versuche orientiert. Wie leicht die Diskussion über solche eher unsympathischen, weil zunächst bremsenden und innehaltenden Fragen hinweggeht, zeugt von einer Denkfaulheit, die sich damit zufriedengibt, das Richtige zu wollen.

Man muss ernst nehmen, dass der moderierende Faktor einer gesellschaftlichen Transformation tatsächlich die Gesellschaft ist, die schon da ist. Transformation darf nicht nur vom Ende her gedacht werden, sondern von der jeweiligen Gegenwart – und sie bestimmt die Möglichkeiten, die mit der Notwendigkeit vermittelt werden müssen. Einen eindeutigen und trivialen Schluss von der Notwendigkeit auf die Möglichkeiten gibt es nur in bekenntnisförmigen Texten.

10

Träge Arrangements
Oder: Unhintergehbare Verstrickungen

Stellen wir uns eine typische Familie und ihr Verstricktsein in gesellschaftliche Institutionen und Routinen, Erwartungen und Zeithorizonten vor. Um es gleich zu sagen: *typisch* heißt nicht normal oder gar normativ irgendwie bewertet, nicht einmal am meisten verbreitet, sondern typisch eben im Sinne einer erwartbaren Konstellation mit wenig Überraschungen. Stellen wir uns Eltern in bestem Berufsalter vor, die Karriere ist schon auf dem Weg, beide haben sich an ihren Arbeitsplätzen eingerichtet, das Einkommen reicht für einen kleinen Wohlstand – ein kleines Haus ist mit der Startfinanzierung einer kleinen Erbschaft erworben, die Kredite laufen mit einer jahrzehntelangen Perspektive. Die Familie kann sich ein Automobil leisten, das für eines der beiden Elternteile auch für den Anfahrtsweg zur Arbeit gebraucht wird. Die beiden Kinder gehen noch in die Schule, machen in wenigen Jahren ihre Abschlüsse, eines Abitur, das andere einen mittleren Abschluss. Es wird sich daran ein Studium bzw. eine Ausbildung anschließen. Die einen Großeltern leben in der Nähe und helfen aus, die anderen sind weiter weg und brauchen Hilfe, es droht Pflegebedürftigkeit. Das erzeugt viel zeitlichen, finanziellen und Mobilitätsaufwand. Neben dem Hauskredit laufen kleinere Kredite, man hat vor einigen Jahren die Öl- durch eine moderne Gasheizung ersetzt. Das Auto ist ein steuerbegünstigter Diesel mit geringem Verbrauch. Es wird in zusätzliche Altersversorgungen eingezahlt, etwas Geld steckt in einem Aktienfonds. Das technische Interesse des – stereotyp, aber eben erwartbar – Mannes hat seinen Ehrgeiz geweckt, mit Solarenergie einen Teil des Strom- und Warmwasserbedarfs selbst zu decken. Hier spielen Kostenerwägungen nur die zweite Rolle.

Die Eltern sind beide in Vereinen aktiv – Sport, Gesang, Schulelternbeirat. Die Freizeit wird mit Freunden aus der Nachbarschaft verbracht, die ähnliche Leben leben, jedes Jahr ist ein Pauschalurlaub drin, der mit dem Flugzeug in Südeuropa erreicht wird, manchmal noch ein Kurzurlaub in Deutschland. Den Kindern wird neben der Schule Sport, Musik, Tanz ermöglicht. Es gelingt nicht, wirklich zu sparen, die Haushaltsrechnung ist knapp, Vermögen kann nicht aufgebaut werden, allenfalls eine kleine Reserve für unvorhergesehene Ausgaben – Arbeiten am Haus oder Autoreparaturen, Anschaffungen für die Kinder. Knapp ist übrigens nicht nur die Haushaltsrechnung, sondern auch die Zeithaushaltsrechnung. Eine der größten alltäglichen Herausforderungen besteht darin, dass die unterschiedlichen Aufgaben der beteiligten Familienmitglieder synchronisiert werden müssen, was bisweilen einen erheblichen Organisationsaufwand nötig macht und durch kleine Unregelmäßigkeiten empfindlich gestört werden kann, das Übliche eben.

Das Übliche eben – das gilt auch für die Beschreibung. Nehmen wir es nicht für einen repräsentativen Fall, denn die Gesellschaft ist inzwischen erheblich pluralistischer, so dass dieses *Normal*modell schon lange nicht mehr die Norm, womöglich nicht einmal mehr vorabendserienkompatibel ist. Schon ein Leben mit Kindern bildet keineswegs die Mehrheit der Bevölkerung in Deutschland ab, aber ich belasse es *for the sake of the argument* bei dieser Typik, die verdeutlichen soll, worum es hier geht.

Die beteiligten Menschen sind eingebettet in stabile Sozialbeziehungen, die viel wechselseitige Hilfe und Unterstützung ermöglichen. Aber all das ist vergleichsweise typisch und stabil – und die Stabilität ist etwas, das sehr viel mit der Stabilität von Strukturen zu tun hat. Gerade in Deutschland ist ein Großteil des Sachvermögens in Anspruchsberechtigungen in obligatorischen Kranken- und Vorsorgeversicherungen aufgehoben – deshalb schneiden die Deutschen bei Untersuchungen über privates Vermögen im internationalen Vergleich schlechter ab als andere, weil diese Anspruchsberechtigungen nicht mitberechnet werden (können). Zugleich freilich ist die Abgabenlast, also die Summe aus Einkommenssteuern und Sozialabgaben, in Deutschland insbesondere für untere und mittlere Einkommen im OECD-Vergleich besonders hoch (nur Belgien liegt höher); bei der Abgabenquote, also dem Anteil an Steuern und Abgaben an der gesamten Wirtschaftsleistung, rangiert Deutschland dagegen mit ca. 39% bei einem OECD-Durchschnitt von ca. 30% im oberen Mittelfeld.

Diese in eingeschränkter Weise typische Familie, die hier auf eine geradezu extreme Weise durchschnittlich gezeichnet wird, ist in unmittelbarer Berührung mit den großen Themen der öffentlichen Diskussion. Man unterschätzt etwa, wie sehr sich Geschlechterrollen auch in weniger akademischen und urbanen Milieus verändert haben und, nicht nur durch Jugendliche am Küchentisch, die Ökologie- und Klimafragen sehr präsent sind. Man isst vielleicht weniger Fleisch als früher und achtet auf regionalen Anbau der Produkte. Dass die Gesellschaft sozialmoralisch pluraler geworden ist, auch ethnisch pluraler, gehört zu den gewohnten Erfahrungen. Der ominöse Migrationshintergrund bei vielen ist ebenso präsent wie undramatisch, auch wenn hier durchaus auch Differenzerfahrungen gemacht werden.

Es ist vielleicht hilfreich, sich eine solche konkrete Lebensform vorzustellen – eine Lebensform, der es gut geht, die durchschnittlich erfolgreich ist, sicher schon zu denen gehört, die mit kleinen Privilegien ausgestattet sind. Es ist eine Lebensform, die sehr stark darauf angewiesen ist, dass alle Beteiligten ihre Aufgaben und Rollen erfüllen, dass Routinen funktionieren, dass man die Kontrolle über die Dinge weitgehend behält und Knappheit managen kann.

Daneben aber wird sehr deutlich, wie abhängig diese Lebensformen von Strukturen, Routinen, Kontinuitäten und Unsichtbarkeiten sind, auf die die beteiligten Akteure keinen Einfluss haben. Das reicht von eher einfachen Dingen bis hin zum Gesamtmodell. Die steigenden Gas-, überhaupt die Energiepreise haben erhebliche Auswirkungen auf die Industrie und das produzierende und transportierende Gewerbe. Aber es stellt auch private Geschäftsmodelle in Frage. Die Familienhaushaltsgesamtrechung wird in Frage gestellt, und selbst wenn es dafür sozialen Ausgleich gibt, mutiert man von der Illusion der Eigenkontrolle zum Empfänger von Kompensationszahlungen. Nicht dass man das nicht vorher auch schon war, etwa durch progressive Steuertabellen oder Zuschüsse (etwa für eine Gasheizung), durch Energiepreiskontrolle, durch steuerliche Entlastung des Autos etc., aber all das blieb unsichtbar und wird jetzt sichtbar. Abgesehen davon wird deutlich, wie knapp der eigentlich recht gut kalkulierte Lebensstil auf einmal wird, weil ein oder zwei Parameter sich verändert haben.

Dass während der Finanzkrise 2008 die politisch vielleicht wichtigste Aktion das Wegmoderieren der Probleme durch Sicherheitsgarantien von Angela Merkel und ihrem damaligen Finanzminister Peer Steinbrück war – was hier nicht kritisiert werden soll –, ist kein Zufall. Es zeigt, wie sehr vor allem private, konkrete, alltagsnahe Lebensformen von Strukturen abhängig sind, die nicht in der Macht der Beteiligten liegen. Das ist soziologisch selbstverständlich und kann nicht überraschen – aber soziale Ordnung ist eben auch darauf aufgebaut, genau das unsichtbar zu machen. Übrigens wird an dem Beispiel auch deutlich, dass die gegenwärtigen Krisen viel stärker an individuelles Verhalten und an Eingriffe in lebensweltliche Selbstverständlichkeiten gebunden sind als die Finanzkrise, die man zumindest für Endverbraucher durch staatliche Garantien wegmoderieren konnte. Das galt nicht für die Pandemie, das gilt auch nicht für die meisten Fragen des Klimaschutzes, und das wird auch nicht für die Arbeitsmarktfolgen veränderter Wertschöpfungsketten gelten. Und ohne Zweifel gibt es hier einen deutlichen sozialen Index – je prekärer die Lebenslage, je knapper die Alltagsarrangements im Hinblick auf Geld, Zeit und Exit-Optionen, desto stärker wirken sich veränderte Rahmenbedingungen auf die Alltagsbewältigung aus.

Vielleicht ist die Differenz zwischen einer sich als arm, bedürftig oder bedroht erlebenden Lebensform und einer, die sich als einigermaßen angemessen versorgt empfindet, schlicht die Differenz zwischen einer Autonomieunterstellung und ebendem Gegenteil. Die Unterstellung von Unabhängigkeit ist abhängig davon, dass die Bedingungen der eigenen Möglichkeit unsichtbar bleiben, dass man sich darauf verlassen kann, dass die eigenen Verstrickungen latent bleiben.

Die fiktive Familie hat da mehrere Baustellen. Die gegenwärtigen Krisenerwartungen zielen ins Zentrum der eigenen Lebenskonstellation. Die energetische Basis wird sich ändern müssen, die Erwartungen ökonomischer Umbrüche führen zu einer Gefährdung des Vertrauens in die Anspruchsberechtigungen, die Teilhabe an den sozialen Institutionen des Alltags setzt Zeit-, Geld- und Aufmerksamkeitsdispositionen voraus. Die Reduzierung des CO_2-Ausstoßes als Gesamtbilanz ist dann keine abstrakte Frage mehr, sondern eine konkrete, eine, die fragile Modelle der Lebensführung in Frage stellt.

Um nicht falsch verstanden zu werden: Kluge Politik wird

dafür sorgen und sorgen *müssen*, dass die entsprechenden Anpassungen gerade diese privaten Geschäftsmodelle und Verflechtungen nicht gefährden – aber daran wird zweierlei sehr deutlich:

- Einerseits wird deutlich, dass die Frage der Umstellung von Alltagspraktiken nur zu einem begrenzten Teil eine Frage der Einstellung, des Willens und der bloßen Fähigkeit ist, die Dinge ab jetzt einfach anders zu machen. Vielleicht gilt das für Milieus, die weniger eingebunden sind in langfristige Abhängigkeits-, Versorgungs- und Praxisbeziehungen, die vielleicht auch diejenigen Milieus sind, denen eine einsichts- und moralgetriebene Form der Selbstbeschreibung leichter fällt – und das ist keine idiotische Kritik des «Elfenbeinturms», mit der gerne wieder Punkte gemacht werden, sondern eine Beschreibung der sozialen Lage unterschiedlicher Milieus. Die Veränderung von Verhalten muss sich in den entsprechenden sozialen Bezügen bewähren können – sonst wird sie sich nicht einstellen, so schlicht sind die Dinge.
- Andererseits geht es gar nicht unbedingt darum, dass Lösungen nicht funktionieren können. Es geht darum, auf die Fragilität von Lebensmodellen aufmerksam gemacht zu werden. Die hier beschriebene Familie kann sich zurechnen, dass sie im Rahmen der Möglichkeiten und institutionellen Arrangements selbst dafür sorgen kann, dass die unterschiedlichen sozialen Anforderungen an einen modernen Alltag zusammenpassen. Veränderungen dagegen, die dieses Arrangement stören, stören auch die Illusion von Autonomie. Die Diskussion um das Heizungsgesetz hat es gezeigt: Obwohl der geplante mittelfristige Austausch von fossilen Heizungen durch Wärmepumpen keineswegs bedeuten würde, dass nun alle sofort ihre Hei-

> zungen aus dem Keller reißen müssten, und obwohl ein Maßnahmenpaket zur sozialen Abfederung und Finanzierung solchen Austauschs vorgesehen war und zugleich tatsächlich mittelfristige Zeitpläne entwickelt wurden, war dieses Beispiel geradezu dafür prädestiniert, die praktischen Schwierigkeiten bei der Umstellung von Alltagspraktiken zu symbolisieren. Die Unterbrechung von Routinen erzeugt zugleich einen deutlichen Blick auf die Kontingenz, auf das Voraussetzungsvolle, auf das Fragile eingeführter Routinen. Dass die interessierte kommentierende Presse über das Heizungsgesetz genug Unwahrheiten verbreitet hat und die Aspekte der sozialen Sicherung, der Zeitperspektiven und der Ausführungsbestimmungen im Dunkeln gelassen hat, ist Teil des Spiels. Aber dass es gerade an diesem Thema so gut gelang, ist eben kein Zufall: Es verweist ganz in dem Sinne der angedeuteten Visibilisierungserfahrungen auf die Bedingungen der eigenen Möglichkeit.

Ich hoffe, es ist mit dem kleinen Beispiel deutlich geworden, wie vernetzt Lebenslagen sind und wie verstrickt Lebensformen in die Institutionen der Gesellschaft. Und solche Formen gehen stets mit Knappheit um – mit der Knappheit an Geld, Zeit und Koordinationsmöglichkeiten. Solche Strukturen sind zugleich stabil und vulnerabel – und es sind Idealisierungen der Kontinuität, der Wiederholung, der Bestätigung, der Typisierung, der Bewährung und der Selbstbestätigung, die in einer volatilen Welt dafür sorgen, dass man sich dennoch orientiert, zurechtfindet und mit der Grundunsicherheit des Lebens umgehen kann. Es ist vor allem die Soziologie in der Tradition von Alfred Schütz, die auf diese Formen aufmerksam macht – sieht man genau hin, sind viele Grundbegriffe und Grundlagen der Soziologie eher konservativer Natur. Die Soziologie hat meist kein wirkliches Verständnis fürs Konservative im engeren Sinne, aber das wohl eher aufgrund der Milieuherkunft ihres Personals. Einige ihrer Grundbegriffe und Grundkategorien spielen geradezu mit der Einsicht, dass Lebensformen eher konservativ sind, eher auf Kontinuität und Bewahrung als auf Disruption und Neuformierung geeicht sind. Der Lebensweltbegriff etwa setzt auf die Fundierung von Lebensformen auf einem «immer schon» gültigen Boden von Bedeutungen und Praktiken. Diese gelten natürlich nicht «immer schon», ganz im Gegenteil, aber ihre Bedingungen bleiben mindestens so lange intransparent, unsichtbar, latent, solange es geht.

11

Konservative Bezugsprobleme
Oder: Warum mit starker Schwäche gerechnet werden muss

Wie komme ich hier aufs Konservative? Es ist sehr deutlich, dass in der gegenwärtigen Situation die politischen Grundkonflikte eher auf der konservativen Seite stattfinden. Sieht man sich die europäischen Parteiensysteme an oder auch die Formen der Verunsicherung, sind es eher konservative Formen, die unter Druck stehen – einerseits Zulauf haben, andererseits aber auch wenig Chiffren, etwas damit anzufangen. Ich verstehe das konservative Bezugsproblem nicht klassisch in dem Sinne von Bekenntnissen zu Konfession, Nation, Region, «natürlicher» Geschlechterordnung und Schichtung. Das sind Chiffren, die auch in konservativen Milieus längst an Bindekraft verloren haben und allenfalls als semantische Gegenreaktionen oder Kulturkampfchiffren auftauchen, nicht aber als konkrete Konzepte – zumindest in der Regel nicht.

Ein konservatives Bezugsproblem vermute ich eher dort, wo man mit der Schwäche und der Limitation von Menschen rechnet, weniger mit ihrer Stärke, also eher mit Veränderungsresistenz und -müdigkeit als mit einem Transformationsaufbruch. Eher linke Denkungsarten sind darauf getrimmt, auf Überzeugung, aufs Argument, manchmal auf etwas, das sie «Theorie» nennen, zu setzen. Die große Stärke des eher linken Denkens bestand und besteht darin, dass es gute Gründe formulieren kann – und das bezogen auf grundsympathische Ziele: Gerechtigkeit, Gleichheit, Pluralismus, Verteilungssensibilität, Toleranz, Offenheit usw. Diesen Werten kann man nicht widersprechen, und sie haben alle guten Gründe für sich. Was solche Denkungsarten viel schwerer verstehen können als andere, ist die Möglichkeit der Abweichung und die Trägheit bezüglich ihrer Umsetzung.

Es sind in Umbruchzeiten oft die Überlastungen, die gefühlten Zumutungen, die Abwehrreaktion gegen Veränderungen, das Pochen auf den Latenzschutz des Bestehenden, des «Normalen», wie es manchmal etwas hölzern heißt. Das Konservative hat anders als das Linke und Linksliberale nicht diesen Vorteil, dass es im Hinblick auf die Ziele immer sympathisch und plausibel klingt. Es ist eher auf der defensiven Seite, vor allem wenn es um lebensweltnahe Veränderungen geht. Deshalb gelingt es dort auch so gut, Alltagsthemen mit einem gewissen symbolischen Kapital auszustatten – gegen ein Fleischverbot zu sein, das niemand ernsthaft fordert, gegen eine Genderpflicht, die nirgendwo herrscht, um die beiden Beispiele zu verwenden, die zu geflügelten Figuren geworden sind. Provokativ banale Beispiele – aber an diesen kondensiert der Ton, die Stimmung, das semantische Arsenal. Letztlich wird die Frage der Krisenbewältigung nicht an den großen Argumenten, sondern an der Alltagstauglichkeit von Lösungen entschieden – und ihre Kritik auch.

Denn der Alltag ist träge – und stärker als jedes Argument. Und damit ist das, was ich ein konservatives Bezugsproblem nenne, ziemlich genau beschrieben. Das konservative Denken – das keineswegs gleichbedeutend ist mit politischen Akteuren, die sich konservativ nennen oder genannt haben – geht ziemlich realistisch nicht von der argumentativen Stärke der Menschen aus, sondern von ihrer praktischen Schwäche. Als kleine Leseanleitung sei gesagt: *Wenn hier von einem konservativen Bezugsproblem die Rede ist, ist damit nicht explizit konserva-*

tive Politik gemeint. Für den deutschen Fall: Man muss sich bei dem Begriff von der Union lösen, auch wenn sich diese Frage hier expliziter stellt als anderswo. Aber das konservative Bezugsproblem ist eines, das tatsächlich in allen politischen Milieus vorkommt, in denen, die sich wenigstens semantisch noch an ihren Anspruch als Volkspartei erinnern können, erst recht, aber auch die politische Linke hat mit solchen Kontinuitätserwartungen zu tun – anders etwa ist die Abspaltung des Wagenknecht-Flügels von der Linken nicht zu erklären. Also bitte: *Emanzipieren Sie sich zunächst von den politischen Gestalten!*

Die «Progressiven» wollen die Menschen für stark halten und halten ihnen Gardinenpredigten, wenn sie es nicht sind. Die «Konservativen» rechnen mit der Trägheit der Verhältnisse, mit der Bedeutung des Latenten und verstricken sich dann semantisch in die Wiederbelebung von «konservativen» Chiffren, die ihre eigene Klientel größtenteils längst praktisch hinter sich gelassen hat. Das Konservative ernst zu nehmen, hieße dann, die Bedingungen in den Vordergrund zu stellen, in die man immer schon verstrickt ist. Das Konservative setzt auf eine lebensweltliche und subsidiäre Fundierung etwa von Solidarität, Toleranz und Zugehörigkeit – mit Abstand von *rechten* Fantasien einer ethnisch und national limitierten Form natürlicher, exkludierender und das Andere abwertender Solidarität der Volksgemeinschaft und des Starken. Es ist das Verständnis für Trägheit und lebensweltliche Fundierung, das das Grundcharakteristikum des Konservativen ausmacht – und ist damit interessanterweise die womöglich viel soziologischere Denkungsart, weil sie die Vermitteltheit und die soziale Bedingtheit allen sozialen Geschehens nicht nur theoretisch konzediert, sondern auch praktisch voraussetzt.

Hier wird auf das konservative Bezugsproblem von praktischen Lebensformen hingewiesen, auf die kontinuierenden

Zugzwänge eingespielter Lösungen – und es geht dabei darum, die Frage zu beantworten, warum eine auf Veränderung, auf Transformation, auf Einschnitte in Routinen, auf Anpassungen von Alltagsselbstverständlichkeiten usw. setzende Strategie in die Defensive gerät – selbst wenn die besten Argumente dafürstehen. Der oben beschriebene Fehlschluss von der Notwendigkeit auf die Möglichkeit liegt exakt in dieser alltagssensiblen Trägheit begründet, die am Ende den Schlüssel für die Etablierung von Neukonstellationen darstellt.

Mein fiktives Beispiel eines «typischen» Familienhaushaltes rekurriert – obwohl wir nichts über die politischen Überzeugungen der Leute wissen – auf dieses konservative Bezugsproblem, das sich deutlich darin zeigt, wie sehr funktionierende Alltagsbedingungen von Formen abhängig sind, die sich vergleichsweise reflexionsfrei reproduzieren müssen. Das ist die entscheidende Herausforderung für das Gelingen einer Transformationsstrategie, die eben nicht nur das Sachproblem der Ziel-Mittel-Verhältnisse (Senkung des CO_2-Ausstoßes durch Umstellung von Technologien und Mobilitätsformen), sondern auch das Problem seiner sozialen Einbettung und damit der politischen Zustimmungsfähigkeit mitbedenken muss. Was mit dem Heizungsgesetz geschehen ist, wird sich wahrscheinlich mehrfach an anderen Themen wiederholen – mit einer Mischung aus der Differenz zwischen prinzipieller Zustimmung zu Klimaschutzmaßnahmen, der Bedrohungserfahrung, wenn diese abstrakte Zustimmung sehr konkrete, lebensweltlich erfahrbare Konsequenzen hat, flankiert von medialen Kampagnen einer prinzipiellen Delegitimierung solcher Eingriffe. Man kann immer wieder behaupten, Zumutungen seien möglich und nötig – und das stimmt auch –, aber man muss zur Kenntnis nehmen, dass sich abstrakte normative Ableitungen, was das Richtige sei, an den Alltagsroutinen und -interessen von Lebensformen brechen. Das gilt, ob man das will oder nicht.

Am Trägheitsthema kann man sehr schön sehen, wie schwierig es in Diskursen bisweilen ist, normative und deskriptive Fragen wenigstens unterscheiden zu können. Ich habe es selbst bei Reaktionen auf Texte, aber auch bei Vorträgen erlebt, dass schon die Rede von der Trägheit so verstanden wird, als sei das ein Trägheits*programm* oder gar ein *Ziel*. Es gibt eine lange Tradition, den Überbringer schlechter Botschaften zu köpfen – wobei es so weit noch nicht gekommen ist. Die Abwehr, manchmal Aggression gegenüber einer Trägheitsdiagnose ist wohl damit zu erklären, dass sie der Selbstbeschreibung unserer eigenen Kompetenz diametral zuwiderläuft. Wir halten uns zumeist nicht für träge, sondern willens- oder gar argumentgesteuert – Trägheit kommt im Beschreibungshaushalt gar nicht vor, allenfalls als Defizit oder gar Beleidigung, als affirmative Unangemessenheit. Aber auch diese Haltung ist genau genommen Ausdruck einer trägen Gewohnheit.

Trägheit ist keine Charakter-, sondern eine Strukturfrage – und eine Systemfrage. Systeme sind in ihrem Verhältnis zu ihrer Umwelt stets träger als die Umwelt.

- Das gilt für biologische Systeme, also Organismen, die nicht jede Umweltveränderung 1:1 umsetzen und mit ihren eigenen Mitteln moderieren – etwa das Halten einer bestimmten Eigentemperatur bei Temperaturveränderungen in der Umwelt;
- das gilt für psychische Systeme, also Bewusstseine, die mit ihrer Wahrnehmung und der Verarbeitung von Sinn sehr selektiv umgehen, eher vorherige Hypothesen bestätigen als sich disruptiv verändern;
- das gilt für kulturelle oder Bedeutungssysteme, deren begriffliche und semantische Kontinuität sich gegen zu schnellen Bedeutungswandel und gegen unmittelbare Eingriffe wehrt.

- Und das gilt erst recht für soziale Systeme, also für solche, die aus sozialer Kommunikation, aus Handlungen, Arrangements und Institutionen bestehen. Diese stabilisieren sich, wie schon erwähnt, durch Wiederholung, Selbststabilisierung und Bewährung, durch die Erfüllung von Erwartungen und nur dosierte Formen der Veränderung.

Das sind abstrakte theoretische Sätze, die man sehr voraussetzungsreich begründen kann und muss – sie basieren auf inter- und transdisziplinären systemtheoretischen Annahmen und auf empirischen Beobachtungen von Ordnungsbildung und Selbststabilisierung. Diesen Begründungssträngen muss hier nicht nachgegangen werden. Und die Metapher der Trägheit bezieht sich schon auf die Newtonsche Physik, in der Trägheit übrigens keineswegs Bewegungslosigkeit heißt. Auch Bewegungen enthalten ein Trägheitsmoment, denn sie ändern sich nach einem Impuls nur, wenn andere Kräfte gegen die Bewegung wirken. Ohne solche Kräfte – wie etwa Stöße, räumliche Begrenzungen, Luftwiderstand etc. – bewegt sich ein bewegter Körper stoisch in dieselbe Richtung. Trägheit ist also nicht unbedingt Bewegungslosigkeit, sondern Bewegung, die oftmals schwer zu stören ist.

An unserem Familienbeispiel lässt sich sehen, welche Bedeutung diese Trägheit hat: Sie ist überlebenswichtig, um nicht stetig neue Formen der Reparatur und der Neujustierung ausprobieren zu müssen. Das sehr voraussetzungsreiche ökonomische und sozialpraktische Arrangement der fiktiven Familie ist stabil, obwohl ganz unterschiedliche, zum Teil voneinander abgekoppelte Parameter zusammenpassen und durch die eigene Praxis zusammengehalten werden. Lebensformen richten sich in einer funktionierenden und selbstbestätigenden Praxis ein und sind avers gegen schnelle Veränderungen – weswegen schneller Veränderungsdruck zu Fehlanpassungen und Erwartungskrisen führt.

Mit solchen Erwartungskrisen umzugehen, ist die Herausforderung für ein konservatives Bezugsproblem. Auf der politisch konservativen Seite scheint es so zu sein, dass man dafür keine Chiffren findet und überfordert ist. Man flüchtet sich dann womöglich in Ersatzthemen, kapriziert sich nur noch auf einen Kulturkampf gegen «Wokeness» und postkoloniale Angriffe auf die eigene Lebensform, auf eine Art Kolonialisierung der klassischen Lebenswelten durch akademisch-urbane Kolonialherren, die die «normale» Welt okkupieren wollen. Das ist eine klassische Überreaktion auf den lebensweltlichen Veränderungsdruck, der manche Arrangements in Frage stellen wird – ohne sie aufzuheben. So sehr man identitätspolitische Übertreibungen kritisieren kann und so sehr manche sogenannte «woke» Ansprüche als übergriffig erlebt werden, so sehr sind sie für manche ein Geschenk des Herrn, weil man damit am besten von der Frage ablenken kann, wie man der Trägheit sozialer Routinen Herr werden kann.

Alles, was im weitesten Sinne mit Transformationsfragen, mit drohenden Veränderungen, mit Neuanpassungen zu tun hat, scheint eine besondere Herausforderung für konservative Bezugsprobleme zu sein. Ob man an ökologische Transformationen denkt, an Veränderungen der Arbeitswelt, an die Pluralisierung von Lebenswelten – stets setzt das am konservativen Bedürfnis nach Kontinuität und Übersichtlichkeit an – und stets müssen Transformationen gerade solche Bezugsprobleme ernst nehmen. Das heißt nicht, dass man den «Leuten» nichts zumuten kann, wie Kritiker gerne etwas blauäugig bescheiden, wenn man versucht, die Bedingungen von Veränderungen auszuloten. Es heißt aber, dass Zumutungen auf Bedingungen stoßen, die praktisch relevant sind. Auf der Ebene bloßer Meinungen und normativer Überzeugungen ohne Entscheidungsdruck sind Zumutungsmöglichkeiten ziemlich wenig begrenzt.

Überall in Europa, auch in Nordamerika ist vor allem bei den ehemaligen konservativen und christdemokratischen politischen Akteuren eine kaum zu bewältigende Selbstverunsicherung zu beobachten – die keineswegs darauf verweist, dass das Konservative sich überlebt hätte, sondern im Gegenteil: dass es gerade die konservativen Bezugsprobleme sind, die angesichts der kommenden Transformationen herausgefordert sind.

Manchmal würde es sich für die vor allem akademisch räsonnierende Klasse lohnen, das eigene Biotop jener überzeugungsstarken Mileus zu verlassen, die ja selbst in einer sehr kontinuierlichen Welt leben, in der geglaubt wird, dass sich Verhaltensstandards und vor allem Verhaltensänderungen durch Einsicht in eine von Expertenkulturen formulierte Notwendigkeit einstellen. Es ist oftmals sehr heilsam – und ich greife hier selbst auf vielfältige persönliche Erfahrungen zurück –, sich empirischen Erfahrungen auszusetzen, in denen das, was ich das konservative Bezugsproblem nenne, viel deutlicher hervortritt, weil es auch so benannt wird. Ich jedenfalls hatte selten das Gefühl, dass in diesen Milieus weniger ernsthaft über die krisenhaften Herausforderungen nachgedacht wird, aber womöglich mit anderen Mitteln, die Kontinuitätserwartungen nicht gleich mit Tatenlosigkeit gleichsetzen. Es ist auch eine Selbstkritik jener engagierten reform- und transformationsorientierten Milieus in der Weise nötig, dass ihre eigenen Sozialformen der Forderung, des Protests, der Dringlichkeitskommunikation und einer gewissen normativen Unbedingtheit zwar im Gewande eines universalistisch begründbaren Aufforderungscharakters daherkommen, dabei aber oft mehr milieuspezifische Formen des habitualisiert «Gewohnten» sind. Dem «konservativen Bezugsproblem» entkommt in diesen Zeiten niemand.

Aber einfach «konservativer» zu werden, ist keine Option, wenn das eine Rückkehr zu konservativen Inhalten bedeuten würde, die am Ende ja nur dafür verwendet werden, die Transformationsnotwendigkeit zu bestreiten – entweder klassisch konservativ oder als Kulturkampf gegen die «woken» Zumutungen. Vor diesem Hintergrund könnte man zu der Erkenntnis kommen, dass Angela Merkel keinesfalls jene konservative Anomalie gewesen zu sein scheint, zu der sie von ihren Nachfolgern fast ohne Namensnennung stilisiert wird. Vielleicht war das eine konservative Form auf der Höhe der Zeit, die man dann womöglich gar nicht mehr so nennen kann. Das lässt sich übrigens unabhängig davon formulieren, dass in den 2010er Jahren viele notwendige Reformen und Neuanpassungen liegen geblieben sind. Diese Frage hat sich nun ohnehin relativiert, weil das latent gebliebene Erfolgsarrangement unter einen Druck geraten ist, der ihm den Latenzschutz geraubt hat.

An unserer Familie lässt sich verdeutlichen, welcher Art die Widerstände sind, gegen die sich der Veränderungsdruck durchsetzen muss: Es sind funktionierende Lebenswelten und ihre Immunreaktionen, nicht allein Wissen und Überzeugungen. Für eine Familie wie die beschriebene gilt all das, was ich oben im Hinblick auf die Frage der Autorenschaft vor einem weißen Blatt Papier oder als Zinnsoldatensyndrom beschrieben habe: Der Weg von einer funktionierenden Konstellation zu einem Neuarrangement ist nicht trivial, sondern muss bei laufendem Motor erfolgen. Man kann dann «die Welt neu denken» oder «eine andere Welt (für) möglich» halten oder die mangelnde Bereitschaft zur Veränderung der eigenen Praxis beklagen – zunächst muss aber verstanden werden, auf welche Art von Widerstand und Immunreaktion solche Neuarrangements treffen.

Politisch wirkt sich dies als Form des Vertrauensverlusts Eliten gegenüber aus. Das Heizungsgesetz und seine Strategie lebte unter anderem davon, dass flankierend zu den Regeln der Neuinstallierung von Wärmetechnik die Rechnung mit der Aussicht auf einen sinkenden Energiepreis präsentiert wurde – eine Rechnung, die nach allem, was geplant ist, durchaus realistisch ist, aber erhebliche Anstrengungen beim Ausbau CO_2-neutraler Energieträger verlangt und zugleich von Weltmarktpreisen für Gas abhängig ist. Das ist letztlich *business as usual* – aber unter den Bedingungen der großen Visibilisierungserfahrung leidet das Vertrauen in die Arrangements, die aussehen, als würden sie von selbst funktionieren.

Es soll hier nicht um das Konservative selbst gehen. Mein Argument lautet vielmehr, dass die gegenwärtigen Visibilisierungserfahrungen multipler Krisen eine besondere Herausforderung für ein konservatives Bezugsproblem darstellen, obwohl sachlich und fachlich gesehen eher ökonomische, politische und kulturelle Aufbruchstimmung vonnöten ist. Darauf stoßen nicht nur konservative politische Akteure, sondern auch sozialdemokratische und sozialökologische. Erstere mögen eine etwas andere Semantik pflegen, um nicht den etwas despektierlichen Begriff der Folklore zu verwenden. Und sie haben womöglich einen stärkeren Sensus für die verteilungspolitischen Folgen der Transformation. Aber das Grundproblem ist doch ähnlich: wie in volatilen Zeiten funktionierende Arrangements von Einkommens-, Versorgungs-, Aufmerksamkeits- und Alltagsökonomien aufrechtzuerhalten sind – nicht nur angesichts der klimapolitischen Herausforderungen, sondern auch im Hinblick auf die Umgestaltung der Arbeitswelt, deren radikalste Auswirkungen nicht in den unteren Lohngruppen zu suchen sind, sondern dort, wo Wertschöpfung auf künstliche Intelligenz und ganz neue Formen der Automatisierung umgestellt oder wenigstens durch sie ergänzt wird.

Und die grün-sozialökologischen Akteure leiden besonders an der Inkonsistenz zwischen semantischen Forderungen und radikalen Umbauprojekten auf der einen und der Trägheit von Alltagsroutinen und -gewohnheiten auf der anderen Seite. Dass es besonders deren Lebensstile sind, die besonders mobil, besonders volatil, besonders kosmopolitisch, besonders konsumorientiert und besonders anspruchsvoll gebaut sind, weist auf diese Diskrepanz auch besonders schmerzlich hin. In unserer Familie bildet sich das – möglichst milieuneutral beschrieben – alles ab. Und man kann sagen, dass die Frage der Relevanz des konservativen Bezugsproblems, nämlich mit der Trägheit der Systeme und der Schwäche der Menschen umzugehen, eine milieuübergreifende Diagnose ist.

Hinzu kommt das Wissen darüber, dass es eine starke Asymmetrie im Hinblick darauf gibt, dass Lebensstile eine sehr unterschiedliche CO_2-Relevanz aufweisen. Die Faustformel *je höher das Einkommen und je größer Mobilitäts- und Konsummöglichkeiten, desto höher ist auch der lebensstilbedingte CO_2-Ausstoß* gilt innerhalb Deutschlands ebenso wie weltweit. In Deutschland erzeugt jeder Mensch jährlich ca. 11 t CO_2. Diese Rate ist von 1991 bis 2019 um ca. 34% gesunken, wobei auch hier die ärmeren zwei Drittel mehr CO_2 eingespart haben als das wohlhabendere Drittel. Allerdings muss konzediert werden, dass diese Reduktion weniger auf sichtbaren Transformationsschritten basiert und kaum auf geänderten Verhaltensdispositionen, sondern vor allem durch das Zurückfahren von Braunkohleverfeuerung in den 1990er Jahren, durch Umstellung auf gasgestützte Brenntechnologien, überhaupt die Einführung effektiverer Technologien bewirkt wurde. Laut Umweltbundesamt spielten freilich auch konjunkturelle Schwankungen sowie die Witterung eine Rolle. Laut Klimaschutzgesetz soll der derzeitige Durchschnittswert für Deutschland von ca. 11 t (entspricht 60% mehr als der Weltdurchschnitt) pro Jahr so sinken, dass bis 2045 Klimaneutralität erreichbar wird, was bedeutet, dass bis 2030 die Emissionen im Vergleich zu 1990 um 65%

gesunken sein müssen. Jedenfalls lagen die CO_2-Emissionen in Deutschland nach einer Berechnung des Verbandes «Agora Energiewende» auf dem niedrigsten Stand seit 70 Jahren, wobei nur 15% davon durch erneuerbare Energien zu verzeichnen sind. Der Großteil geht auf die schwache Konjunktur und auf die Erfolge des Emissionshandels zurück. Welche Berechnungsgrundlagen diese Zahlen bestimmen und wie die Datenlage sich darstellt, muss hier nicht diskutiert werden. Deutlich sollte aber sein, dass die Transformationstiefe sich verschärft, spätestens seit die Brückentechnologie Gas aufgrund der bekannten Gründe nicht mehr in ausreichender Menge und in den kalkulierten Preisen zur Verfügung steht. Man kann daran sehen, dass diese Berechnungen selbst wiederum von Faktoren abhängig sind, die schwer kontrollierbar, planbar und prognostizierbar sind – und nicht nur das, das galt immer, sondern sie sind nun unhintergehbar *sichtbar* geworden. Staatlicher Planung und politischer Gestaltung solcher Strategien geht es kaum anders als unserer kleinen Familie.

Die intellektuelle Herausforderung, angesichts der notwendigen Veränderungen mit der merkwürdigen Unbeweglichkeit gesellschaftlicher Routinen in allen Milieus umzugehen, besteht darin, Kontinuitätserfahrungen in den Wandel einzubauen. Das hört sich merkwürdig an, ist aber exakt die Aufgabenstellung. Gerne wird die Frage der Transformationsstrategie so geführt, als gehe es um ein Entweder-Oder zwischen Appellen an konkretes, individuelles Verhalten und politisch herzustellende Rahmenbedingungen, Leitplanken, Grenzwerte und zur Not auch Verbote – die dann aber kollektiv verbindlich gelten und nicht der individuellen Entscheidungsbereitschaft anheimgestellt sind. Es sei entlastend für die Bürgerinnen und Bürger, wenn ihr Verhalten politisch, rechtlich verbindlich reguliert würde, so dass einerseits Fairness herrsche, andererseits die Verantwortung nicht auf dem Einzelnen laste.

Das ist fast eine Scheindiskussion. Selbstverständlich lassen sich so grundlegende Veränderungen nicht durch die Aufsummierung individueller Entscheidungen denken – und noch die liberalste Methode, nämlich die Bepreisung von unerwünschtem Verhalten zur Verhaltenssteuerung, rechnet nicht mit einer Handlungsrationalität aufgrund von Einsicht, sondern aufgrund von Nutzenerwägungen, und muss staatlich/gesetzlich reguliert werden, damit für alle Beteiligten dieselben Regeln gelten und damit die Mechanismen des ökonomischen Wettbewerbs eingehalten werden.

Dass man die konkrete Handlungssituation und die kollektiv bindende Regulierung nicht getrennt voneinander denken kann, schon gar nicht als Alternative, wird aber dann deutlich, wenn man an die politische Durchsetzbarkeit von solchen Standards denkt – die Heizungsdiskussion dürfte hier wieder paradigmatisch sein. Die Widerstände wachsen, wenn die regulierten Lösungen die Lebensarrangements herausfordern – und wenn sie es nicht wirklich tun, ist es zumindest das Einfallstor für politische Kritik und Zweifel.

Die Größe der Aufgabe liegt tatsächlich in der Plausibilisierung nötiger Veränderungen für konkrete Alltagsarrangements. Umgelenkt wird sie allerdings in einen symbolischen Diskurs, der tatsächlich am konservativen Bezugsproblem ansetzt: Dass die nötigen Auseinandersetzungen als Kulturkämpfe geführt werden, liegt schlicht daran, dass diese sich gewissermaßen mimetisch an die grundlegende Erfahrung der Überforderung durch die Störung von latent stabilen Arrangements anschmiegen. Deutlicher gesagt: Wer das Klimathema als Ideologie abtut, gesellschaftliche Pluralisierung als Sieg der Wokeness, Versuche, angemessen mit Migration umzugehen, als Umvolkung, Energiepolitik als Deindustrialisierungsstrategie ummünzt und Pandemiemaßnahmen als Gängelung um der Gängelung willen, nutzt das konservative

Bezugsproblem gewissermaßen populistisch aus, statt es zu gestalten.

Zur Erinnerung: Das konservative Bezugsproblem reagiert einerseits auf die Trägheit von institutionalisierten Arrangements und andererseits auf den Latenzverlust, der die Fragilität und Vulnerabilität der funktionierenden Arrangements sichtbar macht. Hier setzen diese Kulturkämpfe an, die Kämpfe um Anerkennung sind und eher Identität als Sachfragen zur Währung haben. Das konservative Bezugsproblem ist nah an Identitäten gebaut, die sich nicht erklären müssen – und die eher «neuen» Identitätszumutungen sind vor allem Produkte von Erklärungen, mithin also ihrerseits von Hinweisen darauf, dass das, was «immer schon» gilt, was als «normal» bezeichnet werden kann, auch nur eine Variante unter anderen ist. Kulturkämpfe haben den Fehler, dass sie auf Kultur verweisen – Kultur, so hat es Niklas Luhmann einmal formuliert, leide unter dem Geburtsfehler der Kontingenz: Sobald man Kulturelles miteinander vergleicht, verliert es seine Funktion, nämlich latente Bedingungen darüber bereitzustellen, wie die Welt üblicherweise ist. Kulturkämpfe können nicht gewonnen werden, weil sie «Kultur» sichtbar machen – verlieren kann man sie schon.

12

Was- versus Wer-Fragen
Oder: Worüber streiten wir da?

Bis an diese Stelle meiner Argumentation sollte deutlich geworden sein, wie komplex und wie voraussetzungsreich die Lösung von Transformationsfragen ist. Die gegenwärtigen Visibilisierungserfahrungen machen ja genau das sichtbar: wie fragil Lösungskonstellationen waren, die lange gut funktioniert haben, und wie indifferent die Gesellschaft für gutes Zureden ist. Noch einmal: Ihr damit gut zuzureden, dass die Welt auch anders sein könnte, dass eine andere Welt möglich wäre und dass es vor allem auf angemessenen Willen und die richtige Einstellung ankomme, dient zur Selbstberuhigung der Mahner, hat aber wenig Effekte. Man imaginiert sich eine *Welt als Wille und Einstellung.* Es dürfte kein Zufall sein, dass diese Imagination durchaus mit anderen starken Themen der öffentlichen Debatte konvergiert. Man kann kaum daran vorbeisehen, dass sich die Themen öffentlicher Aufregung tatsächlich um Einstellungsfragen gruppieren, und damit um Fragen der Zugehörigkeit, der Anerkennung, der Identität, der Abgrenzung gegen andere Lebensentwürfe und Einstellungen, gegen andere sozialmoralische Vorstellungen.

Gestritten wird derzeit vor allem über Wer-Fragen – wer sprechen darf, wer angeblich nicht sprechen darf, wer wer sei und wer angemessener repräsentiert sein müsse. Wer das für illegitime oder gar für unwichtige Fragen hält, hat schon einen performativen Widerspruch begangen, denn diese Behauptung nimmt selbst Stellung zu solchen Fragen. Es geht hier also nicht um die Delegitimierung solcher Fragen, die ganz offensichtlich ein hohes Konfliktpotential besitzen – und die als Kulturkämpfe am Ende, wie gesagt, nicht gewonnen, aber doch verloren werden können. Man verliert sie damit, dass politische Akteure auf den Plan treten, die sich wie parasitäre Existenzen dieser Kulturkämpfe bedienen.

Wofür ich hier werbe – womöglich auch mit einer guten Portion Naivität und Illusion –, ist ein Perspektivenwechsel auf Methoden und Strategien der Problemlösung, die partiell quer zu den klassischen politischen Differenzen und eingeführten Unterscheidungen liegen. Stattdessen aber verlagert sich die Debatte auf Anerkennungs- und Identitätsfragen. Die rechtspopulistische Herausforderung, wie sie auch als Reaktion auf komplexe Transformationslagen verstanden werden muss, hat letztlich kaum eine *sachliche* Möglichkeit, direkt die Komplexität der Situation zu adressieren, sondern verschiebt die Dinge auf eine Ebene, die das Gefühl einer mangelnden Anerkennung «des Volkes» erzeugt und dann nutzt. Populismus zeichnet sich dadurch aus, dass er als Strategie behaupten kann, als Einziger die «wirklichen» Interessen des Volkes zu adressieren, und deren «eigentliche» Form repräsentiert – gegen Eliten, denen man die Verantwortung für die Komplexität der Situation zuschreibt.

Populismus kann nur die Karte der Identität spielen, weil sie sich ja von den Sachfragen deutlich fernhalten muss. Dass Populismus gerne an Sachfragen ansetzt, ist dann freilich kein Zufall: Dass die Gelbwestenbewegung in Frankreich sich am Benzinpreis entzündet hat, ist geradezu paradigmatisch, ebenso wie die Bauernproteste an der Streichung von Zuschüssen für Traktordiesel. Steigende Preise für Grundnahrungsmittel, für alltägliche Energie, also für die einfachste Basis der Alltagsbewältigung, ist wohl eine noch deutlichere Bedrohung als alle abstrakten Szenarien, von abstrakten Gegenargumenten ganz zu schweigen. Es ist ein Symbol, das sich nicht nur als Störung von Alltagsselbstverständlichkeiten vorführen lässt, sondern auch auf Knappheitsfragen verweist, und dasselbe gilt für das Migrationsthema als Dauerbrenner für rechtspopulistische Propaganda. Migration kann man eine Sichtbarkeit unterstellen, die dafür steht, dass das Gewohnte in Frage gestellt wird – ob das nun stimmt oder nicht.

Diese Proteste lösen sich zumeist von ihrem Anlass. Bei den französischen Gelbwestenprotesten ging es am Ende nicht mehr ums Benzin, wie auch die Bauernproteste weit über den Dieselpreis hinausweisen. Solche Proteste werden inzwischen Proteste gegen das «System» selbst – als abstrakte Adresse für alles, was schiefläuft. Publizistisch findet das Ganze in der Sichtbarkeit von Straßenprotesten statt und in einer neuen oder wenigstens seit Neuestem erfolgreichen «alternativen» Presselandschaft, in der es überhaupt keine Grenzen des Sagbaren mehr gibt. Die einzige Expertise, die man dort findet, ist die Delegitimierung von Agenten «des Systems». Gepusht wurde dies vor allem während der Pandemie. Die Hauptwährung ist vor allem die Behauptung eines verengten Meinungskorridors – womit gemeint ist, dass jeder Unsinn auf Augenhöhe mit jeder anderen Äußerung gesetzt werden muss. Auch das ist eine radikale Form der Identitätspolitik. Diese Akteure sind es, die am Ende Was-Fragen selbst delegitimieren.

Wenigstens in der Hinsicht einer Entfernung von Was-Fragen zugunsten von Wer-Fragen sind auch oft identitätspolitische Strategien sozialer Bewegungen geprägt, die man mit dem ebenso ungenauen wie pejorativ gemeinten Label des «Woken» belegt, weil sie vor allem auf die Promotion der Sprecherposition pochen. Nun lautet meine These nicht, dass diese Identitätspolitik und die entsprechenden Themen oder gar die Akteure eine Schuld daran tragen, Rechtsradikale zu befördern, wie es bisweilen behauptet wird. So einfach ist es nicht. Die anspruchsvollere Frage lautet, warum die öffentliche gesellschaftliche Selbstbeschreibung überhaupt so sehr auf Sprecherpositionen konzentriert ist und sich immer mehr auf Anerkennungsfragen verengt. Meine These lautet eher, dass diese Konzentration auf Anerkennungsfragen die gesellschaftliche Selbstbeschreibung davon entlastet, Sachfragen als solche zu behandeln – wozu dann übrigens auch gehören würde, Sachfragen kontrovers zu behandeln. Vielleicht ist die radikalste Folge des angedeuteten Syndroms, dass die Seite einer Sach- und Fachauseinandersetzung kaum mehr eine Chance hat, sich strukturellen Sachfragen zu stellen, wenn diese sogleich in den Sog einer *Welt als Wille und Einstellung* geraten.

Was hat das Identitätsthema hier zu suchen? Es ging bisher um Zielkonflikte, um Komplexität, um die Unmöglichkeit kollektiven Handelns, um die Nicht-Linearität von Problem-Lösung-Konstellationen. Die Debatten um Identität, um Sprecherpositionen, um die Frage angeblicher und wirklicher Übermoralisierung der eigenen Position, die strategische Eskalation der eigenen Befindlichkeit von allen Seiten, all das ist auch etwas, das mehr sichtbar macht, als zuvor möglich war. Es macht zum einen Sprecherpositionen sichtbar, die zuvor keine Chance hatten – dass derzeit mehr über Rassismus diskutiert wird, ist ja kein Zeichen dafür, dass es zuvor weniger Rassismus gegeben hat. Wahrscheinlich ist das Gegenteil der Fall – und das Mehr oder Weniger in der Zeit ist wohl auch deshalb schwer empirisch zu messen, weil man dafür jene Personen befragen muss, deren eigene Aufmerksamkeit und Einstellung sich im Rahmen der entsprechenden Aufmerksamkeitsökonomie bewegt. Auch die Identitätsfragen, wie ich sie hier rekonstruiert habe, sind ein Ergebnis von Visibilisierungen, also von Aufhebungen von Latenzschutz, was zu Verunsicherungen, wenigstens zu nötigen Neujustierungen führt.

Wie bei den klassischen Krisen führt diese Form der Visibilisierung dazu, dass Sprecherpositionen eskalieren und es offensichtlich schwerfällt, die Differenz der Sprecherpositionen in Rechnung zu stellen und darüber eine Form zu finden, die eben kein Konsens oder keine Form des Gemeinsamen sein muss. Auch Identitätsfragen verselbständigen sich – und machen vor nichts Halt. Dass man die geschlechtliche Zurechnung rechtlich auf einen Sprechakt bringen kann, sie also gleichzeitig eindeutig und kontingent setzen, ist der vielleicht deutlichste Hinweis darauf.

Meine These lautet darüber hinaus, dass die Verselbständigung der Konflikte um Identitäts- und Anerkennungsfragen im politischen wie im akademischen Kontext auch Ausdruck einer gewissen Ratlosigkeit darüber ist, wie mit den strukturellen Fragen gesellschaftlicher Krisenbewältigung umzugehen ist. Auf der politisch linken Seite verläuft die interne Konfliktlinie deshalb vor allem zwischen klassischen, also an der ökonomischen Verteilungslogik orientierten Linken und Kulturlinken, die hauptsächlich «intersektionale» Anerkennungsungleichheiten im Blick haben.

In vielen Debatten haben sich klassische sozialpolitische Konfliktformen in Identitätsfragen verwandelt. Für die USA konnte Arlie Russell Hochschild gut zeigen, wie es vor allem ein sozialer Abstieg oder wenigstens soziale Abstiegsängste waren, die dann vor allem identitätspolitische Distinktion gegen Identitätspolitik hervorgebracht haben. Dass man den Leuten als weißen, zuvor Erfolgreichen, aber nun Gestrauchelten auch noch Privilegien als Mittelschichtsweiße vorwarf, hat laut Russell Hochschild jene Trump-Strategie erst ermöglicht, in Washington, D.C., einzuziehen, um die Macht «back to the American people» zu geben, wie er es bei seiner Inauguration am 20. Januar 2017 in Anwesenheit der Washingtoner Eliten gesagt hat. Der Kampf war keiner um die verlorenen sozialen

Errungenschaften, sondern um verlorene Anerkennung: eine strategisch inszenierte Identitätskonkurrenz. Die Grundfigur lautet: Kann man einem weißen Handwerker, der Opfer des Niedergangs früher florierender Branchen geworden ist, tatsächlich Privilegien vorwerfen, die er gegenüber Schwarzen oder anderen Unterprivilegierten oder gar akademischen Kritikern hat? Schon dieses Beispiel zu nennen, wird in den Strudel einer Parteilichkeit hineingerissen, die solche Beispiele gegen den legitimen Anspruch derer verteidigt, die ebenfalls auf mangelnde Anerkennung – materiell und kulturell – hinweisen. Und: *Identitätspolitik ist nichts, was nur auf einer Seite stattfindet, sondern inzwischen die entscheidende Leitwährung politischer Konflikte geworden ist.*

Die Konzentration der heißen politischen Debatten in den multiplen Krisen auf Identitätsfragen spielt auch in Deutschland eine entscheidende Rolle – Elitenkritik und die Behauptung, quasi-natürliche Verhältnisse würden mutwillig und bewusst zerstört, ist das Elixier, mit dem der politische Rechtspopulismus stark geworden ist. Der Erfolg der AfD, aber auch das hohe Misstrauen gegenüber den Eliten und ihrer Problemlösungskompetenz speist sich aus einer geradezu kultivierten Erfahrung, dass es einem schlecht geht – und das ist fast gleichbedeutend mit der Konzentration der eigenen Aufmerksamkeit auf Identitätsfragen.

Wie weiter oben schon erwähnt, hat der Jenaer Soziologe Klaus Dörre, unmittelbar anschließend an das methodische *deep-story*-Verfahren, das Arlie Russel Hochschild für ihre Untersuchung der amerikanischen Rechten entwickelt hat, wegweisende Studien über Ostdeutschland veröffentlicht. Er zeigt, dass die Leute, auch wenn sie den Mindestlohn erhalten, dort durchaus über die Runden kommen. Und doch sind sie in dem speziellen Umfeld empfänglich dafür, nicht wirklich dazuzugehören und keine wirklichen Zukunftsperspektiven zu haben. Dies erzeugt eine Empfänglichkeit für Identitäts- und Anerkennungsfragen, die politisch mit einer bisweilen rechtsradikalen, mindestens aber ressentimentgetriebenen Form bedient werden kann. Natürlich sind die Transferleistungen in Deutschland vergleichsweise groß, aber besonders verfängt die Behauptung, nicht dazuzugehören, vor allem in Differenz zu urbanen, pluralistischen, akademischen, auch westlichen Milieus. Rechtspopulismus gibt es in West und Ost. Dennoch hat Ostdeutschland mit einem breiten Milieu zu tun, das das Gefühl bewirtschaftet, nicht anerkannt zu sein. Politisch hat das zunächst die Post-SED-PDS/Linke bedient, heute die AfD.

Die AfD war zunächst erfolgreich in Gebieten, in denen die Industrie besonders anfällig für die Transformation ist, also in Braunkohle- und Bergbaugebieten, bei Firmen, die sehr energieintensiv produzieren. Dort wissen die Leute: Selbst wenn sie noch in diesem Geschäftsmodell Geld verdienen, verschwinden diese Industrien irgendwann. Das erzeugt Unsicherheit. Und es gibt Regionen, in denen die Infrastruktur nur rudimentär vorhanden ist: Da schließen Schulen, da fehlen Ärzte, da gehen die leistungsfähigen Jungen weg. Auf diese Lücken weist die AfD hin und ist auch in der Lage, sich als Kümmerer in den Vordergrund zu stellen. Das gilt auch für «schwierige» großstädtische Wohnquartiere, in denen sich jene Knappheitsprobleme fokussieren, die sich dann auf identitätsfähige Themen konzentrieren – und die man offensichtlich nicht wirklich ernst nimmt. Dass Flüchtlingsunterkünfte eher in der Nähe dieser Quartiere aufgestellt werden als in den hochpreisigen Vierteln, hat auch etwas damit zu tun, dass sich Besserverdiener politisch besser durchsetzen können und leichteren Zugang zu juristischen Mitteln haben. Die Distinktionsformen ähneln sich dagegen durchaus – auch wenn die Kinder dieser besseren Viertel gerade in ihren Studiengängen etwas über das «Othering» gelernt haben.

Ich hatte vor kurzem die Gelegenheit, mit Bürgermeistern und Landräten im sehr wohlhabenden südlichen Oberbayern zu diskutieren. Es waren allesamt Leute, die der dort staatstragenden Partei angehören. Sie haben davon berichtet, dass es ihnen kaum mehr gelinge, sich kommunalpolitisch gegen Elitenkritik, gegen behauptete Anerkennungsverluste, gegen fundamentale Kritik, bisweilen gegen persönliche Angriffe durchzusetzen. Eines der berüchtigten Themen ist natürlich die Errichtung von Aufnahmeeinrichtungen für Flüchtlinge, gegen die opponiert wird – übrigens etwas, das kommunal exekutiert werden muss und nicht in der Entscheidungskompetenz vor Ort liegt. Es wurde unisono berichtet, dass diese Einrichtungen durchaus Belastungen erzeugen, dass das Zusammenleben aber dennoch gut funktioniere und man über die Jahre einen guten Modus gefunden habe. Selbstverständlich gab es erhebliche Kritik an der nationalen Flüchtlingspolitik, auch den Wunsch, die Zahlen zu reduzieren – wohl wissend, dass das so einfach nicht ist. Ich stieß hier wirklich auf flächendeckend wohlwollende, ressentimentfreie Kommunalpolitiker mit ziemlich realistischen Einschätzungen und der Fähigkeit, Dampf aus dem Kessel zu nehmen. Es wurde deutlich anders kommuniziert, als man es von markigen Formen der Landesregierung gewohnt ist.

Aber selbst in dieser sehr privilegierten Gegend formiert sich ein Widerstand, der ganz im Sinne Russel Hochschilds eher imaginierte als reale Abstiegsängste adressiert – und Fundamentalkritik nicht nur auf dieses Thema bezieht. Der Fokus aller Kommunikation war: Es werde die eigene Sprecherposition gering geschätzt. Der AfD und kleineren rechtsradikalen Gruppen gelinge es, in sozialen Netzwerken, aber auch in direkter Kontaktaufnahme gewissermaßen als Kümmerer vor Ort aufzutreten und die Leute mit dem Virus zu vergiften, niemand kümmere sich wirklich darum, wer sie seien. Das Erstaunen gerade dieser Kommunalpolitiker war besonders groß, weil sie es in naher Vergangenheit waren, die als Mitglieder einer Volkspartei den Spagat zwischen dem Kümmerer vor Ort und der Umsetzung politischer Notwendigkeiten schafften. Wahrscheinlich ist das die Definition für das, was man eine Volkspartei nennt. Dieser Mechanismus ist vor Ort, trotz noch komfortabler Wahlergebnisse, ziemlich gestört.

Womöglich hat vieles mit einem tatsächlichen und eingebildeten Kontrollverlust zu tun. Ich habe dieses Buch mit dem Gedanken begonnen, wie eine breiter werdende Visibilisierungserfahrung die Kontingenz, das Voraussetzungsvolle, die Fragilität und das Vulnerable von Problem-Lösung-Arrangements aus der Latenzzone geholt hat. Vorwürfe an die «Gesellschaft» sind vor allem erfolgreich, wenn sie einen Kontrollverlust adressieren können – das gilt für alle starken Themen der Gegenwart: Energiepreise, marode Infrastrukturen (Bahn, Schulen, Bürokratie, Verwaltung etc.), geostrategische Sicherheitsfragen, Klimafolgenbekämpfung, Umstellung auf digitalisierte Wertschöpfungsketten, Staatsverschuldung. Die Liste ließe sich verlängern. Den vielleicht höchsten Symbolwert für ein Erleben von Kontrollverlust ist ohne Zweifel das Migrationsthema, das immer wieder – mit Höhepunkten in den 1990er Jahren und seit 2015 – unmittelbar mit der Erfahrung von Fluchtmigration verbunden ist. Migration als Kontrollverlust – das ist das Narrativ, in dem rechtspopulistische Formen ihren Nährboden finden. In ganz Europa ist dieses Thema der entscheidende Energiespender für rechtspopulistische Parteien. Dies ein «Narrativ» zu nennen, bedeutet nicht, dass Fluchtmigration keine wirklichen Probleme erzeugt. Das zu leugnen, wäre naiv. Es geht mir um das Narrativ des Kontrollverlustes, das besonders erfolgreich ist und alle anderen Erfahrungen von Kontrollverlusten semantisch geradezu überlagert.

Vielleicht sollte man die Bedeutung von nicht-funktionierenden Infrastrukturen nicht unterschätzen – sprichwörtlich ist besonders der Zustand der Bahn, aber auch ein unterfinanziertes Schulsystem oder eine überregulierte Verwaltung. Es ist kein Zufall, dass hier vor allem solche Bereiche genannt werden, die so etwas wie Generalinklusion versprechen. Mit der Bahn und der Verwaltung hat jeder unmittelbare Erfahrungen gemacht, und Schulen docken an den unmittelbaren Erfahrungen von Familien an. Unzufriedenheit hat hier Adressen, konkrete, nicht abstrakte Adressen. Und dass die Aggressivität gegen Dienstpersonen wächst – auch hier sind Zugbegleiter paradigmatisch, aber auch Rettungsdienste oder die Feuerwehr –, bestätigt nur, dass die Ambiguitätstoleranz gegenüber der «Gesellschaft» sinkt, weil die Abläufe nur dann ihren Latenzschutz verlieren, wenn sie nicht befriedigend funktionieren.

Man darf die AfD nicht überschätzen, aber auch nicht unterschätzen. Wie neuere Forschungen um den Kieler Ökonomen Moritz Schularick deutlich zeigen, verursachen rechts- wie linkspopulistische Regierungen erhebliche volkswirtschaftliche Schäden. Einerseits geben sie vor, im Interesse des «einfachen Leute» zu handeln, andererseits sind die ökonomischen Schäden gerade für diese Gruppe enorm. Man kann daran ein Dilemma ablesen: Einerseits bedarf es eines gewissen Komplexitätsstandards, um Strukturen und Leistungen aufrechtzuerhalten, andererseits opponieren die ressentimentgetriebenen Politikformen von Populistischen gegen diese Komplexität und Unübersichtlichkeit – im Namen des Volkes.

Insofern ist die AfD selbst nur ein Lackmustest für die Selbstwahrnehmung des politischen Publikums. An der AfD und ihrer Anhängerschaft kann man relativ gut zeigen, was sich auch andernorts beobachten lässt: wie sehr sich inhaltliche Fragen und Identitätsbewirtschaftung voneinander entfernt haben und geradezu systematisch entkoppelt sind. Man muss sich nur vorstellen, welche Folgen die inhaltlichen Programme der AfD hätten – diese wären katastrophal. Ein Austritt Deutschlands aus der EU hätte nicht nur das Ende der EU zur Folge, sondern wohl auch ein System von Zöllen und Ausfuhrbeschränkungen, die wirtschaftlich für ein Exportland existenzbedrohend wären. Ein NATO-Austritt der Bundesrepublik – gerade in diesen Zeiten – würde die Sicherheitsarchitektur des Landes und des Kontinents über Jahrzehnte in Frage stellen. Die prinzipielle Einschränkung von Migration (auch jenseits von Fluchtmigration) würde die Alterspyramide noch verschärfen. Die Einschränkungen des Sozialstaates hätten gerade für die eigene Klientel starke Folgen. Vom Kahlschlag in Kultur und Bildung muss man gar nicht erst reden. Allerdings darf man nie vergessen, dass solche rechtspopulistischen oder auch rechtsradikalen Formen gar nicht durch ihre inhaltlichen Elemente, ihren sachlichen Gehalt oder gar ihre Lösungskompetenz attraktiv sind, sondern weil sie eine klare und deutliche Opposition zu einem «Mainstream» behaupten können. Deshalb gerät man bei der Widerlegung der inhaltlichen Aspekte solcher Positionen in eine merkwürdige Bredouille: Je eher man gegen solche Positionen recht hat, desto mehr wird das Schisma zum «Mainstream» deutlich und desto wirksamer wird diese Position für die eigenen Anhänger. Deshalb brauchen diese Positionen gar kein besseres Argument. Es reicht ihnen über Ressentiments und Identitätsdruck Gefolgschaft zu organisieren. Denn dass diese inhaltlichen Fragen alle in einem zweiten Schritt diese Ressentiments direkt bedienen, ist ja kaum zu übersehen.

Der Erfolg und strategische Vorteil solcher politischer Formen liegt darin, dass sie begriffen haben, dass kaum jemand seine Überzeugungen oder gar sein Verhalten durch ein gutes Argument oder einen sachdienlichen Hinweis ändert, sondern eher durch emotionale Ansprache, also durch soziale Bestätigung eigener Assoziationen. Der strategische Vorteil liegt darin, dass der Appell ans Gefühl für diejenigen einfacher sein könnte als für diejenigen, die Sachargumente stark machen. Derzeit dürften Identitätsfragen diejenigen Formen sein, die in diesem Sinne am stärksten emotionalisierbar sind. Deshalb ist es so einfach, über Identitäts- und Anerkennungsfragen zu reden – aber schwerer, über die Lösung von Sachfragen zu verhandeln.

Was ist eine Lösung? Eine Lösung muss zu den Problemen passen, oder vielleicht sogar andersherum: *Das Problem muss zur Lösung passen.* Vor allem politische Kommunikation ist nur an lösbaren Problemen interessiert, also an solchen, bei denen man behaupten kann, dass die vorgeschlagenen und umworbenen Lösungen zu den Problemen passen. Deshalb erzeugt ein pluralistisches politisches System, typischerweise in Demokratien, auch unterschiedliche Problem-Lösung-Konstellationen. Vor diesem Hintergrund ist die rohe Rede, «die Politik» müsse endlich Klimaschutzmaßnahmen umsetzen oder die Chancengleichheit im Bildungssystem erhöhen, naiv und tatsächlich roh, weil man nicht mit der empirischen inneren Differenziertheit möglicher Programme rechnet und damit die interne Komplexität des politischen Prozesses geradezu unsichtbar macht. Denn das ist es, was politische Programme tun: Sie müssen Problemlagen selbst erzeugen, damit diese zu ihren Lösungen passen. So wird für einen Liberalen das Problem immer darin liegen, dass es zu viele Regularien und zu viel Staat gibt, für einen Sozialisten immer darin, dass der gesellschaftliche Reichtum ungleich verteilt ist, für eine Konservative stets, dass die Menschen nicht überfordert werden dürfen und sich nicht zu viel zu schnell ändern darf, für ökologische Politik wird alles an der Auswirkung auf die Umwelt gemessen, und für rechtspopulistische Perspektiven ist das Problem zumeist das der ethnischen Heterogenität oder die Entfernung der Eliten vom «Volk».

Diese Aufzählung ist keine Kritik, sondern ihrerseits Ausdruck einer politischen Form, die aufgrund ihrer eigenen Struktur einen Pluralismus von Problem-Lösung-Relationen erlaubt. Die Stärke der Demokratie liegt sicher darin, dass sich nicht nur einfach unterschiedliche «Leute» um Ämter bewerben, sondern unterschiedliche Programme, die selbst das Ergebnis partikularer, oder besser: perspektivischer Problemwahrnehmung sind. Sie sind historisch durchaus komplementär gebaut – was auch daran liegt, dass sie sich im politischen Prozess und in Parlamenten als reziproke Gegner begegnen.

Diese Reziprozität vermittelte für die je eigenen Mitglieder/Anhänger durchaus eine Kontrollillusion, weil die Konzepte irgendwie klarer erschienen, zumal diese sich um die Kategorien von Verteilungsfragen herum organisiert haben (aus denen sich gesellschaftspolitische Liberalisierungen ableiten ließen). Die Kontrollillusion bestand auch darin, dass man ziemlich genau wusste, wie der jeweilige Gegner tickt und was von wem zu erwarten ist. Das erzeugte Routinen – und es gibt nichts, was die Illusion von Kontrolle stärker bedient als Wiederholung und Bewährung. Die Bedingung für diese Komplementarität politischer Spieler blieb lange unsichtbar.

Die Visibilisierungserfahrung, die den *basso continuo* dieses Buches darstellt, lässt zumindest Zweifel aufkommen, ob die krisenhaften Herausforderungen sich mit den eingeführten politischen Unterscheidungen abbilden lassen. Selbstverständlich gibt es, etwa für die Klimafrage gesprochen, eine eher sozialdemokratische (soziale Folgen), eine eher liberale (Markt) oder eine eher konservative (keine Überforderung) Variante politischer Programme. Zumindest lässt sich das Klimaproblem nicht mehr so einfach als Verteilungsproblem fassen. Das CO_2-Problem ist kein Verteilungs-, sondern ein Produktions-, Mobilitäts- und Energieproblem. Es ist die Form der industriellen Wertschöpfung, um die es geht.

Das ist keineswegs eine Geringschätzung des Verteilungsproblems und des Problems sozialer Gerechtigkeit – wie immer man sie programmatisch fasst. Meine These lautet, dass sich das Problem nicht *als* Verteilungsproblem lösen lässt. Dass es eine Ungleichheitsdimension hat, ist freilich unbestritten. Von Preisvolatilitäten sind etwa eher ärmere private Haushalte erheblich stärker betroffen, weil entsprechende Preissteigerungen sich stärker auf das Haushaltsgefüge auswirken als in Haushalten mit Reserven und Überschüssen. Genauso unbestritten ist, dass auch CO_2-produzierende Lebensstile sehr ungleich verteilt sind – der Lebensstil von Hochverdienenden ist CO_2-intensiver als der von Normal- oder Geringverdienern, so dass man auch die Belastungen ungleich verteilen muss. Aber das löst noch nicht das grundlegende Steuerungsproblem im Hinblick auf die Umstellung des gesellschaftlichen Metabolismus auf CO_2-neutrale Energieträger.

Vielleicht war das Besondere der klassischen Industriegesellschaft, dass mit den Verteilungsfragen auch die wesentlichen Sachfragen abgebildet wurden: Sie organisierten politischen Streit und politische Stabilität zugleich. Sie konnten Erfolge für die einen und die anderen markieren. Sie haben auch erstaunliche Erfolge erzielt – und sich damit auf eine kontrollierte Weise schwergetan. Inzwischen aber wird sichtbar, dass diese Konfliktachse quer liegt zu den Krisenherausforderungen. Auch quer zu den starken Überzeugungen, in die gerade die Geistesarbeiter und die Reflexionseliten so verliebt sind, die weiße Blätter vollschreiben.

Um es deutlich zu sagen: Die Klimafrage wird politisch nur dann erfolgreich beantwortet werden können, wenn zugleich damit auch die soziale Frage verkoppelt wird. Das gilt um so mehr, wenn meine Diagnose stimmt, dass sich das Klimaproblem nicht primär *als* Verteilungs- und Ungleichheitsfrage lösen lässt. Wer diesen Zusammenhang aus dem Blick verliert, muss scheitern, weil Verunsicherung durch Transformationsdruck vor allem bei jenen steigt, deren privathaushalterische Arrangements keine Reserven kennen und für die Volatilität von Preisen anfälliger sind als die jener Trägergruppen, die man für die Treiber von Klimaschutzpolitik hält.

Es ist nicht verwunderlich, dass das Klimathema und andere Krisen nur dann die nötige Aufmerksamkeit bekommen, wenn es verteilungsrelevante Folgen hat und in die Logik der klassischen Konflikte eingebaut werden kann. Nicht umsonst waren es verteilungspolitische Mittel, mit denen die Pandemie bewältigt wurde (Stichwort: Kurzarbeitergeld) und mit denen auch die Energiekrise bearbeitet wurde. Etwas moderiert wird die Energiekrise auch dadurch, dass der Grund der Überfall Russlands auf die Ukraine ist – dass dahinter auch die grundlegende Frage einer klimaneutralen Energieversorgung und des Weges dorthin steht, erzeugt ein Erstaunen, das auch so stark ist, weil man nun sieht, wie sehr das Problem bereits in die unsichtbar gewordenen Arrangements eingelassen war.

Um es noch einmal schematisch auf den Punkt zu bringen: Multiple Krisenerfahrungen führen zu einer Visibilisierung der fragilen Bedingungen gesellschaftlicher Routinen und Arrangements. Diese lassen sich nicht mehr allein mit den politischen Routinen bearbeiten, die vor allem durch Verteilungskategorien geprägt sind. Gerade dadurch werden Anerkennungs- und Identitätskonflikte virulenter – und dies ist geradezu das Einfallstor für verschwörungslogische und populistische Kritik, die, befördert durch die Querlage politischer Herausforderungen zur verteilungspolitischen Normalform, alles Etablierte über einen Kamm schert.

Der Lieblingssatz der Populisten lautet, dass «die Etablierten» alle dieselben seien – ob es kulturelle, mediale, politische, wissenschaftliche oder künstlerische Eliten sind. Ein ganzes Genre hat sich etabliert, das all die aufsammelt, die da eine ganz neue politische Differenz aufbauen: *die Etablierten und wir.* Die

Potentiale kommen ebenso von rechts wie von links, von allen möglichen Gruppen, die sich ihre eigene Erzählbarkeit darüber erwirtschaften können, dass sie Ausgestoßene seien, vom Mainstream verfolgt und in eine Ecke gestellt, in die man nicht gehört. Sie halten sich mit der wunderbaren Sentenz von Woody Allen über Wasser, dass die Tatsache, kein Paranoiker zu sein, nicht heiße, dass sie nicht hinter ihnen her seien. Paranoia wird zum Grundprogramm. Es ist Identitätspolitik in ihrer Reinform.

Gerne wird beim Auftreten radikaler und extremer Unzufriedenheit im politischen Raum von einer Repräsentationslücke gesprochen – weswegen etwa die Union erwägt, programmatisch konservativer (oder: identitätspolitischer) werden zu müssen und weswegen man im öffentlich-rechtlichen Rundfunk nur «Mainstream» ausmacht. Gemeint ist damit, dass Parteien und öffentliche Kommunikation nicht wirklich alle Gruppen, Milieus und Interessen abbilden, repräsentieren eben. Vielleicht muss man das Repräsentationsproblem von den sozialen Gruppen lösen – denn dieses Repräsentationsproblem ist sowieso unvermeidbar. Sowohl Abgeordnete in Parlamenten als auch öffentliche Sprecher sind akademischer und gebildeter, deutscher und westdeutscher und männlicher als der Durchschnitt der Bevölkerung, auch bestimmte Berufe sind stärker vertreten.

Vielleicht fehlt aber die Repräsentation von Denkungsarten, die sich der Bearbeitung der multiplen Krisen wirklich stellen und sie nicht einfach in die alten politischen Differenzen zwingen. Letztlich ist die Identitäts- und Anerkennungsfrage auch eine Verteilungsfrage – nur mit einer anderen Währung, nämlich um das knappe Gut Anerkennung und Aufmerksamkeit, gewissermaßen semantische Repräsentation, die man sich dann gegenseitig streitig machen kann. Das entspricht auch der Umdeutung von wirklichen Verteilungsfragen in Identitätsfragen. So gesehen, ist die Gründung der Wagenknecht-Partei im Frühjahr 2024 zumindest unter logischen Gesichtspunkten ein Coup. Ob das politisch Erfolg haben wird, ist noch offen, aber würde man derzeit in der Retorte einen politischen Akteur erfinden, der mitnehmen will, was andere liegen lassen, käme man wohl auf so etwas Ähnliches. Zumindest aufmerksamkeitsökonomisch ist diese Partei aus der Retorte ein logisches Angebot: Sie verbindet verteilungspolitische mit anerkennungspolitischen Kategorien, käme dann also sozialpolitisch linken und anerkennungs-/zugehörigkeitspolitisch rechten Erwartungen entgegen und bedient im Hinblick auf die Pandemie oder militärpolitische Fragen das stärker gewordene «systemkritische» Milieu. Ohne diese Parteigründung überbewerten zu wollen, könnte sie ein Seismograph dafür sein, wie sich die Koordinaten politischer Konfliktlinien verschoben haben.

Vielleicht ist die Konzentration auf Identitäts- und Anerkennungsfragen, auf Fragen der Sprecherposition auch auf ein Scheitern in Sachfragen zurückzuführen. Zugegebenermaßen zugespitzt und völlig unangemessen ließe sich sagen, dass es leichter ist, über Diskriminierung, über Differenzen, über Anerkennung zu sprechen als über Sachfragen. Wie einfach es ist und wie voraussetzungslos man sich an diesen Debatten beteiligen kann, lässt sich an der Zahl engagierter Bücher ablesen, die derzeit von verschiedenen Seiten in erheblicher Frequenz erscheinen – Bekenntnisbücher über die eigene Sprecherposition als Angehörige oder Angehöriger einer entsprechenden Minderheit mit starken Forderungen, oft in pädagogischem Ton und mit authentischer Beglaubigung, aber auch warnende Bücher, die immer und immer wieder mit denselben Argumenten an die Wand malen, die «woke» Szene zerstöre den Universalismus, verabsolutiere die eigene Position und verhöhne die Normalität – oft garniert mit eigenen identitätspolitischen

Gegenargumenten. Diese identitätspolitische Industrie ist außerordentlich produktiv, aber es ist eine fordistische Industrie mit sinkenden Grenzkosten: Es ist immer wieder derselbe Text, die Massenproduktion erzeugt sich ähnliche Produkte in unterschiedlichen Ausstattungsvarianten, die dann auch entsprechend konsumierbar sind. Ihr Vorteil: Die Argumente sind leicht zu haben.

Um nicht falsch verstanden zu werden: Mein Argument lautet nicht, dass Identitäts- und Zugehörigkeitsfragen unwichtig seien. Gerade im Hinblick auf Zugehörigkeitsfragen geht es um ein außerordentlich wichtiges Thema im Hinblick auf die Inklusion von weniger privilegierten, von migrantischen, von sozialmoralisch ausgegrenzten, von sexuell diskriminierten Gruppen. Das zu leugnen, wäre grober Unsinn. Und für viele Gruppen ist die Möglichkeit gesellschaftlicher Anerkennung auch die späte Einlösung des Versprechens moderner Lebensformen auf Generalinklusion und Pluralität. Das will ich hier nicht weiter diskutieren.

Es geht hier eher darum, dass die Eigen- und Eskalationsdynamik des Anerkennungs- und Zugehörigkeitsthemas auch ein Symptom dessen ist, nach sagbaren Sätzen zu suchen – will heißen: Die Visibilisierungserfahrungen erzeugen vor allem (politische) Beschreibungskrisen der Gesellschaft, die zumindest semantisch dadurch gelöst werden können, alles auf Anerkennung und Zugehörigkeit herunterzubrechen. Um es fast konfrontativ zu formulieren: Die Bearbeitung von Identitäts- und Anerkennungsfragen hat einen strategischen Vorteil: *Sie kommt fast ohne die Frage nach Kompetenzen aus.* Ihre Erfolgsbedingung besteht vor allem in der Anschlussfähigkeit von Erfahrungen, die durch den Diskurs miterzeugt werden. Sie sind anschlussfähig für die Erfahrungen derer, die in den großen Visibilisierungserfahrungen jene Unordnung und jene Fragilität der Verhältnisse nur zu deutlich sehen. Das gilt über politische Lager hinweg – die sich gegenseitig vorwerfen, die andere Seite betreibe Identitätspolitik. Und, das sei wiederholt, auch die sich als Gegenbewegung gegen alles «Woke» verstehenden Versuche der Wiederherstellung (sic!) quasi-natürlicher und normaler Verhältnisse. Dieser Kulturkampf kommt tatsächlich ohne jede Kompetenz für die Lösung von Sachproblemen aus. Er kann aber den drohenden Kontrollverlust durch sagbare Sätze für die eigene Gemeinde lösen.

Die Diskussion um die allfälligen Kulturkämpfe finden innerhalb der Logik dieses Kampfes statt. Eine eher linke Kritik etwa an den sogenannten «woken» Identitätspolitikformen macht den alten Universalismus stark – und bleibt damit doch im Kategoriensystem von sozialen Geltungsansprüchen. Und eine eher konservative Kritik daran pocht auf eine angebliche Normalität oder eben auf andere Identitätschiffren, etwa Leitkultur genannt – auch dies innerhalb des Kategoriensystems. Man kann darüber wohlfeil streiten, sich gegenseitig widerlegen, der jeweils anderen Seite Übergriffigkeit vorwerfen und darüber aufklären. Das bindet Aufmerksamkeiten und hat ja durchaus ein Recht für sich. Dass sich die Leute um Anerkennungsfragen kümmern, um den Umgang mit Pluralismus, um Zugehörigkeiten, um sozialmoralische Standards, um die Angemessenheit von Lebensformen – wer wollte es ihnen verdenken. Es hat etwas Emanzipatorisches – übrigens von beiden Seiten.

Es sind gewissermaßen Ungleichheitsfragen, jetzt Ungleichheitsfragen jenseits der klassischen materiellen Oben-Unten-Unterscheidung, mit der klassischerweise Ungleichheitsfragen eingeübt werden, flankiert von institutionalisierten Konflikten und Argumenten, übrigens auch mit institutionalisierten Bewältigungs- und Kompensationsstrategien verteilungspolitischer Art. Die Zivilisierung sozialer Ungleichheiten «im Kapitalismus», wie es so schön heißt, führt letztlich zu einer «demobilisierten Klassengesellschaft», wie Klaus Dörre das nennt – es wird an der klassischen Begrifflichkeit festgehalten, um ihre nachklassische Gestalt zu beschreiben. Von Zivilisierung spreche ich, weil die moderne, funktional differenzierte, von Maßlosigkeit geprägte Gesellschaft sehr flexibel mit der Inklusion von Personen umgehen kann und erstaunlich ungleichheitstolerant ist.

An deren Stelle treten nun andere Ungleichheitsdimensionen, die keineswegs demobilisiert sind, ganz im Gegenteil. Ihr Material sind die nicht primär (wohlgemerkt: nicht primär!) materiellen Differenzen auf den Gebieten von Geschlecht, Sexualität, Ethnizität, Nationalität, sogenannter «Rasse», regionaler Herkunft, Aussehen usw. Sie sind derzeit in jenem Stadium von Wildheit, in der sich in der Frühphase der Industrialisierung die klassische *soziale Frage* befunden hat. Aber vielleicht unterscheiden sich diese neuen Ungleichheitssemantiken und -themen von den klassischen dadurch, dass sie nicht einmal mehr simulieren können, parallel zu den zentralen Sachproblemen zu verlaufen, die in der klassischen industriegesellschaftlichen Moderne vor allem als verteilungslogische Fragen institutionalisiert wurden.

Die Vielfältigkeit der Konfliktthemen und -dimensionen kann man als ein Zeichen für ihre Wildheit ansehen. Mit Wildheit ist gemeint, dass sie die Grundstrukturen der gesellschaftlichen Herausforderungen gar nicht erreichen. Sehr soziologisch ausgedrückt: Sie erreichen die Flughöhe jener Zielkonflikte einer funktional differenzierten Gesellschaft gar nicht, die an kollektiven Herausforderungen laboriert, die nicht kollektiv gelöst werden können. Die neuen Konfliktthemen deute ich so, dass Herausforderungen wie die Frage nach einer ökologischen Transformation, nach neuen militärischen Sicherheitsarchitekturen, nach der Veränderung von Wertschöpfungslogiken in einer digitalen Ökonomie, nicht zuletzt die Reichweite politischer Entscheidungen angesichts supranationaler Netzwerke usw. das beobachtende Publikum gar nicht als solche erreichen. Genau genommen sind im Unterschied dazu die öffentlich sichtbaren Konfliktlinien diejenigen, die von populistischen Akteuren so platziert werden, dass sie geradezu parasitär und maßlos als «System-» und Elitenkritik vorgetragen werden können. Auf diese springen gerade liberale und liberalkonservative Perspektiven auf und erzeugen gerade mit dem Vorwurf einer verallgemeinerten «Wokeness» eine Konfliktfront, die rechtspopulistischen Erfolgsbedingungen geradezu in die Hände spielt. Unter Aspekten der Problemlösung eklatanter, als krisenhaft erlebter Probleme der Selbstanpassung der Gesellschaft an ihre selbsterzeugten Problemlagen sind das alles Nebenkriegsschauplätze – nicht in dem Sinne, dass sie unwichtig wären und für viele Gruppen der Gesellschaft von erheblicher Bedeutung, aber einem Aufmerksamkeitsschema folgen, in dem operative Sachprobleme der Gesellschaft gar nicht vorkommen.

Ein Indikator dafür ist, dass keine der «neuen» politischen Akteure, die die klassischen Parteiensysteme durcheinandergewirbelt haben, mit besonderer Sachkompetenz, mit Strategien zur Problemlösung oder mit neuen Steuerungstools an Unterstützung gewonnen hat, sondern ausschließlich mit der einfachsten Währung, die das politische Geschäft kennt: *mit der Bewirtschaftung und Pflege von Ressentiments.* Das gilt in Deutschland für die AfD, zum Teil für Freie Wähler, in Frankreich für den «Rassemblement National», für die italienischen «Fratelli d'Italia» und die «Lega», für die polnische nationalkonservative PiS, für die Schwedendemokraten, und es gilt inzwischen für einen Großteil der US-Republikaner, die zwar das Parteiensystem nicht gefährden (weil es keines in der europäischen Form gibt), aber demokratische Gepflogenheiten beschädigen.

Die Konzentration auf Identität und Ressentiment hat durchaus einen rationalen Kern, wenn man daran denkt, wie in bestimmten Milieus auf Identitätsfragen ausgewichen wird, wenn es keine anderen Distinktionsmöglichkeiten mehr gibt. Von einem «rationalen Kern» zu sprechen bedeutet nicht, es gutzuheißen oder sich dem womöglich anzuschließen. Aber der rationale Kern ist der, dass Identitätspolitik für vorherige Außenseitergruppen und Minderheiten zunächst Sprechfähigkeit bedeutet, wenn man andererseits sieht, wie der Kampf um Identitäten bei ökonomisch und sozial Benachteiligten entsteht, die im Hinblick auf Wohnung, Arbeit, Lebensperspektive und vertraute Nahräume das Nachsehen haben und auf diese Muster ausweichen. Beide Fälle haben mit der Erfahrung der Visibilisierung zu tun: Es ist kaum auszuhalten, an welch fragilen Grundlagen die selbstbewusste Selbstbeschreibung hängt, die sich kaum mehr auf die latente Geltung ihrer eigenen Perspektiven verlassen kann. Hier setzt dann die rechtspopulistische Form politischer Kritik an und instrumentalisiert letztlich beides. Sie deutet Gesellschaft am wirksamsten auf Kollektivitäten um.

Vielleicht muss man das Identitätsthema und das Thema der Sprecherpositionen umkehren und eher über *Diversität* sprechen. Alle Indikatoren sprechen dafür, dass diverse Lösungen *besser* sind – ob es sich um diverse Teams handelt, um diverse Organisationen, diverse Problemlösungstools, diverse Denkungsarten, diverse Blickrichtungen usw. Fast automatisch führen diversere Perspektiven dazu, dass Perspektiven überhaupt sichtbar werden. Von Aggregaten und nicht von Individuen her gedacht, dürfte Diversität also auch ein Evolutionsvorteil sein.

Allerdings denkt man bei Diversität fast immer nur an die Diversität von Personenmerkmalen und Humankategorien, die eng mit Sprecherpositionen verknüpft sind. Wagt man einen Blick in Diversitätsstrategien – etwa in Unternehmen, aber auch anderen Organisationen –, stellt sich empirisch oft heraus, dass es ganz andere Unterschiede sind, die Mitglieder der Organisation operativ unterscheiden: Alter, Ausbildung, Vorerfahrung, Rekombinationsfähigkeit, Fach-/Disziplingrenzen usw. Das verweist auf die vielleicht entscheidende Diversitätsdimension: auf die Perspektivendifferenz einer funktional differenzierten Gesellschaft, einer fachlich differenzierten Form von Wissen, einer praktisch differenzierten Form von Fertigkeiten, einer kulturell differenzierten Form von Stilen, einer differenzierten Form von Tätigkeitsmustern, einer differenzierten Verteilung unterschiedlicher Erfolgsbedingungen. Kurz gesagt: einer sozialen Welt, die weder aus einem Guss *ist* noch aus einem Guss *beschrieben werden kann* und schon gar nicht aus einem Guss, also kollektiv, *handeln* kann.

Das kleine Geschwisterchen des kollektiven Handelns ist das mit «Wir» angesprochene Individuum, von dem man dann kollektiv wirksame individuelle Einstellungen und Handlungen verlangt. Der gesamte Diskurs etwa über angemessenes ökologisches Verhalten ist voll solcher Forderungen, die gewissermaßen konkrete Personen an ihrer Ehre, sogar an ihrer Würde packen wollen. Das erstaunt nicht – aber es ist in diesem Kontext insofern von Bedeutung, als es ebenso wie die klassischen Identitätsbehauptungen und -ansprüche so etwas wie Zugehörigkeiten markiert. Analog zu meiner These, dass die Konzentration auf Identitäten mit wenig sachorientierten Kompetenzen auskommt, gilt auch hier, dass die Konzentration auf Wille und Einstellung, auf individuelle Entscheidungen und Bekenntnisse fast ohne Sachbezüge, vor allem aber ohne Aufmerksamkeit für die Bedingungen kollektiv wirksamer individueller Handlungen auskommt. Früher hätte man solches von den Verhältnissen ablenkendes Denken Ideologie genannt.

Auf kollektive Herausforderungen kann die Gesellschaft nicht kollektiv reagieren, weil sie kein Kollektiv ist, deshalb hilft es auch nur begrenzt, sich fast nur mit Fragen der Repräsentation im Kollektiv zu beschäftigen. Vielleicht haben solche Diskurse, die auch die Sozial- und Kulturwissenschaften allzu sehr kapazitativ in Anspruch nehmen, also aufmerksamkeitsökonomisch, tatsächlich die Funktion, sich der Frage nach Strategien und der Neuerfindung von Problem-Lösung-Konstellationen zu enthalten. Letztlich läuft es auf die Frage hinaus, was Kompetenz bedeutet oder bedeuten könnte.

13

Kompetente Politik
Oder: Neue Konflikte, bitte!

Wenn es stimmt, dass autoritäre, rechtsnationale, illiberale, sogar faschistoide Politikangebote hauptsächlich mit identitäts- und anerkennungspolitischen Mitteln Erfolge erzielen, und wenn es weiterhin stimmt, dass die Umstellung auf identitäts- und anerkennungstheoretische Konflikte vor allem die Funktion der Verdeckung von Sachproblemen hat, verweist dies auf die Frage nach der Problemlösungskompetenz demokratischer politischer Systeme. Die innere Erosion demokratischer Prozeduren hat wenig mit Sachfragen im engeren Sinne zu tun, wenig mit einer ernsthaft kompetenten Konkurrenz zu den nun so genannten «etablierten» politischen Lösungskonzepten. Es hat vor allem mit jenem Veränderungsdruck zu tun, der die Bedingungen der Möglichkeit der eigenen Lebensform allzu sichtbar macht. Diese Diagnose fälle ich hier jenseits der Frage realer politischer Fehler, falscher Entscheidungen und auch Inkompetenzen. Diese hat es immer gegeben und wird es immer geben – und was am Ende falsch und was richtig war, ist ohnehin nur in der Selbstreferenz selbsterzeugter Kriterien zu beurteilen, mithin also gerade im politischen Raum nicht konsentierbar. Worum es hier geht, ist der Effekt jener Visibilisierungen, die nicht mehr von der schlichten Annahme ausgehen, dass diejenigen, die die Dinge in die Hand nehmen, die Dinge auch in der Hand haben.

Auch das mag sich banal anhören, aber trifft womöglich die

Gründe für die Wahl nicht-demokratischer Parteien, populistischer Politikformen und sogar extremistischer Angebote besser als inhaltliche Gründe. Eine Umfrage unter Wählern/Anhängern der AfD von Infratest-Dimap im September 2023 hat ergeben, dass für 80% der potentiellen AfD-Wähler irrelevant ist, dass diese Partei als rechtsextrem gilt, 18% halten sie nicht für rechtsextrem (bei 72% der Wähler aller Parteien). Wohlgemerkt: Es sind nur Meinungen im Sinne von sagbaren Sätzen, aber es verweist kaum darauf, dass es die inhaltliche Alternative ist, die die Menschen zur Wahl von antidemokratischen Parteien motiviert.

Es war eine der interessantesten Erfahrungen während der Pandemie, wie verdächtig gute Argumente oder gar schlichtes Wissen sein können. Denjenigen, die die Unannehmlichkeiten der Pandemie nur im Modus der Elitenkritik und des Zweifels an Expertise aushalten konnten, war das bessere Argument nicht nur verdächtig, sondern auch Bestätigung dafür, wie sehr die Eliten die Menschen illegitim beherrschen wollen. Und viele, die gerade nach «Aufarbeitung» der Pandemie rufen, beabsichtigen dabei nur, angesichts von erwartbaren Fehlentscheidungen, die es auch gegeben hat, so zu tun, als hätten sie damals alles gewusst – die mathematische Formel lautet: Wer ohnehin gegen jegliche staatliche Maßnahme opponiert hat, hat logischerweise auch gegen diejenigen Entscheidungen opponiert, die man mit dem heutigen Wissen um die Folgen womöglich anders getroffen hätte. Es scheinen nicht die Klügsten zu sein, die sich um solche Formen versammeln – und dass die Generalkritiker in Personalunion auch bei späteren krisenhaften Themen sich mit besonders einfältigen Eindeutigkeiten zu Wort gemeldet haben, stützt diesen Eindruck allzu sehr.

Gerade dieses Thema war fast eine Parabel darauf, wie wenig mit Argumenten auszurichten ist, wenn es letztlich nur darum geht, sich in der eigenen Befindlichkeit bestätigen zu lassen. Vielleicht gehört dies tatsächlich zu den strukturellen Schwächen der Demokratie, dass sie einerseits dem «Volk» verspricht, selbst zu herrschen, dieses aber andererseits erleben muss, dass es nicht das bekommt, was ihm versprochen wurde. Auf diesem Gebiet hat die Pandemie einen kaum einholbaren Flurschaden angerichtet.

Schon längst gibt es sehr selbstbewusste Konzepte, die gerade dem auf politischem Streit, auf Integration der Opposition und auf dem Mehrheitsprinzip aufbauenden westlichen demokratischen System strukturelle Schwächen nachweisen. Ich habe mich vor einigen Jahren intensiver mit einem der führenden chinesischen Sozialphilosophen auseinandergesetzt, Zhao Tingyang, dessen Arbeiten zu zeigen versuchen, dass das westliche Modell des Politischen auf einem Denkfehler beruhe. Er fragt, wie aus dem Hobbesschen Ausgangspunkt, dass die Menschen im vorpolitischen Naturzustand wechselseitig potentielle Feinde seien, Kooperation erwachsen könne. Er setzt dagegen, man müsse von einer Art Urzustand ausgehen, in dem nicht die Existenz des egoistischen Individuums der Ausgangspunkt sei, der dann durch Vertrag oder Übertragung der Macht an eine Zentralinstanz (König, Parlament, Staat) erst Kooperation oder wenigstens eine Art Waffenstillstand erreichen könne.

Zhao postuliert, dass man umgekehrt die *Koexistenz der Existenz voranstellen* müsse. Politische Ordnung wäre dann keine Ordnung, die auf der Bändigung individueller Egoisten beruhe, sondern auf der Entfaltung einer kollektiven Harmonie, der sich die Individuen unterordnen – ein explizit konfuzianisches Modell. Wer sich Mehrheitsentscheidungen unterwerfe, mache die individuellen Wähler erst recht zu Egoisten, weil sie das Kollektive nach ihren Interessen ausrichten wollen und sich nicht an kollektiven Interessen orientieren, die dann meritokratisch von den Besten vertreten werden könnten.

Das hört sich verführerisch an – und zumindest ein Teil

seiner Diagnose ist auch der westlichen Diskussion um die Demokratie nicht fremd. Schon Platon hatte in der *Politeia* davor gewarnt, dass die pure Demokratie aus den Einzelwillen eben keine Gemeinschaft erwachsen lasse, sondern eher die Gefahr der Tyrannei. Und auch bei seinem Schüler Aristoteles findet man eine Skepsis gegen die bloße Mehrheitsherrschaft, die durch eine Mischform gebändigt werden müsse, wenn man so will: *Es ist die Frage, ob man trotz demokratischer Legitimation von kompetenten Entscheidern regiert werden könnte.*

Zhaos Modell enthält einen Widerspruch: Wenn das gesellschaftliche Ziel ist, dass so etwas wie eine Gemeinschaft entsteht, und politischer Streit exakt das Gegenteil produziert, dann muss man eben die Gemeinschaft fast anthropologisch voraussetzen, während die Hobbessche Tradition das Gegenteil präferiert, nämlich das Gemeinsame für den unwahrscheinlicheren Fall zu halten, weswegen alle immerzu nur darüber reden. Zhao muss voraussetzen, was er politisch erreichen will – und am Ende setzt das dann einen politischen Zentralismus voraus, der dem Modell der westlichen Demokratie widerspricht.

Neben China ist das vielleicht interessantere Beispiel, in dem eine solche konfuzianische Form Wirklichkeit geworden ist, der Stadtstaat Singapur, dessen Vorteil sicher darin liegt, dass er nur etwa sechs Millionen Einwohner auf einer relativ kleinen Fläche hat. Singapur will kulturell, religiös, ethnisch plural sein, ökonomisch erfolgreich und nicht zuletzt offen in dem Sinne, dass kreative Potentiale freigesetzt werden. Erkauft wird das durch eine Einparteienregierung, in der sich die Macht bündelt und die ein Programm des Durchregierens praktizieren kann. Die Idee ist hier, Entscheidungskompetenz einer meritokratischen Elite zu überlassen und stark zu regulieren. Auf den ersten Blick sieht es so aus, als sei das die Lösung für das, was wir gerne die «Krise der Demokratie» nennen. Dass das Land aber durch und durch autoritäre Anteile hat und fast alle Indizes wie Pressefreiheit, Demokratieindex, Meinungsfreiheit etc. von Spitzenwerten weit entfernt sind, versteht sich von selbst, auch das sehr strenge Strafniveau.

Ich erwähne dies nur, um zu zeigen, welches Problem hier vor allem gelöst werden soll: für kompetente kollektiv bindende Entscheidungen zu sorgen, also Legitimation vor allem durch Problemlösungskompetenz zu erkaufen und zugleich jeglichen öffentlichen Widerspruch durch ihre Kasernierung in meritokratischen Strukturen einzuhegen – übrigens interessanterweise unter strenger Umgehung identitätspolitischer Konflikte, die staatlich geradezu unterdrückt werden, auch durch recht zentrale Quotierungs-, Raum- und Versorgungspolitik. Von einer liberalen Demokratie ist das weit entfernt.

Der Link zu meiner Argumentation dürfte deutlich werden: Die Visibilisierungserfahrungen und ihre Verunsicherungen haben mit der Erfahrung zu tun, kaum Problemlösungskompetenz unterstellen zu können. Was Krisenerfahrungen eint, ist ohne Zweifel die Plausibilität von Elitenkritik und die Behauptung von Kompetenzverlusten. Das identitäts- und anerkennungspolitische Gegenprogramm enthält zumeist eine starke Elitenkritik und ist nicht umsonst in der Regel von autoritären Fantasien geprägt – man werde «aufräumen», heißt es dann immer wieder. Vielleicht muss man das wirklich ernst nehmen – nicht inhaltlich und schon gar nicht normativ, aber strukturell. Die großen Visibilisierungserfahrungen implizieren sehr oft so etwas wie einen Nachweis von Inkompetenz, von Konzeptions- und Programmlosigkeit, von unproduktiven Konflikten und mangelnder Expertise. Davon lebt inzwischen ein vor allem mit der Pandemie gewachsener Bereich alternativer Medien, in denen die generalisierte Inkompetenzunterstellung allem Etablierten gegenüber nur noch von einer geradezu ausgestellten Inkompetenz von Urteilen übertroffen wird. In diesen Medien wird deutlich, dass inzwischen alles, schlicht alles sagbar ist, was sich irgendwie in eine Subjekt-Prädikat-Objekt-Form bringen lässt.

Nun muss man nicht in die allgemeine Elitenkritik einstimmen, aber man kann kaum daran vorbeisehen, dass die Kompetenzunterstellung gegenüber politischem Personal und gegenüber politischen Programmen unter erheblichen Druck gerät. Meinungsumfragen belegen das seit Jahren (und nicht nur gegenüber politischen Eliten), und je unmittelbarer Situationen als Krisen markiert werden, desto deutlicher fallen diese Inkompetenzunterstellungen aus. Meinungsumfragen aber fragen nur nach Meinungen – und Meinungen sind letztlich nur Formen gerade sagbarer Sätze. Es sind aber auch Meinungen, die Wahlverhalten bestimmen, die Bereitschaft von Protest und nicht zuletzt die Abweichungen von normativen *comments*, die öffentliche Diskurse unmöglich machen. *Die Meinung ist damit die kleine Schwester der Identität – sie ist ein Gruppenmerkmal, verbindet mit anderen, schließt an semantische Angebote an und erhebt den Anspruch auf Augenhöhe und Anerkennung.* In der Pandemie – aber auch zu anderen Gelegenheiten – haben sich die Leute vom schwierigen Argument dadurch emanzipiert, dass man Meinung gegen Meinung stellt. Selbst wenn das Argument besser ist: Wenn man es zur Meinung degradiert, steht auch die dümmste Meinung auf gleichem Level – denn das hohe Rechtsgut der Meinungsfreiheit impliziert ja nicht die sachliche Geltung einer Meinung, sondern nur die Freiheit ihrer Äußerung. Wie man Identitäten eigentlich nicht kritisieren kann – «ich bin nun mal so!» –, lassen sich auch Meinungen schwer kritisieren – «das ist meine Meinung, die auch gehört werden muss!».

Aus all dem lässt sich nur der Schluss ziehen, dass die Krise der Demokratie allein durch kompetentere Politik überwunden werden kann – so naiv dieser Satz auch daherkommt. Es hört sich wirklich banal an, aber es könnte der Schlüssel für die

Grundform der Demokratie sein, die Loyalität auch derer zu sichern, die nicht die Mehrheitsentscheidung getroffen hätten. Alltagsrelevant sind – Stichwort konservatives Bezugsproblem – in erster Linie funktionierende Arrangements, die wenig Gründe brauchen und die in den Alltag passen. Kompetenz wäre dann nicht unbedingt der starke Satz, die beste Begründung, die Wiederholung einer großen Geste, sondern die operative Durchsetzung konkreter Entscheidungen. Demokratische Führung bedeutet auch: jenseits des großen Diskurses für nachhaltige Lösungen zu sorgen, die angemessene Wirkungen erzeugen. All das muss nicht stets vollständig sichtbar sein oder sich einem permanenten Plebiszit stellen. Das ist die Herausforderung für politische Lösungen, die dann zu jenen Problemen passen, die offensichtlich wahrgenommen werden.

Ein soziologisches Argument gegen autoritäre Formen meritokratischer, aber dirigistischer Politikformen ist die Einsicht, dass die pluralistische Demokratie durch Mehrparteienformen, durch die Konkurrenz unterschiedlicher politischer Programme, durch alternative Lösungsstrategien in der Lage ist, das politische System mit alternativen Lösungen zu versorgen, zwischen denen man entscheiden kann. Es wäre gewissermaßen das Argument, dass man im politischen System die Komplexität der Gesellschaft, vor allem aber ihrer Herausforderungen abbildet, um zu kompetenten Entscheidungsalternativen zu kommen. Das wäre der Wert der Demokratie, dass es mehrere legitime Alternativen gäbe, die entschieden werden könnten. Das aber setzt voraus, dass die Entscheidungsalternativen auch Alternativen sind, die zu den Problemen passen.

Die Parteiengestalten, die es derzeit gibt, stammen entweder aus der klassischen Industriegesellschaft und orientieren sich an deren vor allem als Verteilungskonflikte gerahmten Formen einer eher angebots- oder nachfrageorientierten, einer eher liberalen oder eher regulierenden Wirtschaftspolitik und einer eher «progressiven» oder «konservativen» Gesellschaftspolitik. Diese eingeführten Entscheidungsalternativen waren nicht unbedingt kompetenter, aber sie passten zu den Problemen, mit denen man sich einen Reim auf die Gesellschaft gemacht hat, will heißen: Politische Gesamtpakete haben die Komplexität der Gesellschaft und ihrer Herausforderungen eingefangen und für stabile Konflikte gesorgt, in denen Vieles nicht vorkam. Vielleicht war das Ökologiethema eines der ersten, das es geschafft hat, sich quer zu den klassischen Themen in den politischen Differenzen anzudocken. Man denke an die Einrichtung eines Bundesumweltministeriums im Jahre 1986 (erster Minister war Walter Wallmann – bekannter wurden seine Nachfolger Klaus Töpfer, Angela Merkel und Jürgen Trittin).

Die gegenwärtige Herausforderung besteht wohl darin, dass diese Konfliktlinien und ihre Lösungskonzepte nicht mehr zu neuen Problemlagen und -achsen passen, die gelöst werden müssen – was stattdessen ein Ausweichen auf Felder geraten sein lässt, die viel einfacher zu durchschauen sind, nämlich identitäts- und anerkennungspolitische Felder. Das gilt für eher rechte und konservative Politikformen ebenso wie für linke und «progressive» – die selbst nicht mehr wirklich trennscharf sind. Die Erosion der «Demokratie» wird oft daran festgemacht, dass die Milieus nicht mehr miteinander kommunizieren könnten oder dass öffentliche Kommunikation kulturkämpferische Formen annimmt. Es wäre historisch naiv zu glauben, dass es das nicht alles schon gegeben hätte – aber es wurde dadurch abgemildert, dass es durch die klassischen verteilungspolitischen Chiffren aufgefangen wurde. Auch das hat es ermöglicht, dass Volksparteien intern eine große Bandbreite abbilden, vor allem aber binden konnten – die Union nach rechts, die SPD nach links. Es gab immer Versuche, an den Rändern alternative Parteien zu etablieren – die DKP als Folge des KPD-Verbots hat das nie geschafft, rechts gab es kleinere Höhenflüge der NPD, auch der «Republikaner», aber die einzige erfolgreiche Neugründung waren zunächst die Grünen, die zwei Vorteile hatten: Sie dockten an einem konkreten Problem an, das als neu angesehen wurde, und sie haben ein politisches Spektrum angesprochen, das sich immer auch den gängigen politischen Unterscheidungen entzogen hat – und das gilt bis heute.

Es wäre vermessen, hier nun eindeutige Kriterien für *kompetente Politik* vorgeben zu können oder gar zu präjudizieren, was im Hinblick auf bestimmte Krisenerfahrungen zu tun sei. Aber zumindest der Hinweis sollte möglich sein, dass sich auch politische Akteure Gedanken über die Bedingungen ihrer politischen Möglichkeiten machen müssen. Wenn es stimmt, dass der Legitimationsverlust nicht nur der traditionellen politischen Spieler, sondern auch von Verfahren und Institutionen des Staates auch etwas mit dem Erleben mangelnder Problemlösungskompetenz zu tun hat, wäre die Konstellation von Problemen und Lösungen neu zu denken. Man kann diese Forderung naiv stellen – etwa indem man sich politische Akteure wie Zinnsoldaten vorstellt, die man entsprechend anordnet und nach der Idee, die Demokratie müsse funktionierende Alternativen anbieten, solche Alternativen zu konstruieren. So ähnlich, wie in der klassischen Industriegesellschaft klare Konfliktlinien an den Achsen der sozialen Frage und der gesellschaftspolitischen Liberalisierung gebaut waren. Das kann man sich wünschen, aber nicht dekretieren. So weit wie jene, die eine Revolutionierung der Demokratie fordern, indem sie glauben, dass am Ende vor allem das demokratisch sei, bei dem «wünschenswerte» Ergebnisse herauskommen, sollte man freilich nicht gehen.

Im Kapitel über Kapitalismuskritik habe ich auf die Figur der *Maßlosigkeit* hingewiesen und deren Doppelcharakter. Maßlosigkeit verweist einerseits auf drohenden Kontrollverlust und fehlende Stoppregeln, andererseits auf die Möglichkeit zur

Erneuerung, zum Neuarrangement und zur Lösbarkeit von Problemen. Aufs Politische gemünzt, bedeutet das, dass die Parteiengestalten der klassischen Industriegesellschaft genau in dieser Spannung zu verstehen sind, nämlich Kontrolle (und Kontrollillusion) dadurch zu ermöglichen, dass man gleichzeitig unterschiedliche Problem-Lösung-Konstellationen etabliert – ich habe sie genannt: links oder rechts, sozialdemokratisch oder konservativ, liberal oder regulatorisch. Diese politischen «Marken» lösen selbsterzeugte Problemstellungen – und erleben an sich selbst, dass diese Problemstellungen womöglich träger sind als die Herausforderungen von außen.

Kompetente Politik besteht wohl darin, diese Herausforderungen von außen in eine innere Form zu bringen und weniger auf die Folklore der eigenen Marke zu setzen. Die innere Erosion der Demokratie hat viel damit zu tun, dass Transformationsdruck und Veränderungsnotwendigkeiten fast ausschließlich in den klassischen Kategorien der internen politischen Differenzen verhandelt werden, was das Gefühl der Ratlosigkeit erhöht. Die rechtspopulistische und bisweilen libertäre, derzeit weniger linkspopulistische Herausforderung der Demokratien kann deshalb so erfolgreich mit Zugehörigkeits-, Identitäts- und Exklusionschiffren punkten, weil sie damit erfolgreich vermeiden kann, auch nur ansatzweise in die Nähe der Augenhöhe von Problemstellungen zu kommen. Die Gemengelage macht diese Problemstellungen sichtbar – und notiert zugleich ihre politische Unerreichbarkeit.

Nimmt man den Doppelcharakter der Maßlosigkeit noch einmal auf, dann besteht darin eben auch die Chance für andere, für neue, für ungewöhnliche Lösungen. Als Nicht-Ökonom fällt mir oft auf, wie eindimensional bisweilen darüber verhandelt wird. Der Konnex von Wachstum und CO_2-Ausstoß ist bekannt, weswegen ein simpler Schluss nahelegt, auf Wachstum zu verzichten, wie immer man das bewerkstelligen soll. Sieht man freilich genauer hin, ist Wachstum nur dann eindimensional mit CO_2-Wachstum gekoppelt, solange ökonomische Wertschöpfung nur darauf setzt. Wachstum bedeutet stets, dass man für Ideen, Produkte, Lösungen Abnehmer findet – und strikt gekoppelt mit CO_2-Ausstoß ist das nur, wenn man nichts anderes als ein Mehr oder Weniger desselben denken kann, das schon da ist. Aber der Treiber ist nicht die Maschine oder das Fließband, nicht allein die Energiemenge und nicht einmal die unmittelbare Marktgängigkeit, sondern eine gute Idee. Manche sprechen von *Wissensökonomie* – und das wird dann gerne mit reiner Dienstleistungsökonomie verwechselt. Je komplexer aber Lösungen sein müssen, desto mehr bedarf es Wissen für innovative Wertschöpfungskonzepte. Und genau das ist es, was gerade dort ökonomisch gebraucht wird, wo eine Umstellung auf klimaneutrale Energiekonzepte, auf praktikable Produkte, auf bezahlbare Innovationen im Fokus steht. Und dafür muss man auch sehen, dass Unternehmen darauf angewiesen sind, entsprechende Freiheiten bei der Problemlösung zu haben und die «Maßlosigkeit» sinnvoll zu nutzen. Dass sie das nicht immer von selbst machen, versteht sich von selbst, aber das könnte ein Hinweis darauf sein, dass sich das Verhältnis von staatlicher Regulierung und unternehmerischer Dynamik neu ordnen müsste. Traditionellerweise wird immer noch so diskutiert, als lebten wir in der klassischen Industriegesellschaft, in der es in den Konzepten um *mehr* oder *weniger* Staatstätigkeit und Regulierung ging.

Vielleicht muss man die Frage heute anders stellen: *welche* Staatstätigkeit? Es macht einen Unterschied, ob Lösungen staatlich vorgegeben werden, etwa Produktarten oder Energiekonzepte, oder ob es Zieloptionen sind, um dann wirtschaftliche Akteure Wege finden zu lassen, wie man diese Ziele auf Märkten erreichen kann. Das hört sich banal an, aber das ist es nicht. Denn dass staatliche oder wissenschaftliche Instanzen die Lösung selbst immer schon kennen, ist eher unwahrscheinlich. Und dass Lösungen ökonomisch erfolgreich sein müssen, versteht sich von selbst, sonst werden entsprechende Lösungen nicht entwickelt werden. Und unternehmerisch heißt das, wie sehr bisheriger ökonomischer Erfolg auch ein Bremser für Innovationsanreize sein kann. Auch hier findet gerade eine Visibilisierungserfahrung statt.

Das wäre dann keine *Liberalisierung* in dem Sinne, dass sich der Staat heraushält, auch keine *Regulatorik*, in der der Staat alles schon weiß. Es könnte ein neues Verhältnis von politischer Steuerung und ökonomischer Dynamik sein, die sich nicht mehr der Logik der klassischen Unterscheidung von Angebots- und Nachfrageorientierung fügt. Dazu würde übrigens auch gehören, dass gerade für den deutschen Fall der globale *impact* nicht darin liegen würde, den Rest der Welt zu belehren, sondern ihm Produkte und Lösungen anzubieten, die auf dem Weg zu Klimaneutralität gebraucht werden. Schon heute ist die Wirtschaft in Deutschland klimatechnisch innovativer als etwa die Volkswirtschaften Chinas oder der USA. Wenn das keine Absatzmärkte für Lösungen sind! Vielleicht braucht es dafür dann weniger das liberale Credo, die Leute einfach machen zu lassen, auch weniger das eher linke Credo, möglichst viel vorzugeben, sondern eines, das in den Zielen streng, in den Methoden flexibel ist – inklusive der Moderation kurzfristiger sozialer Folgen von Umstellungen. Vielleicht braucht es also etwas, das traditionell ein Widerspruch wäre: *mehr* Staatstätigkeit (z.B. investive Subventionen) mit dem Ziel von *weniger* Regulierung.

Die Aufgabe ist nicht zuletzt deshalb schwierig, weil auch das politische System ein gegenwartsbasiertes System mit Spielern ist, die gleichzeitig um den eigenen Vorteil streiten und politisch überleben müssen. Fasst man die Aufgabe so, wird gerade das Gleichzeitige zur entscheidenden Frage. Die

Preisfrage lautet dann, wem es politisch gelingt, Lösungsbeschreibungen und Problemstellungen angemessen zu relationieren. Dass sich der CO_2-Ausstoß nicht durch Verteilungsfragen und auch nicht identitätspolitisch wird verringern lassen, dürfte klar sein, ebenso übrigens, dass Klimaschutzmaßnahmen nur dann gelingen werden, wenn sie mit der sozialen Frage gekoppelt werden – und der schöne Ausweg, in Interviews, Selbstvergewisserungen und Beschwörungsformeln, dass jeder durch seinen eigenen Lebensstil die Probleme mitlösen kann (für mehr Frieden und weniger CO_2), ist eine schöne Selbstanzeige von Tugendhaftigkeit. Und auch wenn das prinzipiell wenigstens ein bisschen stimmt, zeugt es doch von einer merkwürdigen Hilflosigkeit.

Zugegeben: Meine Überlegungen zu kompetenter Politik leiden unter einem deutlichen Mangel. Sie präsentieren keine kompetenten Lösungen im Sinne eines Aktionskatalogs, eines möglichen Regierungsprogramms oder eines wohldosierten *policy papers*. Das wollte ich auch gar nicht simulieren – denn davon gibt es bereits genug und auch operativ Kompetenteres. Was mich eher interessiert als dieses Ergebnis, diese Software, ist die Hardware der gesellschaftlichen Mechanismen. Man kann von «der Politik» verlangen, was sie tun soll, darf aber das Wie nicht aus dem Blick verlieren: dass auch Politik nicht adressierbar ist, sondern sich in Echtzeit der Dynamik der eigenen internen Differenzierung unterschiedlicher Spieler stellen muss. Politische Handlungsmöglichkeiten limitieren sich durch politische Machtchancen und ihre reflexiven Mechanismen. Um das unsichtbar zu machen, weicht man auf Überzeugung aus, auf Überzeugungsarbeit und Einsicht.

Am Ende wird sich in der Demokratie nur durchsetzen, was Probleme löst, weil man auf Massenloyalität und Anerkennung von den Wahlverlierern angewiesen ist. Offen bleibt aber, welche Art von Problemen man dann lösen will. Wenn man weiß, dass politische Systeme nicht nur die Lösungen selbst gestalten, sondern auch die Probleme entsprechend konfigurieren, kommt es darauf an, sich Problemen zu stellen, die sich zu lösen lohnen, statt sich auf solche zu kaprizieren, die die Augenhöhe der Herausforderungen gar nicht erst erreichen. Welche das sind, habe ich oben erläutert. Wer von Steuerung und Transformation redet, sollte wissen, worüber er redet.

14

Steuerung und Transformation
Oder: Warum die Begriffe versagen

Die Frage, die sich also stellt, ist die Frage nach der angemessenen Kompetenz. Die klassische Moderne hat vor allem von der Versäulung/Differenzierung profitiert: Wie sich die Gesellschaft in ökonomische, politische, wissenschaftliche, rechtliche, medizinische, künstlerische, erzieherische und religiöse Funktionen differenziert hat, so waren auch die Eliten versäult – was starke Binnen- und Spezialkompetenzen hervorgebracht hat, aber auf Kosten der Sprechfähigkeit untereinander und des Umgangs mit Perspektivendifferenz ging. Vielleicht wäre Kompetenz heute, diese unterschiedlichen Perspektiven und Praxisformen aufeinander zu beziehen – gewissermaßen moderierend vorzuführen, dass sich die Versäulungsfolgen kompetent nicht versäult lösen lassen und doch aus der versäulten Grundstruktur nicht herauskommen.

Die funktionale Differenzierung der Gesellschaft, jene horizontale und unübersichtliche Ordnung hatte zur Folge, dass ökonomische, politische, wissenschaftliche, rechtliche, religiöse, erzieherische und mediale Logiken nicht mehr aufeinander abbildbar waren und vor allem durch ihre wechselseitigen Emanzipationsprozesse eine nie dagewesene Leistungsfähigkeit entwickelt haben – eine Leistungsfähigkeit mit Nebenfolgen, wie ich oben gezeigt habe. Dieser Differenzierung ist die Tendenz zur Maßlosigkeit eingeschrieben, nicht nur im ökonomischen Sinne, also nicht nur «kapitalistisch», sondern eben auch in den anderen Logiken und Funktionen. Deren prinzipiell unkoordinierte Form des gleichzeitigen Nebeneinanders macht die hohe Komplexität der Gesellschaft aus, die man dann durch Sozialkategorien wie moralische Einsicht, Zusammenhalt, nationale Solidarität, Schicksalsgemeinschaft, womöglich sogar religiöse Bindung verdecken kann, um eine Adresse zu formulieren, an die man appellieren kann. Aber die komplexen Zusammenhänge des Gesellschaftlichen werden dadurch nicht außer Kraft gesetzt.

Wie sehr man darunter leiden kann, lässt sich auch daran sehen, dass es sogar aus meinem Fach Stimmen gab, denen am ersten Lockdown der Corona-Pandemie vor allem aufgefallen ist, dass man ja doch aus einem Guss handeln könne, wenn es wirklich sein müsse. Mich schaudert es da, weil dies kaum mit Schaudern formuliert wurde. Will man nicht autoritäre Motive unterstellen, weist es auf eine gewisse Kapitulation des Denkens hin, das nicht mitsehen will, dass auch die Kritik an den Verhältnissen innerhalb der Verhältnisse stattfindet. Weniger kryptisch: dass selbst der Ruf nach einer Lösung, einem Programm aus einem Guss sich an einer Gesellschaft bricht, die sich in die Vielheit ihrer Stimmen dezentriert.

Die entscheidende Frage ist also, wie und wo hier eine Adresse gefunden werden kann. Die beiden Begriffe, mit denen man sich dabei zumeist behilft, sind *Transformation* und *Steuerung*. Beide haben die Frage im Fokus, wie man intentional auf etwas einwirken kann, um damit erwünschte Wirkungen und Folgen zu erzielen. Ich habe bis an diese Stelle selbst den Transformationsbegriff verwendet, der freilich einige Untiefen enthält. Inzwischen ist der Begriff fast zu einem Schimpfwort geworden – für die einen nach wie vor Programm-, Verheißungs-, geradezu Erweckungsbegriff, symbolisiert er bei anderen eine Zumutung von Gängelung, von zentraler Gesellschaftssteuerung, von Freiheitssuspendierung. Es gibt kein

Entrinnen aus der Trägheit von Assoziationen. Wer über Transformation redet – auch wenn man das wie hier möglichst mit Distanz versucht –, befindet sich schon im Strudel schneller Zurechnungen.

Dieser Begriff lässt sich tatsächlich kaum vermeiden. Er hat eine Suggestivkraft, weil er Aktivität und Disruption imaginiert, sogar Transformationswissenschaft und *transformation studies* gibt es jetzt – dabei hat er eine ganz andere Tradition. Er stammt als «Große Transformation» von dem Wirtschaftssoziologen Karl Polanyi aus den 1940er Jahren. Polanyi hat die Geschichte des Kapitalismus als eine gesellschaftliche Transformation beschrieben, die einerseits mit der Verselbständigung einer ökonomischen Logik zu tun hat, andererseits mit neuen Herausforderungen für staatliche Politik, die nach seinem Dafürhalten den starken Selbstbeschreibungen einer sich selbst regulierenden Form des Marktes allzu lange aufgesessen sei – eine Diskussion, die auch heute aktuell ist. Aber die «Große Transformation» ist bei Polanyi eben keine Anleitung für die Konstruktion einer «anderen Welt», im Gegenteil: Seine Rekonstruktion der gesellschaftlichen Veränderung in England seit dem 19. Jahrhundert ist eine Rekonstruktion von Verselbständigungs- und Differenzierungsprozessen (v. a. der Ökonomie und der nationalstaatlichen Politik) sowie des Ringens um Kontrollmöglichkeiten und politische Alternativen.

Transformation müsste hier als *reflexive* Form verwendet werden – die Gesellschaft transformiert sich nach diesem Verständnis selbst, sie wird nicht transformiert in dem Sinne, dass da ein Transformationsakteur auszumachen sei, der die Gesellschaft wie ein Objekt transformiert. Genau genommen wäre das dann auch reflexiv in dem Sinne, als dieser Akteur auch zur Gesellschaft gehören würde, aber worauf ich hinaus will, ist ein Hinweis darauf, dass der Ursprung des Begriffs eine komplexe Entwicklung meint, die eben nicht intentional herbeigeführt wurde, sondern erheblich komplexer vonstatten ging.

Gebraucht wird der Begriff freilich selten reflexiv. Es geht eher um die Frage, wie wir denn nun richtig transformieren können. In Deutschland ist der Transformationsbegriff spätestens seit seiner Verwendung in einem Bericht des «Wissenschaftlichen Beirats der Bundesregierung Globale Umweltveränderungen» (WBGU) von 2011 geradezu zu einer Programmformel geworden. An dem Begriff lässt sich schön sehen, wie optimistisch Beschreibungen zumeist sind, die dafür sorgen wollen, dass man nun endlich *transformieren* kann. Und damit verdeckt der Begriff mehr, als er sagen könnte.

Warum ist diese Spitzfindigkeit wichtig? Weil sich darin das kommunikative und operative Dilemma von Kompetenz niederschlägt. Die Analyse sollte gezeigt haben, wie schwer es ist, trotz Transparenz krisenhafter Diagnosen einen Ansatzpunkt, einen Hebel, eine Adresse, einen Andockpunkt für Kausalitäten zu finden. Ich habe oben auf das Zinnsoldatenproblem hingewiesen. Man stellt sich Lösungen vor und verteilt die beteiligten Personen, Institutionen und sonstigen Partikel wie Zinnsoldaten bei der Planung einer Schlacht – und kann nur *selbst* transformieren, wenn man Zugriff auf alle diese Zinnsoldaten hat. Das Schöne an Zinnsoldaten ist: Sie tun, wie ihnen geheißen, sie reagieren nicht selbst auf das, was der Transformator macht. Solche Transformation ist dann eben nicht reflexiv, sie hat ein Objekt, das Objekt bleibt. Und so reden die Leute auch.

Ein beliebiges Beispiel: Eine Journalistin, die mit einem kapitalismuskritischen Buch einen Bestseller landete, argumentierte in einer Talkshow, dass sich mit der Umstellung auf Elektromobilität der Individualverkehr weitgehend auflöse, weil Ökostrom knapp und wertvoll sei und die Leute doch auch, wenn sie gesund sind, problemlos mit dem Bus fahren können. Was spreche dagegen?

Ich habe das Argument hier nicht vereinfacht. Solche Sätze hört man viele, und sie sind meistens logisch aufgebaut. Aber sie behandeln die beteiligten Akteure tatsächlich wie Zinnsoldaten und pflanzen ihnen die eigenen Perspektiven ein – und rechnen nicht damit, dass diese Akteure sind, also selbst etwas tun. Es ist der Aspekt nachgerade linearen Denkens: *Man ändert einen Parameter und glaubt, dass sich die anderen Parameter je für sich auf diesen kausalen Impuls einstellen. Der Rest der Welt wird als geradezu unbeweglich oder als deterministisches System imaginiert.*

Dass schon die Forderung Widerstände erzeugt, liegt auf der Hand. Dass der Bus nicht einfach da ist, auch. Dass man ihn bereitstellen könnte, wäre denkbar, aber in einer Frequenz, die bei völliger Substitution des Individualverkehrs Investitionen erfordern würde, die nicht nur am Geld hängen, sondern an der politischen Entscheidbarkeit, die selbst wiederum nicht nur von der Sache, sondern vom politischen Prozess abhängig ist, ganz zu schweigen davon, dass der Individualverkehr nicht nur eine rein technische Bedeutung hat, sondern auch kulturell aufgeladen ist, wiederum davon abgesehen, dass der Wirtschaftszweig womöglich eine besondere Bedeutung haben könnte, auch um potent genug für Transformationsbemühungen zu sein, vom Unterschied städtischer und ländlicher Regionen ganz zu schweigen.

Mein Argument lautet nicht, dass man innerstädtischen Individualverkehr unantastbar lassen sollte, ganz im Gegenteil. Die Frage ist, wie steuert man in einer bestehenden Gesellschaft, die man sich nicht einfach aufbauen oder aufschreiben kann, in die Richtung, ein solches Ziel erreichen zu können? Wie lässt sich das ökonomisch darstellen – betriebs-, privat- und volkswirtschaftlich? Was hätte das für Folgen für die Alltagsorganisation? Wie ist das Ganze und von wem operativ zu tun, welche Instanzen entscheiden, wer kompensiert auf dem

Weg zum Ziel welche finanziellen Engpässe? Und wird das loyal getragen werden und politisch nachhaltig durchsetzbar sein? Und für wen ist das Thema instrumentalisierbar als Symbol für eine ohnehin übergriffige Form des angeblichen Eingriffs in die selbstgewählte Lebensweise von Menschen? Und welche Auswirkungen hat es auf welche Einkommensschichten? All das sind keine Suggestivfragen, sondern Fragen, die sich in Steuerungsprozessen stellen, auch wenn sie zunächst wie idiotische Fragen eines Bedenkenträgers wirken. Man muss sie aber stellen – nicht um die Dinge nicht zu tun, sondern um zu lernen, warum sie sich nicht durch bloße Einsicht oder publikumswirksame Forderung einstellen und dass sie multifaktorielle Folgen und Nebenfolgen haben.

Auch der Steuerungsbegriff ist entsprechend schwierig. Es gab Zeiten erheblicher Steuerungseuphorie in den 1960er und 1970er Jahren, die übrigens mit der Entwicklung der elektronischen Datenverarbeitung zusammenfielen – man denke etwa an den berühmten Planungsstab im Bundeskanzleramt, der ganz im Sound der Zeit Staat, Wirtschaft und Öffentlichkeit mit wissenschaftlichen Informationen zu angemessenen Entscheidungen befähigen wollte. Max Weber hat in seinem berühmten Münchner Vortrag «Wissenschaft als Beruf» von 1919 diese Mentalität sehr gut charakterisiert, dass man, «wenn man nur wollte», die Welt «durch Berechnen beherrschen» könnte. Diese Euphorie kam in den 1970er Jahren schnell zu ihrem Ende – aber manches weist darauf hin, dass sich die Dinge heute kommunikativ wiederholen, vor allem wenn es um Klimaschutzmaßnahmen und Transformation geht. Es denken übrigens dieselben Leute über sozialtechnische Lösungen so, wie sie den manchmal kindlich naiven Glauben an neue technische Lösungen kritisieren. Die alles lösende Wunderwaffe wird es weder schnell auf dem Gebiet der Sozialtechnologie noch auf dem der Energietechnologie geben. Man muss auf beiden Gebieten mit den Mitteln arbeiten, die es schon gibt.

Wie Transformation die große Veränderungsmöglichkeit suggeriert – immerhin heißt die Quelle *Die «große» Transformation* –, suggeriert Steuerung mehr Kausalität, als es gibt. Man steuert ein Automobil, indem man auf die Bremse drückt, das Lenkrad bedient oder die Hupe drückt, und etwas Kausales geschieht. Für alles, worum es bei Transformationsfragen oder bei der Steuerung in Gesellschaften geht, gilt das natürlich nicht. Man steuert ein System, indem man *im* System steuert und dieses während des Steuerungsvorgangs die Bedingungen ändert – permanent, pausenlos, unvermeidlich. Steuerung wird selbst reflexiv, muss sich an unmittelbaren und mittelbaren Reaktionen und Eigensinnigkeiten des Gesteuerten abarbeiten und findet sich oft in einer Situation wieder, in der man nicht genau weiß, wer Kontrolleur ist und wer die kontrollierte Seite.

Das Problem ist aus der Kybernetik seit Norbert Wiener längst bekannt – wer wirklich die Kontrolle hat, ist stets offen, weil mutuelle Kräfte aufeinander wirken, und je mehr Kräfte es sind, desto komplexer ist der Vorgang. Wahrscheinlich ist die entscheidende Aufgabe von Steuerung jeglicher Art, mit Zufällen und Unerwartetem umzugehen, also mit den Aspekten, die im Steuerungskalkül gar nicht vorkamen und allenfalls ex post plausibel, in manchen Fällen sogar fast notwendig erscheinen. In der Forschung wird das Problem, vor allem in der Organisations-, Betriebs- und Politikwissenschaft, unter dem Begriff der *Governance-Forschung* abgehandelt, die schon etymologisch auf den κυβερνήτης (Kybernetes), den Steuermann, verweist, dessen Schiff und die Winde freilich eigensinnig sind, vom Klabautermann an Bord ganz zu schweigen.

Nun soll hier nicht in die Grundbegriffe der Governance-Forschung eingeführt werden, aber wenigstens sei betont, dass sich Steuerung schon lange nicht mehr als ein kausales Geschehen denken lässt, das zugleich ausblendet, dass das gesteuerte Objekt eben kein Objekt ist, sondern selbst eine Aktivität entfaltet. Schon einfache Überzeugungskommunikation zwischen zwei Personen lässt sich nicht als Übertragung eines überzeugenden Inhalts von einem Kopf in den anderen rekonstruieren. Wer jemanden überzeugen will, muss mit der Widerständigkeit und Trägheit des Gegenübers rechnen, mit seiner Eigenaktivität und auch dessen Ansinnen, einen selbst überzeugen zu wollen. Schon eine einfache Interaktion lässt sich nicht steuern, sondern nur durch Irritation weiterbringen – und man verliert die Kontrolle spätestens in dem Moment, in dem der andere etwas tut. Gesprächsverläufe sind selten vollständig determinierbar – allenfalls in ritualisierten Formen, die religiös oder organisatorisch stark formiert sind. Aber dann würde man auch nicht von einem Gespräch sprechen.

Wenn der Diskurs um Krisenmanagement – auch so ein Begriff, der mehr Kontrolle suggeriert, als ihm guttäte – die Fallhöhe dieses Rechnens mit der Komplexität des Gegenstandes nicht erreicht, wird er nicht den Eindruck von Kompetenz erzeugen und schon gar keine nachhaltigen Wirkungen. Wahrscheinlich ist am wichtigsten, strikte Kontrollfantasien fahren zu lassen, um angemessen steuern zu können. Entscheidungen finden dann unter Bedingungen von Unsicherheit statt, von Unkalkulierbarkeiten und nicht zuletzt von hohen Überraschungserwartungen.

Wo es wie etwa in kriegerischen Auseinandersetzungen um unmittelbare Konflikte zwischen Konfliktparteien geht, die man nicht einfach zu Verhandlungen bringen kann, als gebe es eine dritte Position, sondern bei denen die Verhandlungen zu dem Prozess dazugehören, über den verhandelt wird, wird die Komplexität der Situation deutlich. Ganz abgesehen davon, dass etwa im Krieg in der Ukraine, während solche Forderungen erhoben worden sind, auf allen möglichen Ebenen immer

Gespräche stattfinden. Die Gemengelage ist komplex in dem Sinne, dass jeder Spielzug die Bedingungen für die Spielzüge der anderen Seite grundlegend verändern kann. Der Historiker Jörn Leonhard hat das jüngst in einem Buch mit dem Titel «Über Kriege und wie man sie beendet» rekonstruiert und gezeigt, dass das Ende von Kriegen mehr noch als der Krieg selbst von einer kontingenten Dynamik geprägt ist.

Was hier vielleicht einsichtig ist, erscheint bei anderen Fragen nicht gleich so. Das gilt vor allem für solche Fragen, in denen man meint, ziemlich eindeutige wissenschaftliche Ergebnisse zu haben. In der Pandemie sind diese Erkenntnisse erst während des Geschehens langsam entstanden – aber auch als man durchaus einiges wusste, war es alles andere als trivial, dieses Wissen dafür zu verwenden, zu eindeutigen Entscheidungen zu kommen. Abgesehen davon, dass es durchaus konkurrierendes Wissen gab, ging es nicht nur um Wissen, sondern eben um Zielkonflikte – und um andere wissenschaftliche Disziplinen, die andere Gegenstände erzeugen. Man kann wissen, dass Wissenschaft nicht die Wahrheit abbildet, sondern mit selbsterzeugten Fragestellungen und Daten eine sehr selektive, darin dann aber genaue Aussage machen kann – weswegen dieses Wissen stets von Voraussetzungen abhängig ist, die seine «objektivierbare» Umsetzung geradezu korrumpieren. Eine politische Entscheidung bleibt eine politische Entscheidung, auch wenn sie auf wissenschaftliche Sätze zurückgreift – die sich selbst immer wieder einer wissenschaftlichen (und dann politischen, ökonomischen usw.) Kritik stellen müssen.

Wenigstens in der Klimakrise wird man suggerieren wollen, dass es keine Wissensprobleme gebe und deshalb Steuerung einfacher sein müsste. Aber es braucht eben auch Wissen über Steuerungsfragen, über ökonomische Folgen und Bedingungen, über gesellschaftliche Folgen usw. Und selbst wenn man dieses Wissen hätte, wäre noch nichts gesteuert.

Es sollte deutlich geworden sein, wo das Kompetenz- und Steuerungsproblem liegt und dass sich eine Transformation «der Gesellschaft», die Fantasie des «Umbaus» bei laufendem Motor nur als posenhafte Forderung, nicht aber als operative Frage denken lässt. Man muss wirklich ernst nehmen, dass der eigentliche Gegenstand aller gesellschaftlichen Herausforderungen, die wir als Pandemie- oder Klimakrise rahmen oder die als krisenhafte Selbsterfahrungen unserer Lebensform erscheinen, in erster, vielleicht in einziger Linie *gesellschaftliche* Fragen sind. Es ist die Frage, ob Denkungsarten etabliert werden können, dass die *Wer-* nicht nur durch eine *Was-*, sondern erst recht durch eine *Wie-Frage* geprägt ist.

Schließt man hier noch eine Forderung nach moralischer Abrüstung an, setzt man sich zu Recht dem Vorwurf der Naivität aus, denn auch diese Abrüstung braucht kluge Verhandlungen und muss selbst vermeiden, zur moralischen Aufrüstung beizutragen. Auch dies ist eine schwierige Governance-Frage, denn sie setzt voraus, dass die beteiligten Akteure wenigstens das Interesse daran teilen, ein Problem (soweit es als ein gemeinsames identifizierbar ist) einer Lösung (wie diese auch immer aus der Perspektive der unterschiedlichen Perspektiven definiert sein mag) zuzuführen. Die Governance komplexer Herausforderungen ist nicht möglich, wenn es nicht so etwas wie ein *role-taking* dafür gibt, wie andere Akteure und andere Systemlogiken mit einer erzielbaren Lösung werden leben können und welche Abweichungen von Plänen, Zielen und Prozesswissen möglich und nötig sind, um dies erreichen zu können. Man muss das alles als kybernetisches Modell permanenter Rückkopplungen denken können. Und das gilt sowohl für schwierige Implementationsfragen in der Industrie, für politischen Interessenausgleich wie auch für die private Lebbarkeit veränderter Konstellationen.

An unserer kleinen Familie konnte rekonstruiert werden,

wie vernetzt auch private Lebensformen sind, wie sehr sie Teil jener Transformationsprozesse sind, in denen die schlichte Annahme einer richtigen Einstellung zu den Dingen eine der simpelsten Parameter ist, zumal ich davon überzeugt bin, dass man sich veränderte Einstellungen als Ausdruck gelungener Transformationen vorstellen muss und nicht als ihre Voraussetzung oder ihr Movens. Fast alle gesellschaftlichen Veränderungsprozesse laufen so ab – man muss sich an das Richtige gewöhnen und es praktisch integrieren. Wenn man es sehr altmodisch ausdrücken will, funktioniert so etwas weniger protestantisch durch bewusste Entscheidung als katholisch durch bewährte Praxis, in der man sich unmerklich vorfindet. Und das gilt auf allen Aggregatebenen der Gesellschaft, von der privaten Lebensführung über die Lehrstühle bis ins Kanzleramt oder in die Vorstandsetagen von Unternehmen. Wenn das stimmt, dann sind die meisten Sätze über Problembewältigung viel zu pathetisch, zu groß, zu epochal, zu programmatisch, zu überzeugend – und die konkreten Lösungen dagegen konkrete Schritte in konkreten Gegenwarten mit konkreten Zielen. *Vielleicht kann der Verzicht auf die ganz große Lösungsperspektive den ganz großen Blick auf Lösungen erst ermöglichen. Es stehen große Gesten gegen kleine Schritte, doch dazu weiter unten mehr.*

Vielleicht müssen politische Akteure viel stärker diese moderierende Rolle einnehmen, um angemessene politische Entscheidungen zu treffen. Die Formel, dass man Klimalösungen nur hervorbringen wird, wenn man damit auf Märkten erfolgreich sein kann, wenn man mit den Entscheidungen wählbar bleibt, wenn man Übersetzungsleistungen von wissenschaftlicher Wahrheit in praktikable Lösungen organisieren kann, wenn das auch Rechtssicherheit ermöglicht, dann dürfte die Größe des Problems deutlich werden.

Die Utopie wäre, dass man dafür unterschiedliche Lösungen

findet und sucht – auch eingedenk der Tatsache, dass das alles auch durch Interessen konterkariert wird. Man müsste sich ein politisches System vorstellen, das sich hier um unterschiedliche operative Programme streitet und nicht mehr um ununterscheidbar gewordene traditionelle Programme, die mit ihren Lösungen noch allzu sehr an der klassischen Industriegesellschaft hängen. Natürlich ist das naiv, was ich hier sage, illusionär, weil die politischen Akteure schon da sind und sich so stabil in ihrer Praxis eingerichtet haben.

Außerdem darf nicht vergessen werden, dass es das Privileg des Wissenschaftlers ist, sich solche Konstellationen vorzustellen – um dann in dieselbe Falle zu laufen, die er einige Kapitel zuvor beschrieben hat: sich auf einem weißen Blatt Papier Konstellationen zu imaginieren, die davon abhängig sind, dass sich die ausgedachten Akteure komplementär verhalten. Es käme aber darauf an, ob in den bestehenden politischen Organisationen Positionen zu finden wären, die sich produktiver damit auseinandersetzen, was denn die demokratiekonstituierenden Alternativen sein könnten, die zwei Probleme lösen müssen: Sie müssen zu den bestehenden Problemen passen, die auch noch selbst definiert werden müssen, und sie müssen sich vor einem Publikum eine Kompetenzunterstellung erarbeiten können. Vielleicht darf man sich also nicht naiv irgendwelche Konstellationen ausdenken, sondern muss nach praktischen Gelegenheiten suchen, in denen sich neue Konfliktlinien, alternative Politikformen und ansprechende Interessen *praktisch* aufeinander beziehen können.

Dass solche Formen möglich sind, lässt sich vielleicht aus der Frühphase der Bundesrepublik ansatzweise rekonstruieren. Was heute in einer vielleicht beschönigenden Formulierung «soziale Marktwirtschaft» genannt wird, ist nicht vom Himmel gefallen, sondern war das Ergebnis von hitzigen Auseinandersetzungen ganz unterschiedlicher Akteure und Interessen. Von eher Linken wird der Begriff der sozialen Marktwirtschaft belächelt, weil er aussieht wie die Vermeidung des K-Wortes und seine Kaschierung; von eher konservativer Seite wird er als Kompromissformel vorausgesetzt und bezieht sich auf eines ihrer politischen Grundprogramme, nämlich die christliche Soziallehre, die ihrerseits kapitalismuskritische Elemente enthält; und für Liberale hätte Marktwirtschaft gereicht.

So unvollkommen und ungerecht, krisenanfällig und interessegeleitet auch dieses Modell war und ist, so sehr ist es ihm doch gelungen, unterschiedliche Perspektiven zu vermitteln: ökonomische Potenz in einem volatilen Kapitalismus mit dem Arrangement kalkulierbarer Lebenswelten und Lebensmodelle; soziale Sicherheiten und ökonomische Freiheiten; gewerkschaftliche Partizipation und unternehmerische Freiheit; Tarifautonomie und staatliche Regulierung usw. Wie gesagt, man darf das nicht idealisieren, aber es ist ein schönes Beispiel dafür, dass der Erfolg jener Industriegesellschaft, für die auch heutige politische Akteure ihre Programme immer noch geschrieben zu haben scheinen, auch damit zu tun hat, dass es moderierende Formen und Foren gegeben hat, in denen produktive Konflikte, auch Interessenkonflikte und Kämpfe, ausgetragen wurden – Konflikte, die eine Gestalt hatten. Das wäre die Blaupause für die heutige Situation. Es wäre das, was ich oben als ein neues Repräsentationsproblem der Demokratie bezeichnet habe: *die Repräsentation unterschiedlicher Perspektiven und Denkungsarten.*

Die Krise der Demokratie könnte darin liegen, dass derzeit weniger um Konzepte gestritten wird, sondern um Maximalpositionen im Identitäts- und Anerkennungskampf. Die entscheidenden Themen werden dann selbst zu Identitäts- und Anerkennungsthemen – in der Migrationspolitik wie in der Pandemie wurde das deutlich und in der Klimafrage erst recht. Dass diejenigen, die schon hier das Hohelied der generalisierten Elitenkritik singen, in der Frage der Einschätzung des Krieges in der Ukraine zu eher russischen Positionen neigen, ist womöglich kein Zufall. Für einen Großteil des Publikums wird dann etwa Pandemie-, Klima- oder Militärpolitik zu einer Frage nach prinzipiellem Pro oder Contra statt zu einem Streit um konkurrierende Konzepte. Das sind die schlechtesten Voraussetzungen dafür, dass Lösungen als kompetent angesehen werden können. Das Gespenst des Populismus und der Vereinfachung, der autoritären Zumutungen und nicht zuletzt der Empfänglichkeit für Ressentiments wird man weniger durch Aufklärung, auch moralische Aufklärung los, sondern durch Nachweis von Problemlösungskompetenzen. Solange es nicht gelingt, diese Unterstellung zu rechtfertigen, wird die äußere, wohlgemerkt autoritäre Kritik an der Demokratie plausibel bleiben. Dass man auch vorgängige Harmoniekonzepte etwa in konfuzianischen Formen eines Vorrangs der Koexistenz vor der Existenz nicht nur voraussetzen kann, sondern auch autoritär durchsetzen muss, kann man an China oder auch Singapur gut beobachten. Dass am Ende die Kosten der Aufrechterhaltung der Ordnung höher sein werden als die der demokratischen Perspektivendifferenz – um diesen Nachweis geht es gerade. Das Klimathema als Menschheitsthema dürfte dafür der Lackmustest sein.

Als Sozialwissenschaftler kann man dazu allenfalls darauf hinweisen, warum wir uns bisweilen auf Nebenschauplätzen bewegen, dass die Gesellschaft gerade nicht aus einem Guss reagieren kann und dass Loyalität weniger eine Bekenntnis- als eine Alltags- und Praxisfrage ist. Wenn das bei Entscheidern ankommt, könnte schon etwas gewonnen sein – das ist die kleine Illusion, die jede Perspektive braucht, um weiterzumachen.

15

Und nun?
Oder: Die Stärke kleiner Schritte

Der Ausgangspunkt dieser Überlegungen war die Beobachtung, dass die multiplen Krisen, als die gegenwärtige Entwicklungen wahrgenommen werden, fast wie ein Visibilisierungsprogramm erscheinen. Zuvor eher latent vorausgesetzte Formen werden durch Störungen, durch Infragestellungen, durch Scheitern in ihrer Fragilität und in ihrer Arbitrarität und Vulnerabilität sichtbar – was letztlich schon die Grunderfahrung der gesellschaftlichen Moderne gewesen ist und was nach der Französischen Revolution Kulturkritiker und Traditionalisten immer schon behauptet haben, nämlich dass die neue Sichtbarkeit auf die eigenen Bedingungen eine eher unsichere Welt erzeugt. An keiner Stelle des Buches wird erklärt, was eine Krise sei. Es enthält keine Definition von «Krise», und diese wird es auch zum Ende nicht geben. Aber es nimmt empirisch auf, dass von Krisen gesprochen wird, von einer zunehmenden Krisenfrequenz – und die These hier ist, dass das Erleben von Krisenhaftem und der kommunikative Erfolg von Krisendiagnosen vor allem etwas mit jenen Visibilisierungserfahrungen zu tun hat.

Diese Krisenerfahrungen verweisen auf verschlungene Wechselseitigkeiten, auf komplexe Verhältnisse, auf die Polyphonie der Verhältnisse, so habe ich gezeigt. Nicht umsonst hat dieses kleine Buch auch über ein Darstellungsproblem berichtet, nämlich darüber, dass schon die textliche Linearität des Schreibens und des Lesens das Geschriebene allzu sehr in seiner logischen, vielleicht sogar kausalistischen Struktur normiert. Wir hätten gerne deutliche Kausalitäten – *wenn wir dies tun, wird jenes dabei herauskommen; wenn wir die richtige Einstellung haben, werden wir in einer bestimmten Art und Weise handeln; wenn wir jene Mechanismen verwenden, haben wir noch eine Chance, die Krisen zu überwinden.* Schon die etymologische Herkunft des Krisenbegriffs in der Medizin impliziert ja, dass die Krise jene Entscheidungssituation sei, in der der Organismus das Fieber entweder überwindet oder aber daran zugrunde geht.

Eigentlich kann man gar nicht anders schreiben, und je weniger diese Kausalitäten funktionieren, desto mehr muss man sie mit Verve vertreten. Davon leben Protestbewegungen. Verve ist derzeit einer der stärksten Moves in der gesellschaftlichen Debatte. Viele begrüßen das. Es gibt etwa inzwischen Erkenntnisse darüber, dass weniger gemäßigte Protestformen durchaus einen positiven Effekt haben sollen, nämlich die Dringlichkeit eines Themas in die Köpfe der Menschen zu bekommen – und das ist ganz und gar unabhängig von den Protestthemen gesagt. Der Effekt ist also, die Meinung der Menschen zu stärken, die man mit solchen Formen erreicht.

Bezogen auf das Klimathema ist das wahrscheinlich auch die positive Funktion von Meinungs- und Haltungsliteratur zum Thema – die in manchen Fällen sogar durchaus Grundlagen der Klimawissenschaften und der naturwissenschaftlichen Zusammenhänge liefert. Die positive Funktion besteht darin, dass es sich in Meinungen, in Einstellungen niederschlägt – und nicht zuletzt in der Wiederholbarkeit und Unausweichbarkeit gesprochener Sätze, die man dann in Meinungsumfragen messen kann. Das gilt aber auch für jedes beliebige andere Thema – und am Buchmarkt lässt sich schön beobachten, wie erfolgreich eine Textform zwischen persönlicher Betroffenheit, inhaltlicher Darstellung und Aufforderungscharakter an die eigene Gemeinde geworden ist. Es sind neben (oft flankierenden) semantischen Verstärkern in den Sozialen Medien wirksame Meinungsgeneratoren.

Wie oben schon betont, sollte man Meinungsumfragen aber sehr kritisch gegenüberstehen, denn sie fragen, deshalb heißen sie so, bloß Meinungen ab, und diese sind zumeist ein Effekt der Sagbarkeit und der Erwünschtheit von Sätzen. Was als Meinung funktioniert, sind meistens Dinge, die irgendwie anschlussfähig sind, und diese Meinungen korrelieren mit anderen Meinungen, die man auch schon hat, oder damit, welche anderen Meinungen andere vertreten. Meinungen bewegen sich in einem Raum von Verweisungen und orientieren sich daran, was gerade so diskutiert wird. Meinungen entstehen wie in einem Auditorium, in dem es wahrscheinlich wird, dass alle klatschen, wenn einer oder eine anfängt. Das Material für Meinungen sind die Kommunikationspartikel, die durch die gesellschaftliche Kommunikation wabern. Aber es sind nur Meinungen. Die Wirkung etwa von Protestbewegungen ist also, dass man darauf Bezug nehmen kann, und man sagt dann Dinge wie: *Die nerven, aber sie haben ja Recht*, oder so etwas. Und das gilt für Meinungen aller möglichen Couleur – auch für das semantische Material für rechtsradikale Meinungen, für jegliche Form von imperativer Rede. Das Meinungsunternehmertum ist wahrscheinlich die Branche mit den höchsten Wachstumsraten.

Die Meinung sei die kleine Schwester der Identität, habe ich weiter oben formuliert. Meinungen entlasten von genauem Hinsehen – sie müssen aber passen wie ein Kleidungsstück oder ein Einrichtungsgegenstand. Meinungen sind nicht wirkungslos, aber sie helfen auch wenig. Meinungen sind Kommunikationsformen, die den Sprecher an eine Situation anpassen und ihn anschlussfähig machen an anderes Gesagtes. Darin entfalten sie tatsächlich eine Wirkung, weil sie Sagbares stabilisieren. Der große Kampf um die Symmetrisierung von Meinungen ist es, der Teile der öffentlichen Debatte bestimmt. Es sind dann oft vergleichsweise argumentationsfreie Debatten, weil Meinung auf Meinung trifft. Der Sinn der Meinung ist dann, dass sie gesagt werden kann – und wiederholt muss hinzugefügt werden, dass die Äußerung *jeder* Meinung rechtlich geschützt sein muss. Die Sozialen Medien sind dabei der entscheidende Durchlauferhitzer für solche Sagbarkeitskaskaden, die dabei helfen, dass die Leute sich an Sätze gewöhnen können, die sie dann für ihre eigenen halten.

Daraus ergibt sich auch, dass Meinungen nicht automatisch praktische Konsequenzen in dem Sinne haben, dass sich daraus strategisch wirksame, eben praxistaugliche Konzepte ergeben. Auf dem Meinungsmarkt erfolgreich zu sein, ist noch kein Garant dafür, dass das Gemeinte dann wirksam wird – ganz im Sinne des *Fehlschlusses von der Dringlichkeit auf die Möglichkeit* beschrieben.

Die Trägheit der gesellschaftlichen Praxis führt dazu, dass Meinungen entweder aufgeklärter, klarer, rationaler, klüger, weitsichtiger, einsichtsfähiger erscheinen als dann in ihren Handlungen, wissen wir doch, wie restriktiv Handlungssituationen sind und wie schwach das Fleisch gegenüber dem Geist, wie das Sprichwort sagt. Oder aber Meinungen sind radikaler, unmäßiger, rigoroser als die praktischen Handlungen – was wiederum auf die moderierende Funktion träger, also pfadabhängiger Systeme verweist. Dass Meinungen nicht dasselbe sind wie die tatsächlichen praktischen Formen, wird oft dadurch unsichtbar gemacht, dass sehr viel Energie in den Meinungsstreit, aber wenig Energie in die praktischen Bedingungen der eigenen Möglichkeit investiert wird. Der Vorrang der Meinung vor dem Wissen darüber, wie Probleme gelöst werden können, macht öffentliche Debatten bisweilen so unproduktiv – und unprofessionell. Die meinungsstarke Debatte weiß oft wenig über die strukturellen Voraussetzungen des Verhältnisses von Problem und Lösung und gibt sich dann gerne mit kausalistischen Darstellungen zufrieden.

Die kausalistische Darstellungsform führt stets allzu einfache Behauptungen mit – schon weil man im Kausalschema zuvor schon die Entscheidung getroffen haben muss, welche Ursache-Wirkung-Schemata man überhaupt in Erwägung zieht. Die einfachste Kausalität ist die zwischen Einstellung und Handlung oder Überzeugung und Durchsetzbarkeit, die trotz komplexer Verhältnisse jedem Geschehen ein Subjekt zuweisen kann. Dem spielt übrigens auch in die Hände, dass Sätze in ihrer grammatikalischen Struktur auch ein Subjekt haben. Man kann einen propositionalen Gehalt im Sprechen in der Regel nur mit einem Subjekt ausdrücken – oder sich durch passivische Konstruktionen darum herumdrücken. Es müssen Ross und Reiter genannt werden (sic!) – und das wird auch in der engagierten Rede verlangt. Wenn man schon nicht jemanden benennen kann, der oder die verantwortlich gemacht werden kann, dann verlegt man sich gleich aufs «wir». Das ist darstellungstechnisch insofern von großem Vorteil, als es nicht nur Verantwortliche benennt, sondern auch Leserinnen und Leser (und natürlich Autorinnen und Autoren) ins Boot holt. Niemand kann entkommen. Wir müssen da durch, und wir müssen die entsprechende Haltung, Einstellung und den Willen aufbringen. All das ist nicht ganz falsch, und doch könnte es kaum falscher sein. Es bringt Engagement auf den Begriff und vielleicht mehr Selbstberuhigung, als es der Sache guttut.

Der Grundfehler besteht nach meinem Dafürhalten darin, dass die ständige Aufforderung zum Engagement und die ständige Aufklärung über die Mechanismen und die Folgen von Krisen, Transformationsdruck und Neujustierungen aus dem Blick geraten lässt, dass es weniger ein Engagementproblem als ein Erkenntnisproblem gibt – üblicherweise wird das Gegenteil behauptet. Bezogen auf die Klimakrise, ist es nicht das

Erkenntnisproblem über die naturwissenschaftlichen Zusammenhänge des menschengemachten Klimawandels. Es ist ein Erkenntnisproblem im Hinblick darauf, dass deren Lösung nicht einfach die Anwendung der beschriebenen Kausalitätsbeziehungen ist – *mehr* CO_2*-Ausstoß erzeugt mehr Temperaturerhöhung, also muss es weniger oder mittelfristig gar keinen solchen Ausstoß mehr geben, um das zu stoppen.* Das ist stark vereinfacht formuliert, trifft aber die Dinge recht genau.

Das Erkenntnisproblem sehe ich an einer anderen Stelle, nämlich in der Frage, wie eine Gesellschaft, die sich in Routinen eingerichtet hat, die eine starke Eigendynamik besitzt, die nicht linear zu steuern ist, die in permanenten Rückkopplungen steht und an selbstverstärkenden Prozessen laboriert, in ihren Praktiken dazu gebracht werden kann, den einen entscheidenden Output zu verändern. Das ist keine triviale Frage, und ich weiß aus eigener Erfahrung, dass darüber schnell hinweggegangen werden kann.

I am not convinced. Die immerwährende Wiederholung von Haltungsfragen, die immerwährende Aufklärung über die Klimazusammenhänge, der immerwährende und oft zutreffende Hinweis auf politische Forderungen unterschätzt, dass ein Gesellschaftssystem in der Vielfalt seiner gleichzeitigen Formen und Praktiken auf jede Intervention reagiert – und zwar nach seinen je eigenen Regeln, Strukturen und Limitationen. Es ist auch eine Portion Demut gefragt – im Hinblick darauf, dass sich lineare Überzeugungen und Haltungen nicht linear durchsetzen lassen, auch nicht mit großer moralischer Verve und deutlicher Authentizität. Eine angemessene Antwort auf Transformationsdruck wird es nicht geben, wenn es nicht gelingt, den Gegenstand, um den es in diesem Fall geht, die Gesellschaft selbst, systematischer in den Blick zu nehmen.

Man muss es leider sagen: Auch große Teile der sozialwissenschaftlichen Intelligenz nehmen diese Frage kaum ernst, weil sie sich um einen angemessenen Gesellschaftsbegriff herumstehlen und sich in der Pose der großen Lösungsperspektive und der einfachen Kausalitäten verlieren. Entweder gibt es milieubedingt einen starken *bias* im Hinblick auf die Steuerungsfähigkeit des Staates, oder aber es wird fast alles als Derivat von Verteilungsfragen oder der Produktionsverhältnisse diskutiert. Auch der Nachweis von entsprechenden Einstellungen und Praktiken mit Klimarelevanz in unterschiedlichen Milieus wird immer wieder erbracht – gerade Letzteres kann sehr ergiebig sein, zeigt zumeist aber nur, wie unwahrscheinlich die Lösung der Probleme aus der Perspektive solcher Praktiken und kleinen Lebenswelten ist. Es ist richtig, dass Wahlen in erster Linie mit Identitäts-, vor allem aber Verteilungs- und Versorgungsfragen gewonnen werden – und das mit Recht. Kulturelle und ökonomische Abstiegsängste sind die entscheidende Währung für politische Ansprache. Die geradezu dilemmatische Situation freilich besteht darin, dass alle «Transformation» erhebliche verteilungslogische Folgen hat und also entsprechende Sorgen auslöst. Insofern ist es richtig, dass etwa Klimaschutz und die sogenannte ökologische Transformation nur im Einklang mit sozialen Fragen möglich sind, aber nicht als soziale Frage. Man unterschätzt die verteilungslogischen Implikationen von Krisenbewältigung gerade nicht, wenn man zugrundelegt, dass die den notwendigen Veränderungen zugrunde liegenden Bezugsprobleme nicht in erster Linie verteilungslogischer Natur sind. Wer das leugnet, muss auf einer der beiden Seiten stets blind bleiben. Deshalb ist es für Populisten gerade so einfach, weil sie diese Spannung in einer allgemeinen Elitenkritik aufheben können.

Wofür ich selbst seit vielen Jahren streite und werbe, ist Folgendes: Man kann kaum Empirisches verstehen, wenn man keinen ausgearbeiteten Gesellschaftsbegriff hat oder wenn sich dieser darauf beschränkt, einen Raum ungleicher Verteilung von Gütern, Chancen, Rechten, Anerkennung und Möglichkeiten zu sehen – der er auch ist.

Es ist gerade kein Defätismus, dies zu betonen, sondern im Gegenteil: der Versuch, sich den *empirischen* Gegebenheiten einer komplexen Gesellschaft zu stellen, die tatsächlich alles andere ist als eine Großgruppe, die man mit einem «Wir» aus der Ruhe bringen kann. Diese Gesellschaft besteht nicht aus einem «Wir», sie ist über ein «Wir» nicht erreichbar, sie ist nur theoretisch eine Schicksalsgemeinschaft – nicht weil sie bei kollektiven Herausforderungen kein Schicksal teilt, sondern weil sie keine Gemeinschaft ist. Auch wenn man das mit seinem Mittelschichtsbias so gerne hätte, zugleich aber die loswerden will, die die Gemeinschaft ganz anders, zum Teil ziemlich widerlich wollen. Auf diesem Reflexionsniveau wird es nicht gehen – und selbst wenn man es als eine Großgruppe imaginiert, würde man darauf stoßen, dass Steuerung durch Überzeugung und Beschwörung von Wir-Formeln auf Akteure treffen wird, die wiederum mit ihren eigenen Mitteln, mit ihrem Eigensinn auf solche Strategien reagieren.

Schon dass das alles durch gesprochene Sprache vermittelt werden muss, stößt an die Grenzen der sprachlichen Möglichkeiten: nicht, dass man die Dinge nicht ausdrücken kann. Aber die der Sprache und dem Sprechen inhärente Möglichkeit, *Nein* sagen zu können, macht so etwas wie eine kommunikativ vermittelte Form des Wir tatsächlich unwahrscheinlich. Das *Nein* hat einen höheren Informationswert als das bestätigende *Ja*, und man wird stets darauf treffen. Es ist eine große zivilisatorische Leistung, wenn es gelingt, Nein-Stellungnahmen zu integrieren, zu institutionalisieren, etwa in Form der Opposition in der Demokratie, der Rollenverteilung im Gerichtsverfahren, der freien Meinungsäußerung vor jedermann, der politischen, der literarischen, der ästhetischen Kritik, der Kritik an Übergriffen anderer usw. Umgekehrt geht es überall dort, wo man sich eine Großgruppe vorstellt (als Schicksals-, Klassen- oder nationale Gemeinschaft) und das Überleben oder das Gedeihen der Großgruppe durch starkes *commitment* definieren will, schlecht aus: Am Ende muss man mit den Abweichungen umgehen. Und wenn man diese auf falsche Einstellungen zurückführt, kippt es schnell ins Autoritäre. Die historischen Beispiele sind bekannt. *Ein starkes Wir muss entweder das Sprechen eingrenzen oder die Störenden ausgrenzen.*

Nun behaupte ich nicht, dass zu starkes Engagement oder zu vereinfachte Problembeschreibungen automatisch autoritär werden – das wäre absurd und ist natürlich nicht der Fall, auch weil die entsprechenden Akteure dazu gar nicht die Chance bekommen. Wo das der Fall ist, konnte man am Anfang der Pandemie in China erleben, als man anfangs sehr effizient und wirksam agiert hat, es aber dann nicht zurücknehmen konnte und sich das Autoritäre Bahn brach. Die etwas einfacher Gestrickten sehen auch hierzulande bei aller Kritisierbarkeit von Corona-Maßnahmen programmatisch, also gewollt Autoritäres bei der Pandemiebewältigung und sehen nicht, wie sehr sich die Gesellschaft in der Vielfalt ihrer Zielkonflikte aufgerieben hat.

Es sind also mit all den Fragen, die sich mit all den starken Sichtbarkeiten stellen, tatsächlich Darstellungsprobleme verbunden. Ich habe genannt: die Linearität, die die Infektion mit Kausalitis befördert; die Notwendigkeit, dass Propositionen ein Subjekt enthalten; und vor allem das Polyphone. Ich habe nicht zufällig oben aufs Musikalische verwiesen, das ja in der Gleichzeitig der Vielheit ihrer Stimmen und Formen stets auf Differenz und Einheit verwiesen wird. Schon innerhalb der klassischen Dur-Moll-Tonalität ist es vor allem das Gegeneinander, das besonders interessant ist – und ebendie Auflösung, die im Musikalischen ja immer nur einen Moment dauert. Musik spielt mit der Gleichzeitigkeit ebenso wie mit dem Zusammenklingen – wohlgemerkt: des Unterschiedlichen. Man kann

Musik zwar erklären – aber man muss sie hören, um das wahrzunehmen. Etwas Ähnliches legt auch dieses kleine Buch nahe. Eigentlich hätte es vertont werden müssen.

Um Missverständnissen vorzubeugen: Die Beschreibung und Adressierung der Gesellschaft als ein «Wir» in Frage zu stellen, meint nicht, sie bestehe aus unterschiedlichen, kleineren Wir-Gruppen, auch wenn es manchmal so aussieht. Die Wir-Kategorie ist wirksam, taugt aber analytisch nicht. Gesellschaft ist ein Aggregat, das sich vor allem dadurch auszeichnet, dass darin gleichzeitig sehr Unterschiedliches geschieht, das nicht wirklich harmonisiert werden kann, weil es keinen Ort gibt, von dem aus das möglich wäre. Politische Ideen haben das stets versucht – etwa in der Denkfigur des *Gesellschaftsvertrages* –, aber wer empirisch einen «neuen Gesellschaftsvertrag» vorschlägt, unterschlägt, dass es sich dabei um einen philosophischen Begriff handelt, der mehr eine Problemanzeige darstellt, auf genau das Problem der Unerreichbarkeit des Ganzen hinzuweisen. Ihn mit einem konkreten rechtlichen Vertrag zu vergleichen, stößt nicht nur auf paradoxe Voraussetzungen (ohne einen Gesellschaftsvertrag im abstrakten Sinne ließe sich gar kein konkreter Vertrag abschließen). Wer das vorschlägt, gerät fast automatisch wieder in jenen politischen Bias, der von der Illusion der kollektiv bindenden Kontrolle des Ganzen lebt, dessen grundlegende Kausalannahme schon durch die Gleichzeitigkeit des Unterschiedlichen unterlaufen wird – innerhalb des politischen Systems durch unterschiedliche politische Spieler, in der Umwelt des politischen Systems durch Eigenlogiken des Ökonomischen, des Rechtlichen, des Wissenschaftlichen, des Religiösen, der Organisierbarkeit konkreter Tätigkeiten, nicht zuletzt der Organisation konkreter Lebensformen und der Zustimmungsfähigkeit und Loyalität eines Publikums.

Der Hinweis auf die Gleichzeitigkeit des Unterschiedlichen legt nahe, bei der Beobachtung des Problems ein wenig aus der eigenen Box herauszutreten. Es gehört zur Diagnose des Gegenstandes dazu festzustellen, wie sehr schon der Problembezug durch die eigenen Erfahrungen geprägt ist und die eigenen Erfahrungen verabsolutiert. Das gilt auch für akademische und mediale Beobachter von Transformationsfragen – das Klimathema ist dabei nur eines unter anderen. Es scheint so, dass die kommentierende und räsonierende Klasse sich viel zu wenig für andere Praxisformen interessiert. Hier halte ich es immer mit Pierre Bourdieu, der mit seiner Kritik der scholastischen Vernunft gezeigt hat, wie sehr akademische Rationalitäten die Welt mit ihrer eigenen Praxis verwechseln – sonst träte das Weiße-Blatt-Syndrom nicht auf. Dazu gehört zum einen zu sehen, wie sehr sich alle Akteurstypen vor allem an den eigenen Erfolgsbedingungen und den eigenen Limitationen orientieren müssen – und nicht anders können. Der Satz, dass unternehmerische Akteure das Richtige nur tun können, wenn sie sich damit auf Märkten behaupten können, scheint für viele absolut unverständlich zu sein – auch der Satz, dass politische Akteure mit dem Richtigen Machtchancen testen müssen und dass dies das Maß ihrer Dinge ist. Und für die oben (sehr grob) konstruierte Familie gilt, dass sie nur das tun kann, was in ihren Möglichkeiten liegt.

Man kann das auch umgekehrt rahmen: Wer nach den Potentialen für notwendige Veränderungen sucht, wird sie dort finden, wo die Dinge geschehen können – nämlich in konkreten Gegenwarten, in denen sie sich nach deren Kriterien bewähren können müssen. Wer macht sich die Mühe, in die Entwicklungsabteilungen von Unternehmen zu gehen und dabei zuzusehen, wie an Lösungen gearbeitet wird? Wer macht sich die Mühe, bei Architektinnen und Architekten vorbeizuschauen, die sowohl an der energetischen Umsetzung neuer Vorgaben arbeiten als auch im Bestand für besseres Klima sorgen – im wahrsten Sinne des Wortes? Wer sieht sich Stadtwerke an, die an konkreten Mobilitätsmodellen arbeiten und damit Alternativen zum Automobilverkehr erfinden und maßgeschneiderte Wärmekonzepte erarbeiten? Wer sieht, dass die «große Transformation» in Forschungslabors stattfindet, die Fleisch in der Petrischale entwickeln? Wer sieht, wie kreativ Batteriehersteller daran arbeiten, Batterien mit weniger ökologisch bedenklichen Stoffen zu designen? Wer hat schon einmal Betriebe besucht, die aktiv an praktisch wirksamen Speichertechnologien und zugleich an praktikablen Preismodellen arbeiten, um erneuerbare Energien mit ihren Diskontinuitäten in der Energieproduktion in kontinuierliche Angebote zu verwandeln? Wer kann schätzen, dass sich in fast allen Bereichen eine Sensibilität für adaptive Strategien angesichts von Klimaveränderungen etabliert? Wer nimmt wahr, dass über internationale Lieferverträge klimaverträgliche Wertschöpfungs- und Handelsketten eingehalten werden können, die zugleich alle Beteiligten ökonomisch ermöglichen? Wer erkennt die Bemühungen an, den Produktionsprozess von Waren selbst CO_2-neutral zu gestalten? Wer nimmt zur Kenntnis, wie Stadtplanungsbüros an der Versöhnung von Mobilitätsmöglichkeiten und nachhaltigen Strategien arbeiten, die nicht nur marktgängig sind, sondern auch durch Komfort und Anmutung überzeugen? Die Liste ließe sich im Umfang dieses ganzen Buches verlängern – und nur Weniges davon ist koordiniert oder eine zentrale Strategie. Es sind alles Strategien und Formen, die mit den jeweiligen Mitteln arbeiten, die konkret zur Verfügung stehen.

Denn auch das gehört zur modernen Gesellschaft: ein Variantenreichtum von Möglichkeiten, der Evolution ermöglicht und Rekombinationsmöglichkeiten von Dingen schafft, die ungewöhnlich sind. Manchmal sind es übrigens, wie ich selbst bei einem Energieversorger erfahren konnte, deren lange Zeitperspektiven im Hinblick auf ökologisch relevante Investitionen, die sich von den kurzen Zeitperspektiven kommunal- und landespolitischer Politik unterscheiden. Manchmal sind hier eher die Bremser, die von kurzfristigen Stimmungen und Zustimmung abhängig sind als die, die in ein langfristiges ökonomisches Risiko gehen wollen. Die relevante Steuerungsfrage lautet dann, wie sich Anreize dafür erzeugen lassen, auf Lösungen zu kommen, die wir noch nicht kennen – und damit ist nicht gemeint, mit ganzen Strategien auf Wundertechniken zu setzen, die es noch gar nicht gibt. Man könnte dies das Wunderwaffensyndrom nennen. Wahrscheinlich muss Evolution ermöglichende Variation und Selektion an unterschiedlichen Orten unterschiedlich ausprobiert werden – und ist schwer zentral zu steuern, denn dafür müsste man schon mehr kennen als abstrakte Zielvorgaben. Ich habe oben darauf hingewiesen, dass wir es uns nicht mehr leisten können, etwa wirtschaftspolitisch den alten Streit zwischen mehr oder weniger Staatstätigkeit und staatliche Vorgaben zu führen, sondern darauf umstellen müssen, Staatstätigkeit in den Dienst ergebnisoffener Prozesse zu stellen. Und wer hier jetzt an die unselige Diskussion um E-Fuels für Automobile denkt, sitzt nur einer peinlichen Klientelpolitik auf. Vor diesem Hintergrund ist auch die Bewertung einer allgemeinen Schuldenbremse zu bewerten, die gerade in Zeiten hohen Investitionsbedarfs mit Steuerungswirkung geradezu als Bremse für Gestaltbarkeit und nicht zuletzt als Steuererhöhungsinstrument wirkt, worauf so unterschiedliche Ökonomen wie Michael Hüther oder Jens Südekum immer wieder hingewiesen haben.

Vielleicht bewegen sich die, die das große Wort der großen Transformation führen, die den großen Fokus einer großen Lösung beschreiben, zu selten an den Orten, an denen sich eine Gesellschaft reproduziert: in konkreten Gegenwarten, die je ihre eigenen Probleme lösen müssen. Das sind auch Universitäten. Ich bin selbst Mitglied zweier Hochschulräte an zwei sehr unterschiedlichen Universitäten, die an ihrer Klimaneutralität arbeiten, Konzepte erarbeiten, Pläne an realistischen Möglichkeiten abgleichen, Ziele reflektieren und interne Überzeugungsarbeit, Anreize und Vorgaben auf die Beine stellen. Das erzähle ich zufällig als Universitätsmensch – aber man kann es in Unternehmen und Ministerien, in Verbänden und Gewerkschaften, in Parteien und an anderen Orten wahrnehmen, wo etwa auch sozialwissenschaftliche Expertise dafür nachgefragt wird, wie man Konzepte umsetzt, warum Zielkonflikte entstehen und wie Motivation in Folgen umgesetzt werden kann, nur um zu zeigen, dass das, dessen Fehlen überall beklagt wird, an vielen Orten geschieht. Zu wenig. Zu langsam. Nicht konsequent genug. Wie im richtigen Leben also. Den Engagierten ist es immer zu wenig – und das ist gut so, denn darauf hinzuweisen, ist ihre Funktion.

Gesellschaftliche Transformation kann nicht als *große* Form funktionieren, sondern nur als eine, die in konkreten Situationen erfolgreich sein kann. Das ganze Programm der *kleinen Schritte* läuft längst – es ist gewissermaßen der Experimentierraum, in dem man neue Formen ausprobiert, die sich bei Bewährung dann evolutionär stabilisieren. *Kleine Schritte heißt nicht kleine Lösungen.* Kleine Schritte sind vielmehr die, die sich in den bestehenden Gegebenheiten einrichten und an diese andocken können. Wenn es etwa gelingt, staatliche, unternehmerische, wissenschaftliche und gewerkschaftliche Akteure zusammenzubringen, um die Zulieferung von halbfertigen Teilen in allen Stadien international zu vernetzen, können gemeinsame Ziele so gestaltet werden, dass sie als Teilziele allen beteiligten Akteuren helfen – übrigens auch im Hinblick auf Verteilungsfragen. Kleine Schritte sind solche, die in konkrete Situationen passen.

So sind auch andere Variationen restabilisiert worden. Fast alle Liberalisierungen von Lebensformen – man denke an Geschlechterrollen, an die Anerkennung nicht-heterosexueller

Lebensformen, an weniger autoritäre erzieherische Formen, an neue Führungskonzepte, an technische Innovationen, an vegetarischen Genuss, an interkulturelle Erfahrungsmöglichkeiten, an andere Arzt-Patienten-Verhältnisse, an die Verbindung von Produktivität und sozialem Ausgleich, an Car-Sharing – die Liste ließe sich lange und länger verlängern –, fast alle diese Entwicklungen brauchten evolutionäre Orte, an denen Abweichungen und Variationen ausprobiert, verworfen, neu angepasst und dann restabilisiert werden konnten. Die Kunst besteht darin, ökologische Milieus für neue Konstellationen zu suchen und praktisch auszuprobieren – in der Produktion, im Konsum, in neuen Besitzverhältnissen von Mobilitäts- oder Heizungstechnik. Das gilt auch politisch – als der Versuch, solche ökologischen Nischen für evolutionäre Entwicklungen anzuregen und zu ermöglichen. Gesellschaftliche Transformation ist fast nie ein Programm, sondern muss sich praktisch ereignen. Man muss sich an die Dinge gewöhnen können, die neu sind, dann verlieren sie ihre Bedrohlichkeit. Und es braucht eine Offenheit dafür, dass andere Milieus vielleicht andere Formen der Gewöhnung brauchen als die räsonierenden Milieus, deren Trägheit oft darin besteht, dass sie sich abweichende Lebensformen gar nicht vorstellen können.

Vielleicht muss man der Maßlosigkeit, von der oben die Rede war, ein Schnippchen schlagen und sie verkehren: als Bedingung dafür, dass Abweichungsverstärkung prämiert wird und dass man die Komplexität von Lösungen erst dann erkennen kann, wenn man sie nicht nur *in vitro*, sondern *in vita* erzeugt. Dafür braucht es viel Freiheit und missionarischen Eifer, unternehmerische Einstellungen und Mut zum Scheitern ebenso wie eine ermöglichende Form der Regulierung und der Einbeziehung derer, die diese Dinge machen müssen. Ich habe schon öfter in früheren Arbeiten darauf hingewiesen, dass sich Innovationen nur dann einstellen, wenn Logiken aufeinandertreffen, die man üblicherweise getrennt betrachtet. Fällt es nicht auf, dass es oft Gewerkschaften sind, die inzwischen nachhaltige Lösungen anstreben, weil ihr Blick darauf gerichtet ist, dass Arbeitsplätze und Leute weniger leicht ausweichen können als Kapital oder *Know-how*?

Wie sähe eigentlich eine kluge Kapitalismuskritik aus? Ließen sich durch veränderte Eigentumsverhältnisse von Unternehmen womöglich zukunftsfähigere Entscheidungen treffen – etwa in dem Sinne, dass der angestellte Unternehmenslenker mit anderen Zeit- und Risikokalkülen arbeitet als ein Eigentümer, der auf eigenes Risiko arbeitet und an konkreten Projekten arbeitet? Oder sind genossenschaftliche Modelle besser dazu geeignet, Koordinationsversuche in Echtzeit zu ermöglichen als Kapitalgesellschaften mit eher kurzfristigen Renditeabsichten? Hieße das nicht womöglich, mehr Kapitalismus zu wagen, wenn man darunter versteht, auf eigenes Risiko zu investieren? Die abstrakten Sätze, man müsse ökonomische, politische, rechtliche, wissenschaftliche Logiken aufeinander beziehen, sind nur abstrakte Sätze – praktisch wären sie konkret, wenn sie in der Lage sind, Praktiken zu ermöglichen, die man wiederholen kann. Wenn der abstrakte soziologische Satz stimmt, dass die gesellschaftliche Praxis vor allem aus Wiederholung und Bewährung besteht, muss man ihr, der gesellschaftlichen Praxis, etwas anbieten, was sie wiederholen kann. Und das geht nicht ein für alle Mal, das geht nicht in großen Programmen. Es sind stets kleine Schritte gewesen, in denen «die Gesellschaft» ihre Variationsmöglichkeiten ausprobiert und in denen sie dann Formen entwickelt hat, die für Weitergebrauch taugen – auf Märkten, in Alltagspraktiken, in kulturellen Begründungen.

Und das ist hier nicht einfach eine motivierende Geschmacksfrage, ganz im Gegenteil. Die Struktur der modernen Gesellschaft gibt letztlich kaum eine Möglichkeit her, Lösungen für strukturelle Problemlagen wirklich von großen Entscheidungen zu erwarten und von starken kollektiven Überzeugungen, es sei denn in autoritären Gesten. Diese Gesellschaft ist voll von Versuchen, evolutionäre Nischen zu finden – und es fehlen uns letztlich auch dafür die Begriffe und auch ein Verständnis für die kleinen Schritte. Übrigens hat die Klimaaktivistin Luisa Neubauer im August 2023 in einem bemerkenswerten Interview auf der Internet-Plattform *watson.de* auch in Kritik an den Aktivisten der «Letzten Generation» gemeint, dass die entscheidenden Veränderungen in konkreten übersichtlichen Schritten erfolgen. Zugleich hat sie aber in einem anderen Interview in der *taz* betont, dass man die Transformation nicht nebenbei erledigen könnte. Es sei die Idee «aufgeflogen, man könne eine Gesellschaft transformieren, ohne dass die etwas davon weiß». Das bringt das Dilemma schön auf den Begriff – aus der Perspektive einer Aktivistin, die nicht mitsehen kann, dass eine Transformation «der Gesellschaft», wie oben angedeutet, wahrscheinlich außerhalb der Möglichkeiten liegt – und das könnte eine gute Nachricht sein.

Kleine Schritte sind keine Schrumpfform, keine defizienten Modi großer Schritte, sondern die evolutionäre Form einer Gesellschaft, die Räume für Abweichungen und Abweichungsverstärkungen braucht. Strategien – ökonomische, politische, kulturelle – müssen dieser Evolution gewissermaßen auf die Sprünge helfen.

Evolution und Planung, Steuerung oder Kontrolle sind Antipoden, unterschiedliche Konzepte, womöglich schließen sie sich sogar konzeptuell aus. Aber jeder Versuch eines steuernden Eingriffs oder einer absichtsvollen Planung setzt Variationen in Gang, die sich evolutionär bewähren müssen, sonst bleiben sie wirkungslos. Mein Plädoyer für die Rehabilitation der kleinen Schritte ist also nicht als Vermeidung von zu viel Veränderung zu verstehen, sondern als Hinweis darauf, dass sich nachhaltige Veränderungen nur evolutionär durchsetzen, wenn sie sich restabilisieren, also in einer bestehenden Struktur bewähren können. Anders gesagt: Wer plant und steuert, muss mit den evolutionären Bedingungen seines Gegenstandes rechnen. Einer der historischen Referenzautoren für diesen Gedanken ist übrigens Edmund Burke, der konservative Reformer, der dem Revolutionsgedanken mit einer evolutionssensiblen Haltung begegnete, die es erlaubt, während des Veränderungsprozesses Selbstkorrekturen vorzunehmen. Burke ist ein früher Denker des konservativen Bezugsproblems.

Ich habe es oft genug in Debatten erlebt, dass schon die Sentenz von den kleinen Schritten geradezu belächelt wurde – als komme da einer, der eher vorschlägt, bloß nicht zu viel zu machen, um die Menschen nicht zu verängstigen oder gar zu verunsichern. Oft wird so etwas von wohlbestallten Wissenschaftsbeamten formuliert (wie ich auch einer bin), die genau genommen kaum etwas in ihrer Lebenslage erschüttern kann, was vielleicht nicht die Urteilsfähigkeit erhöht, in jedem Falle aber die Freiheitsgrade für starke Urteile. Kleine Schritte – dafür steht man morgens gar nicht erst auf, sondern kann die ganz großen Sätze aufsagen, dass man den Kapitalismus mit seinem Wachstums-, seinem Optimierungs- und seinem Konsumimperativ hinter sich lassen muss. Wenn dann noch der Hinweis dazukommt, in der Pandemie habe man ja gesehen, dass Durchregieren möglich sei, sind die «kleinen Schritte» schnell kritisiert.

Man kann kaum folgenloser räsonieren – und kann die Fantasien des gesellschaftlichen «Umbaus» weiterspinnen. Den Eigensinn der Gesellschaft wird das kaum aus der Ruhe bringen – und ernsthafterweise wird man es als sicher annehmen müssen, dass Schrumpfungs- und Verzichtsforderungen in ihrer abstrakten Form verpuffen. Hier sei auch noch der Hinweis erlaubt, dass die Innovations- und Gestaltungskraft, aber auch politische Spielräume zur aktiven Gestaltung entsprechender Möglichkeiten von wirtschaftlicher Potenz abhängig sind. Rezessions- und Schrumpfungsphasen sind ganz sicher die schlechtesten Zeiten – sowohl für Transformationsschritte als auch für deren soziale Abfederung. Unsere oben skizzierte Familie sollte genau das aufzeigen: Gesellschaftliche Arrangements sind stärker auf Kante genäht, als es vielen scheint – und das gilt nicht nur in den untersten Schichten. Wer Dinge verändern will, braucht Reserven, und diese Reserven müssen ökonomisch und politisch bereitstehen. Um beides scheint es derzeit nicht gut zu stehen.

Der Diskurskiller schlechthin ist zumeist, dass all dieses Räsonnement für die Katz sei, geradezu schädlich, da uns (!) inzwischen die Zeit davonlaufe und endlich (!) gehandelt (!) werden müsse. Wer kann sich da noch Bremsen erlauben, wer den Luxus, Verständnis zu entwickeln für den Eigensinn gesellschaftlicher Routinen, die uns das doch alles eingebrockt haben. Die katastrophische Redeweise hilft nicht weiter, auch wenn sich manche wohlbestallte Kommentatoren und Kommentatorinnen darin gefallen, der Apokalypse das Wort zu reden und damit von der eigenen Gemeinde gefeiert werden. Niemand in den Klimawissenschaften prognostiziert übrigens ernsthaft die Ausrottung der Menschheit oder Katastrophen, wie man sie aus Hollywood-Filmen kennt. Prognostiziert werden starke, zum Teil irreversible Veränderungen und Gefahrenlagen, mit denen man umgehen muss, ja, jetzt. Und prognostiziert werden Fehlanpassungen, die sich vor allem in Form der Störung von gesellschaftlichen Prozessen auswirken werden – Migration, ökonomische Folgen, Erhöhung der Gesundheitskosten, neue Spannungen im Weltsystem, vielleicht auch stärkere Regionalisierungen angesichts globaler Herausforderungen. All das sind letztlich keine «Klima»-Phänomene, sondern deren gesellschaftliche Folgen.

Der zweite Diskurskiller ist der Hinweis darauf, dass Deutschland nur 1–2 Prozent der Weltbevölkerung ausmache und es deshalb, aufs Ganze gesehen, ziemlich egal sei, was hier passiere. So kann man sich auch aus der Verantwortung stehlen. Denn wo soll man beginnen, wenn nicht hier (wohlgemerkt: Der Satz gilt auch dort!)? Im Übrigen hat dieser Hinweis auch einen ziemlich hochnäsigen Aspekt, als gäbe es in anderen Teilen der Welt keine Bemühungen um Klimaschutz, um Technologieveränderungen, um CO_2-Neutralität. Provinzialität ist die kleine Schwester der Überheblichkeit.

Außerdem ist im Hinblick auf die Weltgesellschaft zu betonen, dass hier vielleicht noch mehr als im vergleichsweise wohlhabenden Norden gilt, dass die Bedingung für Krisenbewältigung unterschiedlicher Art die Lösung elementarer Probleme ist: Armut, Migration, Staatszerfall, mangelnde Demokratie. Die von den Vereinten Nationen beschlossenen 17 *Sustainable Development Goals* bieten hier einen guten diagnostischen Indikator. Von all dem ist hier nicht die Rede – aber fast alles Gesagte ist darauf übertragbar. Mein Argumentationsgang ist damit beendet. Er verzichtet, wie angekündigt, explizit darauf, konkrete politische Vorschläge zu machen, zu behaupten, diese oder jene Maßnahme sei für diese oder jene Krise die angemessene. In diesem Sinne ist es kein politisches Buch geworden, aber vielleicht eines, das einen Sinn dafür vermittelt, in welchem Rahmen auch politische Entscheidungen zu sehen sind. Dieses kleine Buch hat den Versuch unternommen zu zeigen, dass sich Engagement mit einer Selbstverunsicherung durch empirische Beobachtungen verbinden lässt. Überzeugungen sind nötig, aber sie stoßen auf eine Welt, die schon da ist – und die sich durch moralische Diskurse gerne davon ablenken lässt, was möglich ist. Da ist es wieder, das Moral-Bashing, das spätestens dann erfolgt, wenn man sich doch von normativen Ansprüchen herausgefordert fühlt.

16

Coda: Die Moral von der Geschichte

Deshalb braucht es noch einige Gedanken *nach* dem Ende des Buches, Gedanken, die sich mit einer ethischen Frage beschäftigen. Zur Ethik des Umgangs mit Krisen ist viel geschrieben worden, zu politischer Ethik und Risikoethik und vielem mehr. Ich möchte hier, nach dem Ende des Argumentationsgangs, auch einen ethischen Appell loswerden, ohne hier in eine neue und aufwendige Debatte einzusteigen. Ich habe als Soziologe viel von dem sogenannten *Capability-* oder *Befähigungsansatz* gelernt, wie er von so unterschiedlichen Denkern wie Amartya Sen und Martha Nussbaum vorgelegt worden ist. Er hat erhebliche ethische Implikationen. Um es sträflich verkürzend und unpräzise wiederzugeben: Dieser Ansatz operiert nicht mit verallgemeinerungsfähigen Forderungen oder Prinzipien, nicht mit einem Pflichtalgorithmus oder einem Nutzenkalkül, auch nicht mit konkreten Forderungen oder unrealistischen Rationalitätsunterstellungen. Es ist ein, wenn man so will, empirischer, oder besser: auf empirische Situationen zielender Ansatz, in einem besonderen Sinne *praktische* Philosophie.

Amartya Sen hat darauf hingewiesen, dass man von Menschen nur verlangen kann, wozu sie durch persönliche, strukturelle, soziale, materielle und ökonomische Bedingungen befähigt sind. Forderungen an Verhalten, an moralische Standards oder auch an Vereinbarungen müssten stets darauf achten, dass Situationen so strukturiert sind, dass überhaupt die Chance dafür besteht, dies mit den zur Verfügung stehenden Mitteln zu erreichen, so dass die Leute auch mit solchen Mitteln ausgestattet werden müssen. Ein wenig erinnert das an das oben entwickelte konservative Bezugsproblem. Mit ganz anderen Mitteln und von ganz anderen Voraussetzungen her kommt Martha Nussbaum auf Ähnliches. Sie kapriziert sich auf existentielle, körper- und lebensbezogene Grundbefähigungen, die gegeben sein müssen, damit Menschen ein gutes Leben führen können und sich darin mit selbstgewählten Alternativen ausstatten.

Über diese beiden Ansätze ließe sich viel sagen, und die ethische Literatur ist voll davon – aber für die Zwecke dieses letzten Gedankens in diesem Buch reicht schon der Hinweis, die Limitationen konkreter Situationen nicht zu unterschätzen, wenn es darum geht, von Personen, von Institutionen, von Arrangements, von Strategien etwas zu verlangen. Es ist dies kein lineares Argument, sondern es hat einen Sinn für die Gleichzeitigkeit von Unterschiedlichem. Es hat einen Sensus dafür, dass die Dinge nicht aus einem Guss sind. Es versucht ernst zu nehmen, dass es so etwas wie Zentralforderungen nur um den Preis geben kann, sich für die konkreten Konsequenzen nicht interessieren zu müssen. Es ist vielleicht diejenige Ethik, die am weitesten von der Pose des Guten entfernt ist.

Die gegenwärtigen Visibilisierungserfahrungen machen (zu) viel sichtbar, sie verunsichern, und sie erzeugen deswegen Abwehrreaktionen. Der Capability-Ansatz nimmt genau das ins Visier und fragt danach, welche Optionen in konkreten Situationen möglich sind. Das schließt direkt an das «konservative Bezugsproblem» an – es wäre dann also keine konservative Ethik, aber eine, die das konservative Bezugsproblem adressiert. Und es ist ein Ansatz, der nicht zentral darüber entscheiden kann, was für wen wann möglich ist. Dass das nicht präjudizierbar ist, war Thema dieses Buches. Insofern: Wer eine engagierte Ethik dahinter sucht, es wäre eine Ethik, die vor einer Moral warnt, die immer schon weiß, wer was wann tun und erreichen muss. Es wäre eine Ethik, die dafür wirbt, dass in konkreten Situationen Optionen herrschen und keine vermeintliche Notwendigkeit. Oder in den Worten des ethischen Imperativs des Kybernetikers Heinz von Foerster: «Handle stets so, dass die Anzahl der Wahlmöglichkeiten größer wird!» Da steht explizit nicht: nur *deiner* Wahlmöglichkeiten.